ИНТЕЛИГЕНТЕН ДИЗАЙН

ИНТЕЛИГЕНТЕН ДИЗАЙН

Послание от Дизайнерите

РАЕЛ

Copyright © The Raelian Foundation 2007

Правото на Раел, да бъде отъждествен като автор на тази книга е предявено от него съобразно закона за авторски права, дизайн и патенти от 1988 година.

Всички права запазени. Нито една част от това издание не може да се препечатва, съхранява или предава под каквато и да е форма или начин – електронно, механично, чрез фотокопие, препечатване, презапис или другояче, с цел продажба и извличане на печалба, без предварителното съгласие на издателя и собственика на авторските права. Лични копия от всякакъв вид са позволени и могат свободно да бъдат разпространявани, при условие, че не са печатани от професионални печатарски фирми.

Това преименувано издание на английски език, е съставено от трите, първоначално издадени на френски език, книги на Раел – "Le Livre Qui Dit La Verite" ("КНИГАТА, КОЯТО КАЗВА ИСТИНАТА"), издадена във Франция през 1974 год., "Les Extra-Terrestres M'ont Emmene Sur Leur Planete" ("ИЗВЪНЗЕМНИТЕ МЕ ЗАВЕДОХА НА ПЛАНЕТАТА СИ") и "Accueillir les Extra-Terrestres" ("ДА ПРИВЕТСТВАМЕ ИЗВЪНЗЕМНИТЕ").

През 1986 год., първите две книги бяха издадени на английски език в Япония под заглавието - "The Message Given To Me By Extra-Terrestrials" ("ПОСЛАНИЕТО, КОЕТО МИ БЕ ДАДЕНО ОТ ИЗВЪНЗЕМНИТЕ"), а третата – "Lets Welcome Our Fathers from Space" ("ДА ПРИВЕТСТВАМЕ НАШИТЕ БАЩИ ОТ КОСМОСА").

През 1998 год. в Англия първите две книги бяха издадени от Тагман Прес като "The Final Message" ("ПОСЛЕДНОТО ПОСЛАНИЕ"), а в САЩ през 1999 год. - като "The True Face of God" ("ИСТИНСКОТО ЛИЦЕ НА БОГ") и "The Message Given by Extra-terrestrials" ("ПОСЛАНИЕТО НА ИЗВЪНЗЕМНИТЕ") през 2001.

Revision 1.

ISBN-10: 2-940252-23-8
ISBN-13: 978-2-940252-23-7
EAN: 9782940252237

Publisher: Nova Distribution
The publisher may be contacted at: publishing@rael.org

Credits
Project Manager: Cameron Hanly
Composition and Design: Galiana Georgieva and Cameron Hanly
Proof-reading: Galiana Georgieva
Cover Design: Rael and Cameron Hanly

СЪДЪРЖАНИЕ

Предисловие   xi

КНИГА ПЪРВА : КНИГАТА, КОЯТО КАЗВА ИСТИНАТА

СРЕЩАТА   1

ИСТИНАТА   7
   Битие   7
   Потопът   15
   Вавилонската кула   19
   Содом и Гомор   20
   Жертвата на Авраам   21

ГРИЖА ЗА ИЗБРАНИТЕ   23
   Моисей   23
   Ерихонската тръба   29
   Самсон (Самуил) Телепатът   31

Първото жилище на Елохим	34
Илия Вестоносецът	37
Умножаването на хляба	39
Летящите чинии на Езекиил	42
Страшният съд	50
Сатаната	54
Хората били неспособни да разберат	56

РОЛЯТА НА ХРИСТОС — 62

Зачеването	62
Посвещаването	63
Паралелни човешки светове	66
Научни Чудеса	69
Завоюване на познанието	71

КРАЯТ НА СВЕТА — 76

1946: Първата година от Новата Ера	76
Краят на църквата	77
Създаването на държавата Израел	80
Грешките на църквата	81
Коренът на всички религии	84
Човечеството: Болестта на вселената	85
Еволюцията: един мит	87

НОВИТЕ ЗАПОВЕДИ — 90

Гениокрация	90
Хуманитаризъм	92
Световното правителство	95
Твоята мисия	95

ЕЛОХИМ - ОНЕЗИ, КОИТО ДОЙДОХА ОТ НЕБЕТО — 99

Ядрените оръжия	99
Пренаселването	100
Тайната на вечността	102
Обучение чрез химически вещества	107
Движението Раел	108

КНИГА ВТОРА : ИЗВЪНЗЕМНИТЕ МЕ ЗАВЕДОХА НА ПЛАНЕТАТА СИ

ЖИВОТЪТ МИ ДО ПЪРВАТА СРЕЩА — 113
   Въведение — 113
   Две години по-късно — 113
   Детство: НЛО над Амберт — 115
   Папата на Друидите — 116
   Поезията — 117
   Срещата — 126
   Публичните дебати — 129

ВТОРАТА СРЕЩА — 131
   Видението от 31 юли 1975 — 131
   Посланието: Част втора — 134
   Будизъм — 138
   Нито Бог, нито душа — 140
   Рай на земята — 143
   Другият свят — 146
   Среща с древните пророци — 148
   Предвкусване на рая — 154
   Новите заповеди — 159
   Към народа на Израел — 161

КЛЮЧОВЕТЕ — 164
   Въведение — 164
   Човечеството — 165
   Раждането — 166
   Образованието — 167
   Сетивно образование — 168
   Реализацията — 170
   Общество и правителство — 176
   Медитация и молитва — 180
   Изкуствата — 183
   Сетивна медитация — 184
   Човешката справедливост — 185
   Науката — 187
   Човешкият мозък — 188
   Апокалипсисът — 189

Телепатичната комуникация   191
Наградата   194
Водачите   202

КНИГА ТРЕТА : ДА ПРИВЕТСТВАМЕ ИЗВЪНЗЕМНИТЕ

ЧЕСТО ЗАДАВАНИ ВЪПРОСИ   **207**
    Привидни противоречия между първото и второто послание   207
    Датиране на творчеството на Елохим   210
    Израелския народ и евреите   211
    Движението Раел и пари   211
    Нищо не е постоянно във времето и пространството   213
    Предаване на генетичния код и челната кост   215
    Атом ли е Земята от пръстта на Бог?   218
    Ноевият ковчег - космически кораб?   219
    Живот след живота - или сънища и реалност   220
    Елохим и научно стапало на развитие   222
    Няма нито Бог, нито душа, а само Елохим и генетичния код   223
    Религията на безкрайността   225
    Бъдещето на традиционните религии   226
    Раелизъм и гениокрация   228
    Кой е създал създателите на създателите?   229
    Какъв е смисълът на живота?   232
    Какво е удоволствие?   233
    Какво е смъртта?   238
    Сексуална свобода и незадължение   245
    Раелизъм и хомосексуалност   246
    Деисти и еволюционисти: фалшивите прокроци   248
    Самоубийство   249

НОВИТЕ ОТКРОВЕНИЯ   **251**
    Дяволът не съществува, аз се срещнах с него   251
    Баща ми, който е на небето   262
    Послание от Йахве към хората на Земята   265

АТЕИСТИЧНА РЕЛИГИЯ **280**
    Ангели без криле 280
    Отнемане на отговорността 285

КОМЕНТАРИ И АТЕСТАТИ НА РАЕЛИЯНИ **297**
    Раелизмът От Научна Гледна Точка 297
    Впечатления на един "свещенник" 304
    Да... аз съм Раелянин 308
    Освещението на моя сан на свещенник 313
    Бъди активен, за да не бъдеш радиоактивен 317
    От Марксизъм към Раелизъм - Адхезия 320
    Новото изкуство да живееш 321

ДОРЪЛНЕНИЕ **324**
    Срещата Ми На 7-ми Октомври, 1976 Година 324
    Посланието на Елохим от 14-ти март, 1978 година 325
    Модификация на новите заповеди 325
    Послание От Елохим, 13-ти Декември 1997 326
    Обединените Нации – Райел, Септември 2005 329

Послепис На Автора *331*
Допълнителна Информация *338*
Семинари И Контакти *339*
Признателност И Благодарности *341*
Други Книги От Райел *342*
Бележки И Референции *344*
Библиографска Справка *346*

Предисловие

от
Антъни Грей

Международен романист – автор на бестселъри, журналист и говорител

За този изключителен том от литературни текстове съм сигурен,че съдържа разкрита информация от най-голяма величина и с най-голяма важност за човечеството.

Комбинирайки за първи път три важни книги в една и пишейки с "много елементарни термини и по същество, този издаден наскоро изчерпателен разказ ми дава много убедителното обяснение, откривано от мен досега за нашите физически източници, нашата планетна история, нашето място и настоящо положение в нашия известен свят-вселена, и не на последно място, причините стоящи зад нашите хронично водещи до разногласие и потенциално само-разрушителни глобални вярвания.

За всички тези причини смятам, че тази нова книга, написана от Райел, има силата да трансформира нашето разбиране за нашия в голяма степен разтревожен свят и да отвори пътя към безпрецедентната ера на един глобален мирен, хармоничен и безпрецедентен научен и социален прогрес.

Преди всичко, писмените трудове на Райел между тези корици потвърждават, че не сме сами в нашата вселена. Те показват, че по настоящем сме твърде млади, но с голям потенциал, членове на един по-голям клан на галактическото човечество, точно както и ние самите – ние сме обичани, наблюдавани и поучавани до толкова, до колкото позволяваме себе си да бъдем , от страна на напреднала човешка цивилизация, която е замислила и проектирала самото ни съществуване на тази планета.

Въпреки че тези три книги в една не казват всичко изчерпателно нито пък отговарят на всеки възможен въпрос относно нашата вселена и самите нас, те в широка степен хвърлят сянка върху всичко публикувано в областта на НЛО/космоса, чрез предлагане на очевидно авторитетна проницателност по темите, разнообразни като безкрайната вселена по на цялата жива материя, нашата планетарна история, генетика на човека и растенията, сексуалност, чувственост психология, политика, и истинската природа на престъпността.

Те хвърлят също така интересната нова светлина върху много други земни въпроси, включващи собственост, мъдро отглеждане на деца, остарелите стойности на нашите общоприети системи на брака, както и голямата важност на спорта, дори силовите спортове, в създаване и поддържане на хармонични и мирни човешки общества.

При отчитане на подробностите за това как всички форми на живот на Земята, включващи екологията и самите нас, бяха проектирани от хора-учени от друга част на нашата галактика, Райел ефективно разбулва и се фокусира отново на всички древни ръкописи на световните основни религии. Докато набляга върху всички вери и техните исторически традиции и култури, все още заслужаващи нашия респект, той изяснява как същите вече са остарели, докато все още продължават да показват неясно това, което е обявено наскоро,

новоразкрита практична научна реалност. Най-спорно, обаче този том премахва представата, че един благосклонен, всезнаещ, всеможещ, духовен, мистичен и нематериален Бог ръководи всички нас.

Ръкописите на всички основни религии, подчертава той, са за представителите на тази свръх-усъвършенствувана и високо рафинирана цивилизация – човешки същества като самите нас, които са дълбоко загрижени за нас, тъй като те първи са разкрили и развили собствения си гений, за трансформиране на живота от една планета на друга, чрез овладяването то от тяхна страна на ДНК. Накратко, тази изключително важна книга поставя нашето минало, настояще и бъдеще, на твърда научна база, без да умаловажава красотата, радостта и духовността на нашето съществуване. Всъщност, тя развива в голяма степен разбирането и практиката на една нова разумна духовност, основаваща се на медитация и постигане на вътрешния мир и хармония, която е неизбежно присъща на тази нова ера на пътуване в космоса и генетичната промяна на самите нас и на нашата окръжаваща среда.

Автора, в който на тези уникални писания е роденият Клод Ворилон във Франция през септември 1946. Той променя името си на Райел, което на иврит означава "пратеник", след срещата си с хуманоид от друга планета, когато малък космически кораб каца във вулканичния район на

Предисловие

Южна централна Франция през декември 1973.

През няколкото си срещи през последващите няколко дни, хуманоидът му диктува устно по-голямата част от първата книга от този том, казвайки му че това е "послание, адресирано до цялото човечество". Той казва на Райел, че на всички велики пророци на основните религии през нашата история е дадена информация, съответстваща на нивото по тяхно време, точно по този начин и поканва Райел да поеме мисията на това, което той нарича "нашето окончателно послание". Райел приема задачата и бързо написва и сам публикува първата книга на френски език, с обезоръжаващото просто заглавие "Книгата, която казва истината".

Почти две години по-късно, през месец октомври на 1975 се осъществява втора среща в гора близо до Брантом в района на Перигорд на Франция, и този път Райел е поканен на борда на съвременния космически кораб и взет на удивително откривателско пътешествие. Райел описва това изцяло във втория раздел книгата, озаглавен "Извънземните ме взеха на тяхната планета", който той публикува оригинално като отделен том на френски в края на 1975.

Предвид на факта че американските, руските, китайските и европейски космонавти са запознати само в най-близките граници на космическото пространство, в най - добрия случай в орбита около Земята и нашата Луна – и може би изглежда някак си чуждо на пръв поглед да се приеме без скафандър или друга специален апарат, Райел беше могъл да бъде отнесен неочаквано от горката Европейска поляна на друга планета, далече през нашата галактика. Но това е което той описва тук е в тези същите отделни, термини по същество, давайки в по подробно изключителните си преживявания на планетата на своите домакини, които наричат себе си "Елохим". Познавайки го от около 13 години, за мен няма никакво съмнение, че това което той описва тук са истински и фактически преживявания.

В трета книга, озаглавена "Да приветстваме с добре дошли извънземните", за първи път публикувана през 1979 и сега за първи път обединена с първите две книги в настоящия актуализиран том, Райел отговаря на някой от най-често срещаните въпроси, многократно задавани относно първоначалните му писмени работи в неговите ранни години, от журналисти и други. Също така той значимо добавя също в тази трета книга, нов усилващ материал за личното му минало, за което той казва че е е помолен от неговите осведомители през 1975 да се оттегли за три години. Други толкова важни трудове са направени в последващи книги, озаглавени "Сетивна медитация", "Да на човешкото клониране", "Гениокрация" и "Маитрея". За да се придобие истинска и пълна картина на неговите безпрецедентни разкрития и проницателност, важно е да се прочетат всички тези книги.

Давайки кратко описание на историята на Райел, не съм вмъквал обичайни квалифициращи се думи като "предполагаем" или "даден в репортаж", които отговорни журналисти и по-специално бивши чуждестранни кореспонденти, давайки репортажи от Пекин и Берлин сред други събития с подчертани дати – може правилно да се очаква да използват за дистанцирането им от дадена спорна или невероятна информация, която те предават. Направил съм това съвсем преднамерено, за да подчертая своето убеждение, че Райел е човек във висок интегритет, описващ истински преживявания по един искрен и напълно честен начин.

Международен журналист, такъв, както съм бил, е естествено свикнал на оценяване на надеждността или иначе онези, които той цитира за информация, дори когато понякога скрива своята идентичност на довереник зад капиталова фраза като "обичайно добре осведомен източник" или "обичайно надежден източник". В това отношение, моята оценка за Райел е, че той е изключително надежден свидетел на това, което е преживял, въпреки че то може често да изглежда фантастично. Смятам, че той е наистина "уникално добре информиран и надежден източник" и след като го чувам да говори на публични лекции в продължение на тринадесет години и след преглед на мои собствени и други записани излъчвани интервюта с него, то е моето впечатление е че може би дори сега той казва по-малко от всичко, което е научил през време на тези изключителни, невидяни срещи в средата на 70-те на тази планета и извън нея. По-важното са може би дълбоката логика и рационалност на това, което той е казал на своите осведомители, които според мен изглеждат неатакуеми.

Интервюирах два пъти Райел при подготвянето на изследователски радио-документални серии за Световната служба на БиБиСи, озаглавена "НЛО-та – факти, фикция или фантазии?" също така проведох интервю на разумен, отговорен французин, който го срещна и реши да го подкрепи през периода непосредствено следващ неговите две изключителни срещи с извънземните през 1970-те. Също така опознах и уважавам като приятели много други водещи и с висок ранг членове на неговата международна организация. При представяне на историята на Райел накратко пред публиката на световното радио като просто един аспект от комплексния НЛО-феномен, наблюдавах спазваната журналистическа практика на безпристрастно абстрахиране – но тук нямам колебание относно публичното деклариране на убеждението ми че Райел е написал книги от изключително значение и със значимост за нашето разбиране за самите нас и за известния свят, в който живеем.

Ако това е така, лигитимно е да се попита, защо съдържанието на тази книга още не е универсално известно и прието в света около тридесет и две години след първото им публикуване? Накратко, имаше голям шум и обществен интерес във Франция след като Райел обяви очертанието на това, което му бе казано в телевизионното ток-шоу, когато завърши първата си книга. Но някак си забележителната история не получи веднага широко разпространено одобрение в Европа, нито пропътува по-нататък зад граница по това време по обичайните новинарски канали. Едно от обясненията за това е, че националните и международни новинарски медии са любопитно консервативни в подхода си към репортажна новини, които са безпрецедентни. Изтъркани истории и клишета, които са сигурни и надеждни, винаги намират своя път към "разпространяваните бюлетините и вестниците" докато нещо, много радикално, изглежда че трябва да мине през дълъг път на описание в подигравателен вид, ако въобще бъде публикувано.

Отричайки вероятната истина на безпрецедентната информация изглеждаща като разиграване на топка с коляно, където много журналисти по навик използват отново и отново избягване на всякакво подозрение, че те или тяхната организация са лековерни.

В голяма степен това е било събитие за Райел от изключителна важност през миналите близо тридесет години и световните медии като цяло пропуснаха да информират широката общественост за него.

Има някои признаци, обаче, че това започва да се променя след толкова време. Това трябва да бъде приветствано, тай като по мое виждане съдържанието на книгата съставлява предна страница, заглавие с банер, горна част на бюлетин – история която не е показана никога в своята глобална известност. Малко по малко, с годините след 1973, новите научни открития потвърждават правдивостта на първоначално обезпокоителната информация на Райел. Когато бъде доказана като изцяло истинско, тялото на представената информация в последващите страници ще, в което се чувствам сигурен, бъде видяна като най-великото разкритие в записаната история на човечеството. Но естествено досега има две очевидни причини, поради които не е била бързо призната като такава.

Първо, няма никакво неоспоримо, физическо доказателство, което ще потвърждава това ,което Райел е писал. И второ, природата това, което той казва, дълбоко разстройва окопалите се системи на вярвания – на религиозни, научни, академични, и други институции по целия свят.

Като хора също така, всички сме подсъзнателно повлияни от конвенциите на нашето образование, нашето възпитание и онзи ограничен климат на мислене, поощряван от световния консервативен и скучен поток от новинарски медии.

Всичко това не е изненадващо, тъй като се изисква значително усилие от страна на отделните хора да станат независимо отворени и да преодолеят такива влияния. Поради тези причини, тази изключителна информация е проникнала съвсем бавно по света през изминалите тридесет две години, предимно чрез стабилните, обикновените усилия на международното движение на Райел, което към момента на труда претендира за около 60,000 члена в почти деветдесет страни.

В продължение на повече от тридесет години сега, самият Райел, с леко и търпеливо добро настроение обяснява неговата история отново и отново, несъмнено хиляди пъти пред журналисти от радиото, телевизията и пресата в повечето от страните по света. Когато е подиграван или осмиван, тъй като често е бил участник на живо и показан в студийни интервюта, на които съм присъствувал като негов търговски публицист на английски език и поддръжник на неговата необикновена мисия, той се е държал винаги със същата тиха учтивост и непоклатимо спокойствие. Никога веднъж, аз не съм го виждал да загуби спокойното поведение на човек, който знае без сянка на съмнение, че казва истината.

Що се отнася до предоставянето на доказателства обаче, Райел цитира Елохим, като казва че те умишлено се държат настрана от категорична физическа очевидност, която би била в подкрепа на техните разкрития – отвъд факта че техния космически кораб ще се явява все по-често на нашия небосвод с времето. Това е много важно, те казват, че ние смятаме всичко за тяхната окончателна информация без доказателство - логиката и рационалността на това, което те са обявили ефективно, съдържа свой собствен отличителен знак на истина.

Независимо дали разбираме или не и тяхната и информация и философско учение и проникновение, те казват че това е жизненоважен тест, за нашата интелигентност и сила на възприятие, и от нашите реакции те ще преценят дали сме достатъчно зрели, за да ни поверят своето висше научно и социално познание, което е 25 000 години преди нашето собствено.

Те обясняват, че те не правят избора да се приземят открито и официално в дадена страна, тъй като това би довело до насили в нашето планетарно въздушно пространство, както на национално така и на международно ниво. Кацането където и да било въобще би могло да предизвика одобрение на правителството и на философията на дадена страна - и те не одобряват по този начин дадена съществуваща нация на Земята.

Затова се нуждаят от дипломатическо посолство на техните извънтериториални права, на които се радва всеки уважаван, дипломат посещаващ чужда държава.

Тъй като първото им посолство на Земята е бил първият храм в Йерусалим, те са помолили за най-модерно ново посолство, което да бъде изградено възможно най близо до тези най-древни градове в сърцето на Израел.

Въпреки минималният медиен прием на Райел до момента и на това което той отстоява, проходът на времето вече е осигурило неговото собствено израстване за това, което той е писал. През 1974-75, когато той започва първо да говори, че всички форми на живот са били създадени в лаборатории от учените на Елохим, тяхното овладяване на ДНК, изследванията на нашите собствени учени-генетици бяха далеч по-малко напреднали в своята работа отколкото са те днес. През месец февруари 1997, около четвърт век след първата среща на Райел с посетител от космоса дойде съобщението за историческия, глобален пробив в областта на биологията, направен в Единбург, Шотландия, разкривайки че британски ембриолози са успели да клонират изкуствено овца с името Доли.

Клонирането на човешки същества, беше казано тогава, би станало възможно за две години и Райел издаде бързо съобщение за пресата, казвайки: "Всичко това показва, че технологията, която беше считана за невъзможна през времето на моите първоначални разкрития, сега е абсолютно постижима."

Предсказанието че ще бъде възможно да се клонира човек за две години на практика не се доказа като точно. Райел обаче основа същата година нова компания наречена "Clonaid", която стана първото търговско дружество в света, предлагащо публично услуги по клонирането – и през декември 2002, пет години след обяваването на раждането на Доли,

Д-р Брижите Боаселиер, президент на "Клонаид" /Clonaid/ обяви на претъпкана с народ пресконференция в Маями, че компанията е подпомогнала първото успешно клонирано човешко раждане на бебе – момиче, кръстено Ева.

Д-р Боаселиер обяви по-късно, че Clonaid са постигнали последователно и други клонирани раждания в редица страни по света. Юридически усложнения спряха Плана на Clonaid за представянето на непосредственото медицинско и научно доказателство за тези клонирани раждания по света и такаваостана позицията през есента на 2005, когато тази бе под печат. Д-р Боаслелиер обясни публично, че желанието на Клонаид да защити личната тайна и сигурност на клонираните деца и техните родители е от първостепенно значение, и че доказателства за постиженията на Клонаид ще се публикуват в правилното време.

Междувременно, продължава да се появява редовно информация във вестниците за нови открития и напредък в разбирането за клонирането, ДНК и стволовите клетки, в подкрепа на написаното от Райел и това което той казва през изминалите тридесет години.

Един забележителен пример, японски учени обявиха, че тяхното проучване показва, че Генният фонд на всички раси по Земята е възникнал от изненадващо малка обща основа, датираща от около 13 000 години. Тази цифра отразява като ехо това, което Райел е писал с неестествена точност, откакто Елохим му казват, че са започнали своята работа тук преди 25 000 години и че са прекарали около 12 000 години в подготовка на планетата и създаване на екология, морски и птичи живот и после сухоземните бозайници, преди да започнат накрая да се впуснат в създаването на хората "по тях собствен образ и подобие".

Райел казва, че лидерите на Елохим са живели продължително през тези 25 000 години, и отдавна са се научили как да пресъздават генетично тялото на човека с непокътнати паметта и личност. Скоро, те твърдят, ще сме в състояние да удължим средната продължителност на нашия собствен среден живот до около 1,000 години като емулираме техния начин.

Райел казва също така, че те наблюдават също така мислите и дела на всеки индивид на Земята чрез компютър и могат да пресъздадат всеки и който и да било от нас по желание, към момента на смъртта, чрез дистанционно вземане на проба от отделна клетка на нашите тела. Той докладва, че около 8 000 души от Земята вече са били пресъздадени на тяхната планета, когато той е бил взет там през 1975.

Извън практично научното лабораторно проучване, неотдавнашното изключително значимото развитие в академичната област е предоставило нова подкрепа за посланието на Райел. На 4-ти август 2004, най-разбираемото предизвикателство към теорията на Дарвин за еволюцията, известно като Теорията на интелигентния дизайн бе представена тихо на света. Тази нова теория предполага като хипотеза, че никакъв нов живеещ субект не може да се появи или случи по случайност и същата е представена формално от д-р Стивън К. Майер, директор на Центъра в Института за открития на науката и културата, в статия публикувана в неговия журнал по биология от Националния музей по естествена история към Институцията Смитсониан във Вашингтон, Окръг Колумбия.

Журнала, постъпки на биологичното общество на Вашингтон (обем на 117, номер 2, pp. 213-239), Нося Статия озаглавена Източника на биологичната информация и по-високо таксономичен Категории, 'това по кой д - р Meyer спори, че никаква текуща теория за еволюция можаха да обяснят източника на информацията, необходима, за да подсилят форми на ново животно. Той предложи 'интелигентен план' като обяснение на алтернатива. Този артикул представи исторически пробив за онези, които са оспорили дълго недоказана теория на Дарвин, защото то е било публикувано в прегледан от човек със същите възможности академичен журнал и е било след това използвано прогресивно като база от учени, които бяха преди задължени да означава само теория за еволюция в обясняване на техните открития,.

Коментирайки тази разработка към момента, д-р Боаселер казва, че тези които са подкрепяли Райел по света се радват на това събитие, тъй като то дава възможност на биолозите да погледнат на живите същества не като резултат на случайни мутации, а като по-усъвършенствувани създания, при които всеки детайл е замислен и има причина да съществува. "Биологията ще се развива много бързо", казва тя, "веднъж щом биолозите престанат да бъдат заслепявани от теорията за еволюцията. Сигурна съм, че за десет години от този момент нататък, учените ще погледнат назад и ще се чудят защо толкова дълго са приемали еволюцията".

Това академично събитие е повратен момент, довел до нов концептуален термин "Интелигентен дизайн" или "Интелигентно създаване" в публичното познание и открил нова ера в дебата относно еволюционната теория и нашия произход. За кратко време ставайки известен още като "ID" (или "АйДи"), "Интелигентният дизайн" сега е в начален стадий на изследване и разработка в някои уважавани университети. Дори Президентът Джордж Буш, който не е известен с намеса в чисто интелектуални дебати, е обявил, че "интелигентният дизайн" е толкова вероятно обяснение като теория за еволюцията.

Това означава ли, че президент Буш е предприел първата стъпка към пътя си да стане Райелянин? Може би, може би не. Каквото и да се докаже като истина, това е още една илюстрация за постепенната поява на силно потвърждение за историята на Раел. И наистина, бихме могли да размишляваме, че самата същност на "Интелигентният дизайн" е, че те се събуждат света, който са създали, за цялата истина, много бавно, тъй като едно неочаквано шокиране и цялостно събуждане от дълбок сън винаги е много неприятно и понякога вредно.

Поради всички тези причини обаче заглавието "Интелигентен дизайн" /или още "интелигентно създаване"/ - послание от Извънземните е дадено на това ново издание на текстовете на Раел. В поразителен нов пост-скрипт на автора към тази книга, Раел развива тази тема на ново ниво. Той казва, че първоначалното и уникално обяснение за произхода на Земята предлага ефективно Трети път между Дарвин и Книгата за битието и може по най-добър начин да бъде описано както атеистичен "Интелигентен дизайн", който научно създаване на живота на Земята, направено от напреднала човешка цивилизация. И по уникален начин този Трети път е възпроизводим в лабораторни условия.

Като съм казал това, трябва да подчертая че никакво кратко резюме не може да опише голямото значение на тази цяла книга. За да разберете пълната важност на неговите основни твърдения, се изисква премерено разглеждане на всяко от тях и всички в техния контекст. Следователно вярвам на това предисловие, че другите които го четат ще бъдат окуражени да направят внимателен прочит на книгата. Ако всичко това е истина, а аз чувствам че това е искрен и истински репортаж, тогава нищо на света не би могло да бъде по-важно.

Светът на изследванията на НЛО е изпълнен с много учудващи и често противоречиви свидетелства и твърдения за живота отвъд нашата планета, почти всички тях недоказани.

Това, с което Раел е написал не хармонизира с всички тези противоречия веднага - и нищо не би могло. Извън смущаващия и все още необяснен феномен на твърдяни опити за отвличане, които са описани и на които са правени репортажи по света, други хора са отишли по-нататък през изминалите четиридесет или петдесет години, в настояването че те са имали приятелски лични контакти с извънземни посетители на нашата планета. Списъкът на "контактьорите" съдържа известна измама, както и други, които очевидно са били искрени. Но никой от тях не се е доближил и поне малко до Раел, с неговия очевиден мащаб на отчитаната информация – и Раел е непреклонен че на самия него е поверено да предаде тези истини.

Току що бях навършил тринадесет години към момента на писмения труд, когато за първи път прочетох самият аз съдържанието на тази книга. Представена с комбинирано копие от първите две книги от от френски бизнес мениджър когото бях срещнал на конференция, аз започнах да ги чета лягайки си в леглото една вечер – като четох през цялата нощ докато не ги приключих, после не можах да заспя дори и на целия следващ ден.

Бях грабнат почти веднага от чувство на страхопочитание, че аз по силата на щастливи обстоятелства бях попаднал на най-големите възможни истини и че оттогава това чувство не ме е оставило никога след това.

След като отразявайки и премисляйки внимателно огромните импликации на книгата през изминалите тринадесет години, все още твърдо вярвам, както е указано по-горе, че тя има потенциала да трансформира нас и нашия свят отвъд всички сегашни очаквания. На чисто практическо ниво, ако националните водачи вземат книгата на сериозно и се заклатят с мисълта, че нашият свят като сравнение е "развиващ в обратна посока" много видимо неразрешими проблеми, и че е на разположение неограничена помощ и съдействие от страна на една щедра, изключително напреднала Суперсила, живееща отвъд нашата планета, и тогава на историческата среща с представителите на Елохим в първото земно посолство на допълнение на света близо до Йерусалим можа да бъде видяна като достойна и разумна международна цел.

Еднакво важно считам, че в сърцевината на книгата е разкритието за самото естество на реалността, в която живеем. Неща, безкрайно малки, както казват Елохим, имат точно същата структурата като нещата, които са безкрайно големи - и както те уверяват Райел, са доказали това научно. Това звучи невероятно, може би защото нашата собствена наука не може още да възприеме това, но те казват че атомите и под-атомите в клетките на нашите тела са огледални изображения на вселената над нас; те съдържат моментни планетарни системи и галактики при които се формират сложни и интелигентни форми на живот, подобни на нашата.

По подобен начин, нашата планета, слънчева система, галактика и вселена са малки частици на атом в някакво голямо органично присъствие и цялата материя на различни нива отразява себе си по този начин. Материята и времето нямат начало и край, казват те, и всичко е циклично.

Взаимносвързаните триъгълници на звездата на Давид символизират тези фундаментални истини – които са илюстрирани и са обяснени в набора от фотоснимки в тази книга, украсени на първия извънземен космически кораб, който се приземи пред очите на Райел във Франция.

През време на неговата втора среща, той бе научен на медитативни техники, коренящи се в тези разбирания, които усърдно се предават оттогава на годишни семинари, провеждани на всичките пет континента по света. Наречени "сетивна медитация" или "медитация на всички сетива", тези техники са предназначени да пробудят ума на индивида за най-големия потенция чрез първо цялостно събуждане на физическите сетивности на тялото.

Безспорните ползи на всякакъв вид медитация биват признавани прогресивно от медицинските професии, но техниките, които са преподавани от Райел, специфично помагат на отделни хора да почувстват по-голямо усещане за хармония с безкрайната природа на всички неща и следователно един с другиго. Стимулират се ползотворни химически реакции в тялото, здравето се подобрява, нараства психическата и физическа вътрешна лекота. Накратко, това което е уникално за тези учения и практики е, че същите комбинират духовното с научното по най-обикновен смислов начин, обещавайки трансформация на общество, което започва там, където трябва да започне истинска промяна – тази с индивида

От моя гледна точка, по много причини очертани тук, публикуването на "Интелигентен дизайн – Послание от Извънземните" маркира края на една дълга ера на неразбиране и невежеството относно самите себе си и целите на нашето съществуване. Не смятам, че потенциалната важност на книгата може да бъде преувеличена: моята позиция е че това е просто най-важната книга, публикувана където и да било по света, от две хиляди години насам. Ако тя получи вниманието, което заслужава, считам че може да предизвести и предшествуваа безпрецедентна епоха на световна просвета и промяна.

Есента на 2005
Норуич, Англия

Антъни Грей е бивш чуждестранен кореспондент на Ройтерс в Източна Европа и Китай- където е държан като заложник в продължение на две години през време на Кулутурната революция и автор на международните исторически романи – бестселъри – Сайгон, Пекин и Залива Токио. (www.anthonygrey.co.uk)

КНИГА ПЪРВА
КНИГАТА, КОЯТО КАЗВА ИСТИНАТА

1

СРЕЩАТА

От девет годишна възраст имам една единствена страст – автомобилните състезания. Започнах да издавам едно специализирано автомобилно списание през 1970 година, само за да живея в спортна атмосфера, в която човек се опитва да победи себе си точно така, както побеждава другите. От най-ранно детство мечтаех да стана автомобилен състезател един ден, следвайки стъпките на известния автомобилен ас Фанджо. Благодарение на контактите, които създадох чрез основаното от мен списание, получих възможността да се състезавам и в резултат на тези състезания, в момента около десет трофея красят апартамента ми.

На 13 Декември 1973 година тръгнах към вулкана, който се издига над Клемон-Феран в централната част на южна Франция. Предпочетох да вървя пеша, за да подишам чист въздух, вместо да отида с колата си. Краката ми имаха нужда от движение след цяла година състезания, от рали на рали, почти винаги на четири колела, така да се каже.

Беше хладно по това време на годината, небето беше сиво и се виждаше лека мъгла в далечината. Аз повървях, след това потичах малко, изоставяйки пътеката, където беше паркирана колата ми, възнамерявайки да достигна центъра на кратера Пю де Ласола, където често ходех на пикник със семейството си през лятото.

Това е едно изключително, поразяващо място! Само като си представиш, че преди хиляди години, точно на мястото, където бях стъпил, лавата е бликала с невероятно висока температура. Декоративни вулканични "бомбички" могат все още да бъдат намерени измежду отломките. Закърнялата растителност наподобява на Прованс във Франция, само че без слънчева светлина.

Тъкмо си тръгвах, когато погледнах за последен път към върха на планината, която е образувана от натрупването на вулканична лава. Това ми напомни, колко много пъти се бях спускал по тези стръмни склонове, като със ски. Внезапно в мъглата видях да проблясва червена светлина; след това някакъв вид хеликоптер започна да се спуска към мен. Хеликоптерите, обаче вдигат шум, а в този момент аз не чувах абсолютно нищо, дори и най-слабия звук. Може би беше балон?

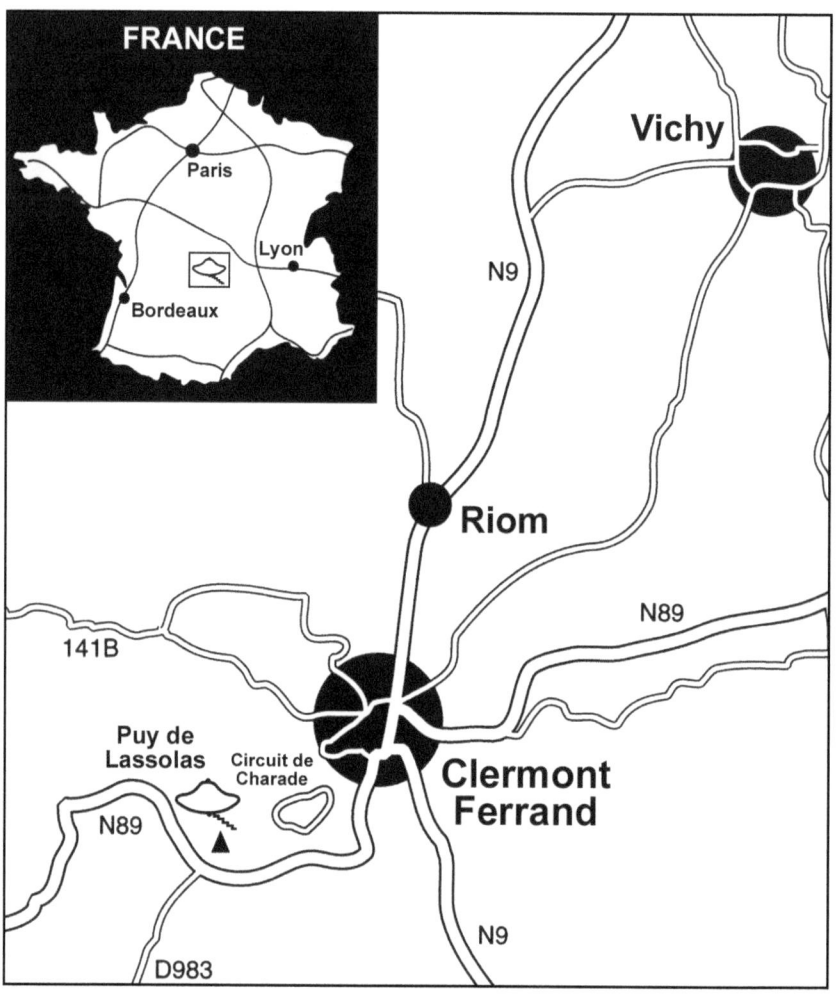

Мястото на първата среща на Раел: вулкана Пю де Ласола, близо до Клермон Феран, 13ти декември 1973 г.

Тъй като предметът вече беше на около 20 метра над земята, видях, че има плоска форма.

Срещата:

Беше летяща чиния.

Винаги съм вярвал в тяхното съществуване, но никога не съм си представял, че някога ще ги видя. Диаметърът и беше около 7 метра, а височината около 2.5 метра, имаше конусообразна форма, а отдолу беше плоска. От вътрешността и проблясваше много силна червена светлина, докато идващата отгоре мигаща бяла светлина, наподобяваше светкавица на фотоапарат. Тази светлина беше толкова силна, че трябваше да замижа.

Предметът продължи да се спуска, без ни най-малък звук, докато накрая застина неподвижно на около два метра над земята. Бях като вкаменен и стоях абсолютно неподвижно. Не се страхувах, по-скоро бях изпълнен с радост, че преживявам такъв велик момент. Горчиво съжалявах, че не съм взел фотоапарата с мен.

Тогава се случи невероятното. Люкът отдолу се отвори и един вид стълба се разгъна към земята. В този момент осъзнах, че някакво живо същество е на път да се появи и започнах да се чудя как ли ще изглежда.

Първоначално се появиха два крака, което малко ме успокои, тъй като очевидно, бях на път да срещна същество, подобно на човек. Най-после, това същество, което първоначално бях взел за дете, слезе по стълбите и тръгна към мен.

Вече можех да видя със сигурност, че не е дете, въпреки че тялото му беше само около 4 стъпки (1.2 метра) високо. Очите му бяха с форма на бадем, косата му бе черна и дълга и имаше къса черна брада. Аз все още не бях помръднал, когато то спря на около десет метра от мен.

Носеше зелен костюм, който покриваше цялото му тяло и въпреки да изглеждаше, че не носи нищо на главата си, можех да видя около нея странен ореол. Всъщност това не беше точно ореол, а сякаш въздуха около лицето му леко светеше и блестеше. Изглеждаше като невидим щит, като въздушен мехур, толкова тънък, че едва се виждаше. Кожата му бе бяла, със слабо зеленикав оттенък, като на болен от чернодробно заболяване.

То се усмихна леко и аз си помислих, че е най-добре и аз да отвърна на усмивката му. Почувствах се доста неловко, така че се усмихнах и наведох глава за поздрав. То ми отговори със същия жест. Мислейки, че трябва да разбера дали то ме чува, го попитах:

- *Откъде идвате?*

То отговори със силен, разбираем глас с леко носово звучене.

- *От много далеч.*
- *Говорите ли френски?* – запитах аз.
- *Говоря всички езици на Земята.*

- От друга планета ли идвате?

- Да.. – отвърна то.

Докато говореше, то леко се приближи и спря на два метра от мен.

- За първи път ли посещавате Земята?

- О, не!

- Често ли идвате тук?

- Много често – е меко казано.

- Защо дойдохте?

- Днес, за да разговаряме.

- С мен?

- Да, с Вас, Клод Ворийон, редактор на малко специализирано автомобилно списание, женен и баща на две деца.

- Откъде знаете всичко това?

- Ние Ви наблюдаваме от дълго време.

- Защо мен?

- Точно това искам да Ви кажа. Защо дойдохте тук в тази студена зимна сутрин?

- Не знам… Почуствах, че разходката на чист въздух…

- Често ли идвате тук?

- Да, през лятото, но почти никога през този сезон.

- Така че, защо дойдохте днес? Отдавна ли бяхте планирал тази разходка?

- Не. Наистина не знам. Когато се събудих тази сутрин, внезапно ми се прииска да дойда тук.

- Вие дойдохте, защото аз исках да Ви видя. Вярвате ли в телепатията?

-Да, разбира се. Това е нещо, от което винаги съм се интересувал, също както и от летящите чинии. Но никога не съм и помислял, че ще ги видя.

- Използвах телепатия, за да Ви накарам да дойдете тук, защото имам много неща да Ви кажа. Чел ли сте Библията?

- Да, но защо питате?

- Отдавна ли я четете?

- Не, всъщност я купих само преди няколко дни.

- Защо?

- Не знам. Внезапно почуствах нужда да я прочета…

- Отново използвах телепатия, за да Ви накарам да я купите. Избрал съм Ви за една много трудна мисия и имам много неща да Ви казвам. Така че, заповядайте в моя кораб, където ще можем да поговорим в по-удобна обстановка.

Аз го последвах, изкачвайки се по малката стълба под машината, която при по-близък оглед изглеждаше повече на сплескана камбана с изпъкнала долна част. Вътре беше топло, въпреки че вратата все още стоеше отворена.

Нямаше лампи, а отвсякъде бликаше естествена светлина. Нямаше уреди каквито има във всяка обикновена пилотска кабина. Подът бе направен от блестяща сплав, която бе леко синкава. Столовете бяха безцветни и полупрозрачни, но много удобни и направени от един и същ материал. Седнах на по-големия стол, който бе разположен по-ниско до пода, така че лицето на малкото същество, стоящо пред мен, да бъде на същото ниво, както и моето.

То докосна една точка на стената и цялата машина стана прозрачна, освен пода и тавана й. Все едно, че си на открито, но доста по-топло. То ме покани да съблека палтото си, което и направих. Тогава то започна да говори.

- *Съжалявате, че не сте взел фотоапарата със себе си, така че да можете да разкажете за нашата среща на целия свят – с доказателство в ръцете си?*

- *Да, разбира се….*

- *Слушайте ме внимателно! Вие ще разкажете на хората за тази наша среща, но ще им кажете и истината за това кои са те и кои сме ние. Съдейки по техните реакции, ние ще знаем дали можем да се покажем свободно и открито. Изчакайте да разберете всичко, преди публично да започнете да говорите. Тогава ще сте в състояние да се защитите по-добре от тези, които няма да Ви повярват и ще можете да им дадете неопровержими доказателства. Вие ще напишете всичко, което Ви кажа и ще го публикувате в книга.*

- *Но защо избрахте мен?*

- *По много причини. Първо, ние се нуждаехме от някого в страна, където новите идеи са добре приети и където е възможно да се говори за тези идеи открито. Демокрацията е родена във Франция и тази държава има репутация в цял свят, на държава на свободата. Също така, ние се нуждаехме от някой, който е интелигентен и открит към света. Освен това, имахме нужда от някой, който е свободомислещ, без да е анти-религиозен. Тъй като баща Ви е евреин, а майката Ви католичка, ние считаме, че Вие ще бъдете идеалното звено между тези две важни групи от хора в историята на човечеството. Също така, Вашите занимания не предразполагат към невероятни открития, което ще направи думите Ви много по-достоверни. Тъй като не сте учен, няма да усложните нещата и ще ги обясните по-просто. Не сте и литератор, така че няма да използвате претрупани изречения, които са трудно разбираеми за много хора. Накрая, решихме да изберем някой, роден след първата атомна експлозия през 1945 година, а Вие сте роден през 1946 година. Ние, всъщност, Ви* следваме от Вашето раждане и дори преди това. Ето защо Ви избрахме. Имате ли други въпроси?

- Откъде идвате?

- От далечна планета, за която няма да Ви кажа нищо от страх, че хората на Земята не са достатъчно разумни и могат да нарушат нашето спокойствие.

- Далече ли е Вашата планета?

- Много далече. Ако Ви кажа разстоянието ще разберете, че е невъзможно да достигнете до нея със сегашното ниво на развитие на научните и техническите ви познания.

- Как се наричате?

- Ние сме хора като вас и живеем на планета, подобна на Земята.

- Колко време Ви отне за да достигнете до тук?

- Толкова, колкото на Вас да си помислите за това.

- Защо идвате на Земята?

- За да наставляваме и пазим развитието на човечеството. Човешките същества на Земята са бъдещето, ние сме миналото.

- Има ли много жители на Вашата планета?

- Има. Повече, отколкото на Вашата.

- Бих искал да посетя планета Ви. Може ли?

- Не. Преди всичко, Вие не бихте могъл да живеете там, защото атмосферата е различна от вашата, а не сте и подготвен за такова дълго пътуване.

- А защо се срещнахме тук?

- Защото, кратерът на вулкан е идеалното място, далеч от досадни хора. Сега ще Ви оставя. Елате утре по същото време с Библията и нещо за писане. Не носете никакви метални предмети и не споделяйте с никого за нашия разговор, в противен случай никога няма да се срещнем отново!

Той ми подаде палтото, помогна ми да сляза по стълбата и помаха с ръка. Стълбата се сгъна и вратата се затвори без шум. И отново без какъвто и да звук, характерен за движещо се превозно средство, корабът се издигна на около 400 метра, а след това изчезна в мъглата.

2

ИСТИНАТА

Битие

На следващия ден бях на мястото на срещата, снабден с тефтер, химикалка и Библията. Летящата чиния се появи навреме и аз се озовах отново, лице в лице с малкия човек, който ме покани да вляза в кораба и да седна пак на удобния стол.

Не бях говорил с никого за срещата, дори и с най-близките ми приятели и той беше щастлив да разбере, че съм бил дискретен. Предложи ми да си водя записки и започна да говори.

"Преди много време на нашата далечна планета, ние бяхме достигнали ниво на техническо и научно познание, подобно на това, което вие скоро ще достигнете. Нашите учени бяха започнали да създават примитивни ембрионни форми на живот, а именно - живи клетки в епруветки. Всички се вълнуваха от тези открития.

Учените усъвършенстваха уменията си и започнаха да създават чудновати малки животинки, но правителството, под натиска на общественото мнение, нареди на учените да спрат експериментите си от страх, че може да създадат чудовища, които биха били опасни за обществото. Всъщност едно от тези животни бе избягало на свобода и бе убило няколко човека.

Тъй като по това време междупланетарните и междугалактически изследвания бяха достигнали голям прогрес, учените решиха да се установят на някоя далечна планета, където биха могли да намерят необходимите условия, за да продължат своите експерименти. Те избраха Земята, където Вие живеете понастоящем. А сега бих искал да Ви върна към Библията, където ще намерите доказателства за истината относно миналото на човечеството. Тези доказателства са били, разбира се, изопачени по определен начин от хората, които многократно са ги преписвали и не са могли да си представят такива високи технологии и следователно са обяснявали описаното като създадено от тайнствена, свръхестествена сила.

Само тези части от Библията, които ще обясня са важни. Другите са просто поетически безсмилици, за които не си струва да говорим. Сигурен съм че ще разберете това, благодарение на правилото, което повелява: Библията винаги да бъде преписвана без каквито и да е било изменения, дори и в най-дребните детайли и по този начин дълбокото й значение е останало непокътнато през вековете, дори когато текстът е бил изпъстрен с мистични и безсмислени изречения.

И така нека започнем с първа глава от Книгата за Произхода (Битие).

В началото Елохим (Бог) създаде небето и земята.
Битие 1: 1.

"Елохим", се превежда неоправдано в някои преводи на Библията като думата "Бог" и означава на иврит "онези, които дойдоха от небето", следователно думата е в множествено число. Това означава, че нашите учени са търсели планета, подходяща за провеждане на проектите си. Те "създадоха", или по-скоро откриха планетата Земя, като разбраха, че тя съдържа всички необходими елементи за създаването на изкуствен живот, макар че атмосферата не била съвсем същата като на нашата планета.

И духът на Елохим (Божият Дух) се носеше над водата.
Битие 1: 2.

Това означава, че учените са правили разузнавателни полети и това, което вие днес бихте нарекли изкуствени спътници, били поставени около Земята, за да изучават нейния състав и атмосфера.

И Елохим (Бог) видя, че светлината беше добра.
Битие 1: 4.

За създаването на живот на Земята било важно да се знае дали слънцето излъчва вредни лъчи върху земната повърхност, затова този въпрос бил внимателно проучен. Оказало се, че слънцето нагрява Земята в точно определената степен, без да изпраща вредни лъчи. С други думи "светлината беше добра".

> И стана вечер, и стана утро, ден първи.
>
> *Битие 1: 5.*

Това проучване отнело доста време. "Денят", споменат тук, отговаря на периода, в който слънцето изгрява под същия знак на деня на пролетното равноденствие, с други думи, около 2000 години на Земята.

> Раздели водата, която беше под простора, от водата, която беше над простора.
>
> *Битие 1: 7.*

След изучаване на космическите лъчи над облаците, учените се спуснали под тях, но останали над водата. Това означава, че те били между облаците, "водите над небесната твърд" и океана, покриващ цялата планета, "водите под небесата".

> Да се събере на едно място водата, която е под небето, та да се яви сушата.
>
> *Битие 1: 9.*

След като изучили повърхността на океана, те изучили и морското дъно и установили, че то не е много дълбоко и е доста равно навсякъде. Тогава чрез доста силни експлозии, изиграли ролята на булдозери, те издигнали земна маса от дъното на моретата и я струпали на едно място, за да образуват континент.

Първоначално на Земята е имало само един континент и вашите учени наскоро установиха, че всички континенти, които са се разделили преди много години, са си пасвали идеално един с друг, образувайки една обща земна маса.

> Да произрасти земята крехка трева, трева семеносна и плодоносно дърво, което да ражда плод, според вида си, чието семе да е в него на земята.
>
> *Битие 1: 11.*

В тази забележителна гигантска лаборатория, от различни химически елементи, те създали растителни клетки, от които след това произлезли различни видове растения. Всичките им усилия били съсредоточени към възпроизвеждането. Няколкото създадени стръка трева, трябвало да се възпроизведат сами.

Учените се разделили на малки изследователски екипи по цялото протежение на този огромен континент. Всеки от тях индивидуално създал различни видове растения според вдъхновението си и в зависимост от климата. Те се срещали на чести интервали, за да сравняват проучванията си и творенията си. Хората от тяхната собствена планета следили техния прогрес отдалеч със страст и удивление. Най-блестящите художници дошли и се присъединили към учените, за да дадат на някои растения чисто декоративна и привлекателна роля, едновременно чрез формата и аромата им.

> Да има светлина на небесния простор, за да разделят деня от нощта; нека служат за знаци и за показване на времената, дните и годините.
>
> *Битие 1: 14.*

Чрез наблюдение на звездите и слънцето, те могли да измерят продължителността на дните, месеците и годините на Земята. Това им помогнало да регулират живота си на новата планета, така различна от тяхната собствена, където дните и годините нямали същото времетраене. Проучванията в астрономията, им дали възможност да установят точното си местоположение и да разберат планетата Земя по-добре.

> Да произведе водата изобилно множество одушевени влечуги, и птици да хвърчат над земята.
>
> *Битие 1: 20.*

След това те създали първите водни животни, от планктона до по-малките риби, а след това и по-големите. Те също създали водораслите, за да балансират този малък свят, така че малките риби да могат да се хранят с тях, а по-големите риби да се хранят с малките на свой ред.

По този начин бил установен естествен баланс и един биологичен вид не би унищожавал друг, за да оцелее. Това е, което вие сега наричате "екология" и което беше осъществено успешно. Учените и художниците се срещали често и организирали състезания, за да определят, кой екип е създал най-красивите и най-интересни животни.

След рибите те създали птиците. Трябва да бъде споменато, че това било направено под натиска на художниците, които излезли от традиционния път и създали най-зашеметяващите форми с най-крещящите цветове. Някои от птиците имали големи проблеми с летенето, защото красивите им пера били много тежки. Състезанията отишли дори по-далеч, включвайки не само физическите характеристики, но също и поведението на тези животни, особено прекрасните танци по време на брачните им ритуали.

Други групи учени създали страховити животни, истински чудовища, които доказали правотата на онези, които се противопоставяли на създаването им на тяхната собствена планета. Това били драконите, или както вие ги наричате - динозаври и бронтозаври.

> Да произведе земята одушевени животни, според видовете им: добитък, влечуги, и земни зверове, според видовете им.
>
> *Битие 1: 24.*

След морските организми и птиците, учените създали сухоземни животни на планетата, където растителността вече била станала излключително красива. Имало много храна за тревопасните. Това били първите сухоземни животни. По-късно били създадени и месоядните, за да се балансира популацията на тревопасните. По този начин видовете трябвало да запазят равновесието. Учените, извършили всичко това, са от същата планета, от която съм и аз. Аз съм един от онези, които създадоха живота на Земята.

По това време, най-сръчните от нашите учени решиха да създадат изкуствени човешки същества подобни на самите нас. Всеки екип започна да работи и много скоро бяхме в състояние да сравним творенията си. Но на собствената ни планета, хората бяха ядосани, разбирайки, че правим "деца в епруветка", които биха могли да станат заплаха за нашия свят. Те се страхуваха, че тези нови човешки същества биха могли да бъдат опасни, ако умствените им способности и сили започнат да превъзхождат тези на своите създатели. Така че, ние трябваше да се съгласим и да оставим новите човеци да живеят по много примитивен начин, без да им позволим достъп до научните ни достижения, както и да забулваме в мистерия нашите собствените действия. Лесно е да се изчисли колко екипа са свършили всичко това – всяка раса на Земята съответства на екип от създатели.

> Да създадем човека по Нашия образ, по Наше подобие; и нека владее над морските риби, над небесните птици, над добитъка, над цялата земя и над всяко животно, което пълзи по земята.
> *Битие 1: 26.*

"По наш образ!" Можеш да видиш, че приликата е удивителна. Тук, обаче, за нас започнаха проблемите. Екипът, разположен в страната, която днес наричате Израел, по това време намираща се недалеч от Гърция и Турция на първичния континент, бил съставен от великолепни творци, може би най-талантливите от всички.

Техните животни били най-красиви, техните растения ухаели най-сладко. Това бил, както вие казвате - "земен рай". Човешките същества, които те създали, били най-интелигентите. Трябвало да бъдат взети мерки, те да не надминат своите създатели. За да бъде измерена интелигентността на новосъздадените хора, те трябвало да бъдат обучавани, като в същото време трябвало да бъдат държани в неведение за великите научни тайни.

> От всяко дърво в градината свободно да ядеш; но от дървото за познаване доброто и злото, да не ядеш от него; защото в деня, когато ядеш от него, непременно ще умреш.
> *Битие 2: 17.*

Това означава, че вие – новосъздадените – можете да учите всичко, което поискате, всички наши книги са на ваше разположение, с изключение на научните трудове, съприкосновението с които ще доведе до смъртта ви.

Приведе при човека всички полски зверове и всички въз-

душни птици, за да види как ще ги наименува.
Битие 2: 19.

Човешките същества трябвало да имат цялостна представа за растенията и животните около тях, за техния начин на живот и за това как да ги използват за храна. Създателите също така са им казали тяхните наименования и са им разкрили силата на всичко съществуващо около тях, тъй като ботаниката и зоологията не били считани за опасни за тях науки. Представете си радостта на тази група учени, които са създали две деца, момче и момиче, тичащи край тях, жадно поглъщайки всяка информация, която им се предоставя.

Змията... каза на жената... от плода на дървото, което е всред градината...никак няма да умрете; но знае Елохим (Бог), че в деня, когато ядете от него, ще ви се отворят очите и ще бъдете, като Богове.
Битие 3: 1-5.

Някои учени от тази група изпитвали много дълбока любов към своите малки човешки същества, към своите "създания" и искали да им дадат цялостно образование, за да ги направят учени като себе си. Така че те казали на тези първи хора, които вече били достигнали своята зрялост, че биха могли да се занимават с научна дейност и по този начин да станат начетени като своите създатели.

Тогава се отвориха очите и на двамата и те познаха, че бяха голи.
Битие 3: 7.

Новите човешки същества разбрали тогава, че те също могат да станат създатели на свой ред и се разгневили на своите "родители", затова че са ги държали настрана от научните знания, смятайки ги за опасни лабораторни животни.

> Елохим (Господ Бог) рече на змията: проклета да си... по корема си да се влечеш, и пръст ще ядеш през всичките дни от живота си.
>
> *Битие 3: 14.*

"Змията" била тази малка група учени, която е искала да каже истината на Адам и Ева и в резултат на това, те били осъдени от правителството на тяхната собствена планета, да живеят в изгнание на Земята, докато всички други учени трябвало да прекратят експериментите и да я напуснат.

> И Елохим (Господ Бог) направи кожени дрехи на Адама и на жена му и ги облече.
>
> *Битие 3: 21.*

Създателите дали на своите творения основни средства за оцеляване, достатъчни да се справят, без да имат нужда от нови контакти с тях. Библията пази едно изречение, което е близо до оригиналния документ.

> Ето, човекът стана като един от нас, да познава доброто и злото... И сега трябва да се уверим, че няма да простре ръката си да вземе и от дървото на живота, да яде и да живее вечно.
>
> *Битие 3: 22.*

Човешкият живот е много кратък, но има научен начин той да се удължи. Вашите учени, които учат през целия си живот, могат да натрупат достатъчно знания, за да направят интересни открития, едва когато остареят, което е причина за бавния прогрес на човечеството. Ако хората можеха да живеят десет пъти по-дълго, научното познание щеше да отбележи гигантски скок.

Ако, когато бяха създадени в началото, тези новосъздадени същества можеха да живеят много по-дълго, те щяха доста бързо да станат равни на нас, тъй като техните умствени способности частично превъзхождат нашите. Те не осъзнават целия си потенциал. Това се отнася особено за народа на Израел, който, както отбелязах по-рано, е бил избран в състезание като най-успешния вид хуманоиди на Земята, заради своята интелигентност и гений. Това обяснява защо те винаги са се считали за "избрания народ". Наистина, те са били избрани от екипи от учени, събрали се да оценят своите създания. Можете сами да видите броя на гениите, родени от този народ.

> Така той изпъди Адама; и постави на изток от Едемската градина херувимите и пламенния меч, който се въртеше, за да пазят пътя към дървото на живота.
> *Битие 3: 24.*

Войници с разрушителни атомни оръжия били поставени на входа на резиденцията на създателите, за да попречат на човешките същества да крадат още научно познание.'

Потопът

'Нека преминем към четвърта глава на Битие.

> И след време Каин принесе от земните плодове принос на Елохим (Господа). Тъй също и Авел принесе от първородните на стадото си.
> *Битие 4: 3-4.*

Създателите в изгнание, които били поставени под военен надзор, накарали човешките същества да им носят храна, за да покажат на своите началници, че новосъздадените хора са добри, и че никога не ще се обърнат против създатели си. И така те успели да получат разрешение, водачите на тези първи човешки същества да се облагодетелстват от "дървото на живота", което обяснява факта защо са живели толкова дълго: Адам – 930 години, Сит – 912, а Енос – 905, и т.н., както е дадено в *Битие, Глава 5, редове 1-11*.

Като почнаха човеците да се размножават по лицето на земята и им се раждаха дъщери, Елохимовите (Божиите) синове, като гледаха, че човешките дъщери бяха красиви, вземаха си за жени от всички, които избираха.

Битие 6: 2.

Създателите, живеещи в изгнание, взели най-красивите дъщери на човешките същества и ги направили свои съпруги.

Духът, който съм му дал не ще владее вечно в човека: в блуждаенето си той е плът; затова дните му ще бъдат сто и двадесет години.

Битие 6: 3.

Продължителността на живота не била наследствена и за успокоение на властите от далечната планета, новите човешки същества не могли автоматично да се възползуват от "дървото на живота". И така тайната на живота била изгубена и прогреса на човечеството забавен.

След като Елохимовите (Божиите) синове влизаха при човешките дъщери, и те им раждаха синове, тези бяха ония силни и прочути старовременни мъже.

Битие 6: 4.

Ето ви едно доказателство, че създателите са могли да се сношават с човешките дъщери, които били създали по свой образ и по този начин създали изключителни деца. Тези действия изглеждали много опасни за хората от далечната планета. Научният прогрес на Земята бил невероятен и те решили да разрушат вече създаденото.

И видя Йахве (Господ), че се умножава нечестието на човека по земята и, че всичко, което мислите на сърцето му въображаваха, беше постоянно само зло.

Битие 6: 5.

Въпросното "зло" било желанието на човешките същества да станат образовани и независими, равни на своите създатели. Да бъдат "добри", що се отнасяло до онези от планетата на Елохим, означавало новите човешки същества да останат примитивни, вегетиращи на Земята. Тяхното "зло" било тяхното желание за прогрес, който може би един ден щял да им позволи да настигнат своите създатели.

Правителството на далечната планета решило тогава да унищожи целия живот на Земята, използвайки ядрени оръжия. Когато, изпратените в изгнание учени научили за този проект, те накарали Ной да построи космически кораб, който да бъде изведен в орбита около Земята по време на катаклизма и който да съдържа по една двойка от всеки животински вид, за да бъдат те запазени.

Това било вярно, фигуративно казано, но в действителност – и вашето научно познание скоро ще ви позволи да го разберете – една единствена жива клетка от всеки животински вид, мъжка и женска, е всичко, което е необходимо, за да се възпроизведе целия организъм. Това е също като първата жива клетка на ембриона в майчината утроба, която вече притежава цялата необходима информация за създаването на човешко същество, включително цвета на очите и косата. Това е била колосална задача, но тя била изпълнена навреме.

Когато експлозията избухнала, земните форми на живот се намирали в безопастност, на няколко хиляди километра над Земята. Континентът бил потопен от огромна приливна вълна, която унищожила всички форми на живот на повърхността му.

Ковчегът се издигна над земята.

Битие 7: 17.

Както ясно се вижда, казано е, че ковчега е издигнат "над" Земята, а не "върху" водата.

След това било необходимо да се изчака докато опасното радиоактивно излъчване премине:

А водите се застояха по земята сто и петдесет дни.

Битие 7: 24.

Космическият кораб имал три отсека:

> Направи го с долен, среден и горен етаж.
>
> *Битие 6: 16.*

По-късно корабът се приземил и освен Ной, той носел по една двойка земни същества от всяка човешка раса.

> Тогава си спомни Елохим (Бог) за Ноя... накара вятър да мине по земята, та водите престанаха.
>
> *Битие 8: 1.*

След като наблюдавали нивото на радиоактивност и я разпръснали чрез научни методи, създателите казали на Ной да освободи животните, за да видят дали те ще оцелеят в новите атмосферни условия. Операцията била успешна и те могли да тръгнат по света отново. Тогава създателите казали на оцелелите хора да работят и да се множат, и да засвидетелстват своята признателност на своите благодетели, които не само ги били сътворили, но и спасили от унищожение. Ной се съгласил хората да дават част от реколтата и добитъка си на създателите, за да осигурят и тяхното оцеляване.

> И Ной издигна олтар на Елохим (Господа); и взе от всяко чисто животно и от всяка чиста птица, та ги принесе за всеизгаряния на олтара.
>
> *Битие 8: 20.*

Създателите били щастливи да видят, че хората им желаят доброто и обещали никога вече да не се опитват да унищожават своето творение. Те осъзнали, че било съвсем естествено хората да се стремят към научен прогрес.

Помислите на човешкото сърце са зло. Битие 8: 21.

Всяка човешка раса била върната тогава на мястото, на което била създадена, всяко животно било пресъздадено от клетките, които били запазени на борда на ковчега.

> От тях се отделиха народите по земята след потопа.
> *Битие 10: 32.*'

Вавилонската кула

'Но най-интелигентната раса, народът на Израел, започнал да прави такъв забележителен прогрес, че скоро могъл да предприеме завоюване на космоса, с помощта на изпратените в изгнание създатели. Последните искали новите човешки същества да отидат на планетата на създателите, за да получат тяхната прошка, като покажат, че са не само интелигентни и образовани, но и миролюбиви и благодарни. И така те построили огромен космически кораб - Вавилонската кула.

> Не ще може вече да им се забрани, какво да било нещо, що биха намислили да направят.
> *Битие 11: 6.*

Хората от нашата планета се уплашили, когато чули тази новина. Те все още наблюдавали Земята и знаели, че живота на нея не бил унищожен.

> Елате да слезем, и там да разбъркаме езика им, тъй щото един други да не разбират езика си. Така Йахве (Господ) ги разпръсна от там по лицето на цялата земя.
> *Битие 11: 7.*

И така те дошли на Земята, взели евреите, които притежавали най-развитото познание и ги разпръснали из целия континент сред примитивни племена в страни, където никой не ги разбирал, тъй като езикът им бил различен, а също унищожили всичките им научни уреди.'

Содом и Гомор

'На заточените създатели било простено и им било разрешено да се върнат на родната планета, където те защитили своето великолепно творение. В резултат на това, всички от далечната планета насочили погледите си към Земята, защото тя била населена с хора, които самите те били създали.

Но сред хората, пръснати по Земята имало такива, хранещи желание за мъст. Те се събрали в градовете Содом и Гомор и успявайки да спасят някои научни тайни, се приготвили за експедиция, целяща да накаже тези, които се опитали да ги унищожат. Затова създателите изпратили двама шпиони да проследят какво става там.

Привечер дойдоха двама ангела в Содом.
Битие 19: 1.

Няколко човека се опитали да ги убият, но шпионите успели да ослепят своите нападатели с джобно атомно оръжие:

И поразиха със слепота човеците, и малък и голям.
Битие 19: 11.

Те предупредили онези, които били миролюбиви да напуснат града, защото щели да го унищожат с атомна експлозия.

Станете, излезте из това място, защото Йахве (Господ) ще съсипе града.
Битие19: 14

Когато хората напускали града, те не бързали особено много, тъй като не разбирали какво може да означава една атомна експлозия.

Бягай за живота си: да не погледнеш назад, нито да се

спреш някъде.

Битие19: 17.

И бомбата паднала върху Содом и Гомор.

Тогава Йахве (Господ) изля върху Содом и Гомор сяра и огън от Господа от небето. Той разори тия градове и цялата равнина, всичките жители на градовете и земните растения. Но жената на Лот погледна назад, и стана стълб от сол.

Битие 19: 24-26.

Както вече знаете, изгаряниията, предизвикани от атомна експлозия, убиват онези, които са прекалено близо, а телата им превръщат в подобно на направени от сол статуи.'

Жертвата на Авраам

'По-късно, след като повечето от водещите интелектуалци били унищожени и хората били върнати в полупримитивно състояние, създателите поискали да видят дали народът на Израел, особено неговият водач, все още изпитва положителни чувства към тях. Това е свързано с параграфа, където Авраам иска да жертва собствения си син. Създателите го изпитали, за да видят дали неговите чувства към тях са достатъчно силни. За щастие експериментът завършил успешно.

Да не вдигнеш ръката си върху момчето, нито да му сториш нещо, защото сега зная, че ти се боиш от Елохим (Бога).

Битие 22: 12

Ето това е. Осмислете всичко, което току-що Ви казах и го запишете. Утре ще Ви разкажа още.'

Отново малкият човек ме изпрати и неговият космически кораб се издигна бавно във въздуха. Тъй-като небето беше по-ясно този път, успях да наблюдавам по-отблизо излитането му. Той се закрепи неподвижно на височина около 400 метра и без никакъв звук почервеня, като че се нагряваше, след това побеля като нагорещен метал и накрая стана пурпурно-син като огромна искра, която не можеше да се гледа. Тогава изчезна напълно.

3

ГРИЖА ЗА ИЗБРАНИТЕ

Моисей

На следващия ден аз отново се срещнах с моя посетител и той веднага продължи историята си.
'В Битие, Глава 28 има друго описание на нашето присъствие:

> И ето стълба изправена на земята, чийто връх стигаше до небето; и Ангелите на Елохим (Божиите ангели) се качваха и слизаха по нея.
>
> *Битие 28: 12.*

Заради унищожаването на центровете на прогрес Содом и Гомор и ликвидирането на повечето интелигентни индивиди, човешките същества се били върнали в примитивно състояние и били започнали, доста глупаво, да боготворят парчета камъни и идоли, забравяйки онези, които всъщност ги били създали.

> Махнете чуждите богове, които са между вас.
>
> *Битие 35: 2.*

В Изход ние се натъкваме на Моисей.

> И ангел на Йахве (Господен) му се яви в огнен пламък изсред една къпина; и ето къпината гореше в огън, а къпината не изгаряше.
>
> *Изход 3: 2*

Една ракета кацнала пред него и неговото описание съответства на това, което би дал някой туземец от бразилската джунгла, ако ние кацнем пред него в летателно средство, осветяващо дърветата без да ги изгаря.

Хората, избрани като най-интелигентни, били загубили блестящите си интелектуални способности и били станали роби на съседни племена, които били по-многобройни, тъй като не били подложени на същото изтребление. И така било необходимо да се възвърне достойнството на хората на Израел, като им се върне собствената им земя.

Началото на Изход описва всичко, което трябваше да направим, за да освободим народа на Израел. Веднъж освободени, ние ги насочихме към страната, която беше определена за тях.

> И Йахве (Господ) вървеше пред тях, денем в облачен стълб, за да ги управя из пътя, а нощем в огнен стълб, за да им свети, та да пътуват денем и нощем.
>
> *Изход 13: 21.*

За да се забави хода на египтяните, които започнали да ги преследват:

> Дигна се облачният стълб, отпреде им та застана отдире им; на едните беше тъмен облак, а на другите светеше през нощя.
>
> *Изход 14: 19-20.*

Пушекът, издигнат зад израилтяните, се превърнал в завеса, която забавила техните преследвачи. След това пресичането на водата станало възможно благодарение на отблъскващ лъч, който направил коридор в нея:

> Пресуши се морето и водите се раздвоиха... Така Йахве

> (Господ) избави Израиля...
>
> *Изход 14: 21 и 30.*

Докато пресичали пустинята избраните започнали да огладняват:

> Ето, по лицето на пустинята имаше дребно люспообразно нещо, тънко, като слана по земята.
>
> *Изход 16: 14.*

Манната не била нищо друго, освен стрита на прах синтетична, химическа храна, която, когато е пръсната по земята, набъбва от ранната утринна роса.

Що се отнася до жезъла, позволил на Моисей да добие вода – "а ти удари канарата, и ще потече вода из нея" – както е казано в Изход 17: 6, то той не е бил нищо друго освен детектор за подпочвени води, подобен на тези, които вие използувате днес за откриване на нефт например. След като веднъж водата е открита, човек трябва само да копае.

След това в Глава 20 на Изход се цитират определен брой правила.

Тъй като израилтяните били много примитивни, те имали нужда от закони, отнасящи се до морала и особено до хигиената. Те са очертани в заповедите.

Създателите дошли да продиктуват тези закони на Моисей на планината Синай, като пристигнали с летяща чиния.

> Имаше гръмове и светкавици, и гъст облак на планината, и много силен тръбен глас... А Синайската планина беше цяла в дим, защото Йахве (Господ) слезе в огън; и димът се дигаше, като дим от пещ, и цялата планина се тресеше силно. И тръбният глас се усилваше.
>
> *Изход 19: 16-19.*

Създателите се страхували да не бъдат нападнати и малтретирани от човешките същества. Следователно, било важно те да бъдат уважавани, дори боготворени, за да бъдат в безопасност.

Людете на могат да се възкачат на Синайската планина... а свещениците и людете да се не спускат и да се качват към Йахве (Господ), за да не нападне Той на тях.

Изход 19: 23-24.

Също е написано:

Само Моисей ще се приближи при Йахве (Господ), а Израилевите свещеници не ще се приближат, нито ще се възкачат людете с него.

Изход 24: 2.

Те видяха Бога на Израел:

Под нозете му имаше като настилка от сапфир, чиято бистрота беше също като небе.

Изход 24 : 10.

Има описание на пиедестала, върху който един от създателите се появил и който бил направен от същата синкава сплав, като тази на пода на летящата чиния, върху която стоиш сега.

И видът на славата на Йахве (Господ) по върха на планината се виждаше като огън пояждащ.

Изход 24: 17.

Тук имаш описание на "славата" – всъщност космически кораб – и както вече си забелязал, при излитане той има огнено оцветяване.

Този екип от създатели щял да остане на Земята известно време и те искали да ядат прясна храна. Ето защо помолили израилтяните да им носят редовно пресни провизии, а също и богатства, които искали да занесат обратно на своята планета. Предполагам, че би нарекъл това колонизация.

> От всеки човек, който на радо сърце би дал, ще приемете приноса. И ето какъв принос ще приемете: злато, сребро, мед, синьо, мораво, червено и козина.
>
> *Изход 25: 2-4.*

Те също решили, че биха искали да живеят по-удобно, така че помолили човешките същества да им построят резиденция по начертани от тях планове. Плановете са описани в Глава 26 на Изход. В тази резиденция те щели да посрещат представителите на хората. Това било място за срещи, където хората носели храна и подаръци в знак на покорност.

> Моисей влезе в шатъра... И когато влезеше Моисей в шатъра, облачния стълб слизаше и заставаше на входа на шатъра, и Йахве говореше с Моисея... И Йахве (Господ) говореше на Моисея лице с лице, както човек говори с приятеля си.
>
> *Изход 33: 8-11.*

Точно както днес ние можем да разговаряме като човек с човек.

> Не можеш видя лицето ми; защото човек не може да ме види и да остане жив.
>
> *Изход 33: 20.*

Това обяснение се отнася до разликата в атмосферите на нашите две планети. Хората не могли да видят своите създатели, освен ако последните не носели специални скафандри, тъй като земната атмосфера не е подходяща за тях. Ако дойдете на нашата планета ще видите създателите без скафандри, но там вие ще умрете, защото атмосферата не е подходяща за вас.

Цялото начало на Левит обяснява, как храните предлагани на създателите е трябвало да бъдат поднасяни. Например в Левит 21: 17 се казва:

> Който от твоето потомство, във всичките им поколения, има недостатък, той да не пристъпва да принася хляба на

Бога си.

Левит 21: 17.

Очевидно, това е за да попречи на болните и недъгави хора, които били символ на неуспех и следователно били непоносими за очите на създателите, да се представят пред тях.

В Книга на Числата, 11: 7-8 има много точно описание на манната, която вашите химици биха могли много лесно да произведат.

> А манната приличаше на кориандрово семе и беше на вид като бделий…а, вкусът и беше като вкус на пити, пържени в масло.
>
> *Числа 11: 7-8.*

Тази манна не е нищо друго освен химическа храна, но създателите предпочитали пресни плодове и зеленчуци.

> Първите плодове от всичките произведения на земята им, те ще донасят на Йахве (Господ).
>
> *Числа 18: 13.*

По-късно създателите научили хората да се инжектират срещу ухапвания от змии.

> Направи си една горителна змия, и тури я на висока върлина; и всеки ухапан, като погледне на нея, ще остане жив.
>
> *Числа 21: 8.*

Веднага след като някой бивал ухапан от змия, той "поглеждал" "горителна змия", т.е. спринцовка му била донасяна, за да може да се инжектира със серум.

Накрая пътуването, което довело "избраните хора" до Обетованата Земя, достигнало края си. Следвайки съвета на създателите, те разрушили идолите на местните примитивни хора и възвърнали териториите си.

> Изтребете всичките им изображения, унищожете всичките им леяни идоли... и завладейте земята.
>
> *Числа 33: 52-53.*

Накрая "избраните" достигнали Обещаната Земя.

> И понеже той обичаше бащите ти, за това избра тяхното потомство след тях.
>
> *Второзаконие 4: 37.*

В Книга на Исус Навиев Глава 3, Стих 15, ние четем за преминаването на река Йордан.

> И щом дойдоха до Йордан ония, които носеха ковчега... водата, която слизаше отгоре застана и се издигна на куп много надалеч; а, водата, която течеше надолу се свърши и изчезна; и людете преминаха срещу Ерихон.
>
> *Исус Навиев 3: 15.*

Така, създателите помогнали на "избраните" да преминат реката без дори да намокрят краката си, точно както били направили при бягството им от египтяните, като използвали същия отблъскващ лъч.'

Ерихонската тръба

'В края на Глава 5 в Книгата на Исус Навиев има среща на един от създателите - военачалник и избраните хора, отговарящи за съпротивата на град Ерихон.

> За Военачалник на армията на Йахве (Господ), дойдох аз сега.
>
> *Исус Навиев 5:14.*

Един военен консултант бил изпратен при евреите, за да им помага при обсадата на Ерихон. Лесно е да се разбере как стените били съборени. Знаете, че много високият глас на певец може да счупи кристална чаша. Ако използвате високо усилени, свръхзвукови вълни можете да съборите тухлена стена. Това е било направено, като е бил използван един много сложен инструмент, който в Библията се нарича "тръба".

> И когато засвирят продължително с гръмливата тръба, като чуете гласа на тръбата… И градската стена ще падне на мястото си.
>
> *Исус Навиев 6: 5.*

В един определен момент свръхзвуковите вълни били излъчени синхронизирано и стените паднали. Малко по-късно истинска бомбардировка била извършена.

> Йахве (Господ) хвърляше на тях големи камъни от небето, та измряха; умрелите от камъните на градушката бяха по-много от ония, които израилтяните убиха с нож.
>
> *Исус Навиев 10: 11.*

Тази тотална бомбардировка, както е отбелязано, убила повече хора отколкото ножовете на израилтяните. Един от най-неразбираните пасажи е в Исус Навиев, Глава 10, Стих 13, където се казва:

> И слънцето застана и луната се спря, догдето мъстовъздадоха людете на неприятелите си.
>
> *Исус Навиев 10: 13.*

Това просто означава, че войната е била мълниеносна и е траяла само един ден – всъщност, по-късно се споменава, че войната е била "почти цял един ден". Тя била толкова кратка и като се отчете размера на завладяната земя, на хората им се струвало, че слънцето е спряло неподвижно.

В Книгата Съдии, Глава 6, Стих 21, един от създателите е отново в контакт с мъж на име Гедеон, който продължава да го снабдява с храна.

> Тогава ангелът на Йахве (Господен) простря края на жезъла, който беше в ръката му, та достигна месото и пресните пити; и излезе огън из камъка та пояде месото и пресните пити; а след това ангелът на Йахве (Господен) си отиде отпред очите му.
>
> *Съдии 6: 21.*

Създателите не могли да ядат на открито заради скафандрите си, но ако било необходимо, използвайки научна техника, те се хранели извличайки важните субстанции от даровете, използвайки гъвкава тръба или тръстиково стъбло. Процесът предизвиквал пламъци, което карало хората да мислят, че били извършвани жертвоприношения на бога.

В Глава 7 на Книгата Съдии, 300 мъже с "тръби" ограждат лагера на врага и използвайки усилени свръхзвукови вълни, те ги надуват едновременно, за да накарат хората в лагера да полудеят. Сега вие знаете, че определени звуци с извънредно висока честота, могат да докарат до лудост всеки човек.

Наистина обсадените войници полудели и започнали да се бият помежду си, и се разбягали.'

Самсон (Самуил) Телепатът

'В Съдии, Глава 13, има друг пример за сношение между създателите и жени от човешкия род:

> И ангелът на Йахве (Господен) се яви на жената и каза й: Ето, сега си бездетна и не раждаш; но ще заченеш и ще родиш син.
>
> *Съдии 13: 3.*

Било необходимо плодът от този съюз да бъде здрав, за да бъде изучен. Ето защо той и казва:

Затова пази се сега да не пиеш вино или спиртно питие, и да не ядеш нищо нечисто. Защото, ето, ще заченеш и ще родиш син; и бръснач да не мине през главата му, защото още от рождението се детето ще бъде Назирей богу.

Съдии 13: 4-5.

По-късно е написано:

И ангелът на Елохим (Бог) пак дойде при жената, като седеше на нивата, а мъжът и не беше с нея.

Съдии 13:9.

Лесно е да си представим какво се случило по време на отсъствието на мъжа и... Задачата да се излекува стерилитета и била лесна за учените. По този начин тя осъзнала, че ще роди изключително дете и че ще трябва да положи извънредни грижи за него. Било чудесно за създателите да се съвокупляват с дъщери на човечеството. Това им дало възможността да имат синове, които да управляват директно на Земята, където атмосферата не била подходяща за тях самите.

Въпросът за небръснатите коси и бради е много важен. Човешкият мозък е като огромен предавател, способен да излъчва множество много прецизни вълни и мисли. Всъщност телепатията не е нищо повече от това.

Но този вид предавател има нужда от антена и косата и брадата са тези антени. Ето защо не трябва да се бръснете, ако искате да използвате вашите предаватели. Сигурно сте забелязали, че много от вашите учени имат дълга коса, а често и брада. Проповедниците и мъдреците ги имат също. Сега разбирате защо.

Детето било родено. Това бил Самсон (Самуил), чиято история знаете. Той можел да общува директно с "Бога" телепатично, благодарение на своята антена – косата. И създателите могли да му помагат в трудни моменти и да правят чудеса, които да затвърждават авторитета му. Но когато Дилайла отрязала косата му, той не могъл повече да иска помощ. Тогава неговите врагове извадили очите му, но когато косата му пораснала отново, той възвърнал своята "сила". С други думи той отново могъл да поиска помощ от създателите, които тогава разрушили храма, чиито колони той докоснал. Всичко това е приписвано на силата на Самсон (Самуил).

В Първа книга на царете, Глава 3, ние виждаме Илия да посвещава Самсон (Самуил) в телепатията. Създателите искали да контактуват със Самсон (Самуил) и той мислел, че говори с Илия. Той "чувал гласове".

> Иди та си легни; и ако те повика кажи: Говори, Йахве (Господи) , защото слугата ти слуша.
> *Първа книга на царете 3: 9.*

Това прилича отчасти на поведението на начинаещи радиолюбители, които казват "Говори, чувам те силно и ясно". И телепатичният разговор започва:

> Самуиле! Самуиле! Тогава Самуил каза: Говори, защото слугата ти слуша.
> *Първа книга на царете 3: 10-11.*

В епизода, в който Давид предизвиква Голиат имаедно интересно изречение, което завършва така:

> … Защото кой е тоя та да хвърли презрение върху войските на живия Бог.
> *Първа книга на царете 17: 26.*

Това показва реалното присъствие в тази епоха на един доста осезаем "Бог". Телепатията като средство за общуване между създателите и хората била единствено възможна, когато Елохим били в близост до Земята.

Когато били на своята отдалечена планета или някъде другаде, те не могли да общуват по този начин.

Поради тази причина, те създали приемник-предавател, който бил транспортиран до "Божия ковчег", апарат съдържащ своя собствена атомна, енергийна клетка. Ето защо в Първа книга на царете, Глави 5-та и 6-та, когато филистимците открадват ковчега, техният идол Дагон паднал по лице на земята, в резултат на електрически удар, причинен от несръчното им боравене с него.

Те също страдали от изгаряния от опасните радиоактивни материали.

И той ги изтреби и порази с хемороиди.
Първа книга на царете 5:6.

Дори евреите, които не били взели предпазни мерки, докато носели ковчега, били наранени:

Оза простря ръката си към Божия ковчег та го хвана...И Господният гняв пламна против Оза. И Йахве (Бог) го порази там за грешката му и той умря там при Божия ковчег.
Втора книга на царете 6: 6-7.

Ковчегът почти бил паднал, когато Оза, опитвайки се да го вдигне, докоснал опасна част от машината и го хванал ток.

В Трета книга на царете, в глави - 1: 50 и 2: 28, четем на няколко места за хора, които "се хващат за роговете на олтара".

Това се отнася за боравенето с лостовете на предавателя-приемник, когато било необходимо да се осъществи контакт със създателите.

Първото жилище на Елохим

'Великият цар Соломон построил разкошна резиденция, за да приветства с добре дошли създателите, когато дошли да посетят Земята.

Йахве (Господ) е казал, че ще обитава в облак. Аз ти построих дом за обитаване.
Трета книга на царете 8: 12-13.

> Славата на Йахве (Господната) изпълни дома на Йахве (Господ).
>
> *Трета книга на царете 8: 11.*

> Облакът изпълни дома на Йахве (Господ).
>
> *Трета книга на царете 8: 10.*

> И ще обитавам всред израилтяните.
>
> *Трета книга на царете 6: 13.*

И така, създателите живеели на облак или по-скоро на кораб в орбита над облаците. Само си представете, че се опитвате да обясните това на примитивни хора...

> И, ето, един човек, изпратен от Йахве (Господ), дойде от Юда във Ветил... Той даде знамение, като рече... жертвеникът ще се разцепи. Еровоам простря ръката си от жертвеника и рече: Хванете го. И ръката му, която простря... изсъхна, така щото не можа да я потегли надире към себе си. Също и жертвеникът се разцепи.
>
> *Трета книга на царете 13: 1-5.*

С помощта на атомен дезинтегратор, един от създателите унищожил олтара и изгорил ръката на мъжа, който показал неуважение към създателите. Той се връща в един от земните лагери на Елохим по друг път, за да скрие тайната на тяхното местонахождение.

> Така той си тръгна по друг път, и не се върна по пътя по който бе дошъл във Ветил.
>
> *Трета книга на царете 13: 10.*

В Трета книга на царете, Глава 17, Стих 6, има пример за радио контрол над животни, чрез употребата на електроди, които самите вие започвате да откривате.

> И враните му донасяха хляб и месо заран, и хляб и месо вечер.
>
> *Трета книга на царете 17: 6.*

По това време, следвайки някои от своите нови собствени открития, създателите решили да се появяват по-рядко. Те искали да дадат на хората възможността да се развиват сами, за да видят дали ще достигнат ерата на научното познание, без те да са им поставили тази цел. Така, създателите започнали да използват все по-дискретни средства за комуникация с хората – както е с метода при храненето на Илия от "опитомени" врани.

Това било началото на гигантски експеримент в галактиката, където няколко цивилизации се състезавали. Създателите решили да се появяват по-рядко, като в същото време затвърдили авторитета и репутацията на своите посланици – пророците – чрез използването на чудеса. С други думи научни средства, които били тогава неразбираеми за хората от тази епоха.

> Виж, синът ти е жив... Сега познаваме, че ти си Божий човек.
>
> *Трета книга на царете 17: 23-24.*

Илия излекувал малко умиращо дете. По-късно той наредил два млади бика да бъдат разсечени и сложени върху дърва на планината Кармил, единият в жертва на идола Ваал, а другият в жертва на създателите. Този, който сам се възпламени, щял да покаже истинския "Бог".

Очевидно, в предварително набелязан от Илия и създателите момент, едно дърво, избрано от Елохим, избухнало в пламъци, въпреки че било съвсем мокро. Това било постигнато чрез мощен лъч, подобен на лазерен, насочен от кораб, скрит в облаците:

> Тогава огън от Йахве (Господа) падна та изгори всеизгаря-

нето, дървата, камъните, и пръстта, и облиза водата, която бе в окопа.

Трета книга на царете 18: 38.

Илия Вестоносецът

'Създателите обърнали специално внимание на Илия.

Ангел се допря до него и му рече: Стани, яж. При главата му пита... и стомна с вода. Това се случи в пустинята.

Трета книга на царете 19: 5-6.

И, ето, Йахве (Господ) минаваше и голям силен вятър цепеше бърдата и сломяваше скалите пред Йахве (Господ), но Йахве (Господ) не бе във вятъра; а подир вятъра земетръс, но Йахве (Господ) не бе в земетръса; и подир земетръса огън, но Йахве (Господ) не бе в огъня; а подир огъня тих и тънък глас.

Трета книга на царете 19: 11-12.

Тук, имате описание на кацането на машина, подобна на една от вашите ракети. По-нататък е описан външния вид на създателите.

Видях Йахве (Господа) седящ на престола си, и цялото небесно множество стоящо около него отдясно и отляво.

Трета книга на царете 22: 19.

Създателите още веднъж използвали телепатия, този път групова, за да не може никой от пророците да предскаже истината на царя:

Ще бъда лъжлив дух в устата на всичките му пророци.

Трета книга на царете 22: 22.

В Четвърта книга на царете, има още едно доказателство за закрилата, която създателите дали на Илия:

> Ако съм аз Божий човек, нека слезе огън от небето та нека изгори тебе и петдесетте войници. И слезе Божият огън от небето та изгори него и петдесетте му войници.
> *Четвърта книга на царете 1: 12.*

Тази операция била извършена отново, но на третия път:

> И ангел на Йахве (Господен) рече на Илия: Слез с него; не бой се от него.
> *Четвърта книга на царете 1: 15.*

В Четвърта книга на царете, Глава 2, Илия е поканен на борда на космически кораб, който излита заедно с него.

> И когато Йахве (Господ) щеше да възнесе Илия на небето с вихрушка.
> *Четвърта книга на царете 2: 1.*

По-късно се добавя:

> Ето, огнена колесница и огнени коне, които ги разделиха един от друг; и Илия възлезе с вихрушка на небето.
> *Четвърта книга на царете 2: 11.*

Това е ясно описание на излитането на космически кораб и когато повествователят говори за огнени коне, той има предвид огъня и дима, излизащи от двигателните дюзи. Ако покажете на някои членове на южноамерикански или африкански племена излитаща ракета, те няма да могат да разберат този научен феномен по рационален начин, а ще гледат на него като на нещо свръхестествено, мистично и божествено. И когато се върнат при племето си, те ще говорят за огнени коне и колесници.

По-нататък в Четвърта книга на царете, Глава 4, Стихове 32-37, Елисей, като баща си, съживява хора. Той излекува и връща обратно към живот едно мъртво дете. Това се случва доста често днес, когато изкуственото дишане уста в уста и сърдечният масаж съживяват хора, чийто сърдечен мускул е спрял да функционира.

Тогава Елисей извършва умножаването на хляба.'

Умножаването на хляба

'Един човек… донесе на Божия човек двадесет ечемичени хляба… И слугата му рече: Що! да сложа ли това пред стотина човека? А той каза: Дай на людете да ядат, защото така казва Йахве (Господ): ще се нахранят, и ще остане излишък. Тогава той сложи пред тях, та се нахраниха, и остана излишък според словото на Йахве (Господ) .
Четвърта книга на царете 4: 42-44.

Създателите бяха донесли със себе си синтетична, дехидрирана храна, която смесена с вода, увеличава пет пъти първоначалния си обем. Така с двадесет малки хляба е имало достатъчно храна за сто души.

Вече сте запознати с малките витаминозни хапчета, с които са се хранили вашите първи астронавти. Те заемат много малко място, но съдържат всички необходими хранителни вещества. Едно хапче е достатъчно да нахрани един човек. Количество, равно по обем на един малък хляб, е достатъчно да нахрани пет души. Следователно, двадесет хляба могат да нахранят сто човека.

Но хората на Израел, започнали да почитат железни идоли, станали канибали и напълно неморални, което отвратило техните създатели:

Така Израил биде отведен от своята земя.

Четвърта книга на царете 17: 23.

Това било началото на разселването на израилтяните, чиято цивилизация, вместо да отбележи напредък, постоянно търпяла упадък, за разлика от техните съседи, които се възползвали от възможностите си.

В Книгата на Исая намираме отново:

В годината, когато умря цар Озия, видях Господа, седнал на висок и издигнат престол... над Него стояха серафимите, от които всеки имаше по шест криле, с две покриваше лицето си, с две покриваше нозете си, и с две летеше.

Исая 6: 1-2

Това е описание на създателите, облечени в техните космически костюми, снабдени с шест малки реактивни двигателя, два на гърба, два на ръцете и два на краката, с цел по-добро управление.

Слушайте, гласът върху планините на множеството приличаше на голям народ! Шумен глас от царството на събраните народи! Йахве (Господ) на силите преглежда войнството си за бой. Те идат от далечна страна, от небесните краища. Йахве (Господ) и оръжията на негодуванието му, за да погуби цялата земя.

Исаия 13: 4-50.

Цялата истина е съсредоточена в този цитат и за да се разбере е въпрос само на четене между редовете: Те идат от далечна страна, от небесните краища. Това не би могло да бъде по-ясно.

А ти думаше в сърцето: Ще възлеза на небесата, ще възвиша престола си над Божиите звезди.

Исаия 14: 13.

Това се отнася до учените хора, които били натрупали достатъчно знания, за да предприемат пътешествие до планетата на създателите, но били унищожени в Содом и Гомор. Небесната армия се описва тук по времето, когато пристига с оръжията на гнева, за да унищожи цялата страна. Учените хора от Содом и Гомор са тези, които казват:

> Ще възлеза над висотата на облаците, ще бъда подобен на Всевишния.
>
> *Исаия 14: 14.*

Но унищожението попречило на хората да станат равни на своите създатели, "подобни на Всевишния".

> Запустяваше света, и съсипваше градовете му.
>
> *Исаия 14: 17.*

Ядрената експлозия е описана по-нататък:

> Защото воплите стигаха до всичките предели на Моава, риданието му в Еглаим, и риданието му във Вир-елим... защото водите на Димон се пълнят с кръв.
>
> *Исаия 15: 8-9.*

Някои били спасени, защото се подслонили в бункери.

> Дойдете, люде мои, влезте в скришните си стаи, и затворете вратите след себе си; Скрийте се за един малък миг, догдето премине гневът.
>
> *Исаия 26: 20.*

Летящите чинии на Езекиил

'В Книгата на Езекиил, Глава Първа, началото на стих 4, намираме най-интересното описание на една от нашите летящи машини.

> Видях, и, ето, вихрушка идеше от север, голям облак и пламнал огън, а около него сияние; и отсред него се виждаше нещо наглед като светъл метал, от средата на огъня. Отсред него се виждаше и подобие на четири живи същества. И това беше изгледът им: те имаха човешко подобие. Всяко от тях имаше четири лица, всяко имаше и четири крила. Нозете им бяха прави нозе; и стъпалото на нозете им беше подобно на стъпалото на телешка нога; и изпущаха искри като повърхността на лъскава мед. И имаха човешки ръце под крилата си на четирите си страни; и на четирите лицата и крилата бяха така: крилата им се съединяваха едно с друго; не се обръщаха като вървяха; всяко вървеше направо пред себе си.

> А колкото за изгледа на лицата им, той беше като човешко лице; и четирите имаха лъвово лице от дясната страна; и четирите имаха волско лице от лявата; и четирите имаха орлово лице. И лицата им и крилата им бяха обърнати нагоре; две крила на всяко се съединяваха едно с друго, и двете покриваха телата им. И вървяха всяко направо пред себе си; гдето се носеше духът, там вървяха; като вървяха не се обръщаха.

> А колкото за подобието на живите същества, изгледът им бе като запалени огнени въглища, като изгледа на факли, които се движеха нагоре надолу между живите същества; огънят беше светъл, и светкавица изкачаше из огъня. И живите същества блещукаха наглед като светкавица.

> А като гледаха живите същества, ето по едно колело на зе-

мята при живите същества, за всяко от четирите им лица. Изгледът на колелата и направата им бе като цвят на хрисолит; и четирите имаха еднакво подобие; а изгледът им и направата им бяха като че ли на колело в колело. Когато вървяха, вървяха към четирите си страни; не се обръщаха като вървяха. А колелата им бяха високи и страшни; и колелата около тия четири бяха пълни с очи. И когато вървяха живите същества, и колелата вървяха край тях; и когато се издигаха от земята и колелата се издигаха. Когато вървяха ония, вървяха и тия; и когато стояха ония, стояха и тия; а когато ония се издигаха от земята, то и колелата се издигаха край тях; защото духът на всяко от живите същества беше и в колелата му.

А над главите на живите същества имаше подобие на един простор, на глед като цвят на страшен кристал, разпрострян над главите им. А под простора крилата им бяха разпрострени, едно срещу друго; всяко същество имаше две, които покриваха телата им отсам; и всяко имаше две, които ги покриваха оттам. И когато вървяха, чуваха фученето на крилата им като бучене на големи води, като глас на Всесилния, като шум на войска. Когато се спираха спущаха крилата си.

И глас се издаде отгоре из простора, който бе над главите им; и като се спряха спуснаха крилата си. И над простора, който бе върху главите им, се виждаше подобие на престол, на глед като камък сапфир; и върху подобието на престола имаше подобие на глед като човек седещ на него на високо.

Езекиил 1: 1-26.

Ето ви описание на кацането на летящите машини на създателите, което не би могло да бъде по-точно. "Вихрушката" е диря от дим или пара, която съвременните самолети оставят след себе си на големи височини. Тогава машината се появява с нейната мигаща светлина, "пламнал огън" и "светъл метал". По-късно четирима създатели се появяват с антигравитационни костюми и прикрепени малки реактивни двигатели. Те са описани като "крила" на техните костюми и "и стъпалото на нозете им… и изпущаха искри като повърхността на лъскава мед". Сигурно сте забелязали колко лъскави са костюмите на вашите астронавти.

Що се отнася до "летящите чинии" или "колела", то описанието на външния им вид и начина на действие са обрисувани съвсем точно, имайки предвид примитивниятт човек, който ги описва. "И направата им бяха като че ли на колело в колело… не се обръщаха като вървяха".

В центъра на летящата чиния, подобна на тази, в която седим сега, имало обитаем сектор, колело. "И колелата около тия четири бяха пълни с очи". Както нашето облекло от тогава се е изменило и ние не носим вече тези тежки космически костюми, така и нашите кораби тогава имаха странични отвори – "очите" около колелата – защото по това време не бяхме открили как да виждаме през метални стени, като модифицираме тяхната атомна структура по желание.

Летящите чинии стояха близо до създателите, готови да им помогнат при нужда, тъй като те товареха провизии и изпълняваха редовната поддръжка на големия интергалактически кораб над тях. Други създатели в кораба ги направляваха. "Духът на всяко от живите същества беше и в колелата му". Това е пределно ясно.

> А над главите на живите същества имаше подобие на един простор, на глед като цвят на страшен кристал… И над простора, който бе върху главите им, се виждаше подобие на престол, на глед като камък сапфир; и върху подобието на престола имаше подобие на глед като човек.
>
> *Езекиил 1: 26.*

Гореспоменатият индивид на огромния кораб е надзиравал и координирал действията на създателите.

Изплашен от тази гледка, Езекиил пада по очи, защото тези мистериозни явления могат да бъдат единствено - "божествени". Но един от създателите му казва:

Сине човешки, изправи се на нозете си, и ще ти говоря…

> Слушай това, което ти говоря... и изяж това, което ти да-
> вам.
>
> *Езекиил 2: 1 и 7-8.*

Това може да се сравни с яденето от научното дърво на доброто и зло-то. На него е била дадена интелектуална храна. В случая – книга.

И като погледнах ето ръка простряна към мене, и ето в нея свитък кни-га... писаното бе отвътре навън.

Написаното било от двете страни – доста необичайно нещо по това вре-ме, когато само едната страна на пергамента била изписвана.

После свитъкът бил "изяден". Това означава, че Езекиил е разбрал неговия смисъл. Това, което той е научил тогава, е това, което Вие сега научавате за произхода на човечеството. Това било толкова вълнуващо и успокоително, че той казал:

> Тогава го изядох; и беше в устата ми сладко като мед.
>
> *Езекиил 3:3.*

След това Езекиил бил отведен с кораба на създателите до мястото, където щял да разпространи добрата новина.

> Тогава Духът ме подигна; и чух зад себе си глас на голямо-
> то спускане.
>
> *Езекиил 3: 12.*

По-късно, пророкът още веднъж бил транспортиран в космическия кораб на създателите:

> Духът ме издигна между земята и небето, и пренесе ме
> чрез Божии видения в Ерусалим.
>
> *Езекиил 8: 3.*

Езекиил забелязал след това, че под своите "крила" херувимите имали човешки ръце:

> А подобието на човешка ръка в херувимите се виждаше под крилата им.
>
> *Езекиил 10: 8.*

> Когато излязоха, херувимите подигнаха крилата си та се издигнаха от земята, като гледах аз, и колелата край тях.
>
> *Езекиил 10: 19.*

> При това духът ме дигна та ме отнесе...
>
> *Езекиил 11: 1.*

> И Господната слава се издигна изсред града та застана на хълма, който е на изток от града. Духът като ме издигна, отнесе ме... в Халдейската земя.
>
> *Езекиил 11: 23-24.*

Ето някои от многото пътувания на Езекиил в летящите машини на създателите. По-късно друго преживяване е описано:

> Ръката на Йахве (Господ) ме постави всред поле, което бе пълно с кости.
>
> *Езекиил 37: 1.*

И там става чудо. Създателите възкресяват човешки същества от тленните им останки.

Както бе споменато по-рано, всяка клетка на живо същество съдържа цялата информация, за да бъде то възпроизведено отново. Всичко, което трябва да се направи е да се сложи една клетка, например част от кост, в машина, която осигурява цялата жива материя, необходима за възпроизводството на първоначалния организъм.

Машината осигурява плътта, а клетката доставя информацията, точно както сперматозоидът съдържа цялата информация за създаването на жив организъм, от самото начало до цвета на косата и очите.

> Сине човешки, могат ли да оживеят тия кости?... започна да гърми, и ето, трус... жили и меса израстнаха по тях, и кожа ги покри отгоре... и те оживяха; и изправиха се на нозете си, една твърде голяма войска.
>
> *Езекиил 37: 3-10.*

Всичко това е много лесно да се направи и един ден вие ще го правите. Такъв е произходът на древните ритуали, при които важни хора са били погребвани в сложни, укрепени гробници, за да могат един ден да бъдат върнати към вечен живот. Това е част от тайната на "дървото на живота" – тайната на вечността.

В Глава 40, Езекиил е отново в космически кораб, който го отвежда при друг извънземен, носещ космически костюм:

> И като ме заведе там... та ме постави върху една твърде висока планина, на която имаше към юг нещо като здание подобно на град... ето, човек, чийто изглед бе като изглед на мед.
>
> *Езекиил 40: 2-3.*

Този "град" е една от Земните бази, които създателите използвали по това време. Те винаги били разполагани на много високи планини, така че създателите да не бъдат обезпокоявани от хората. Мъжът, "чийто изглед бе като изглед на мед", е разбира се облечен в металенкостюм. Подобно на това, заради ниският ни ръст, ние често сме припознавани с деца или херувими.

Свещениците, служещи на създателите в Земната им резиденция – храма посетен от Езекиил – носели асептични, стерилни дрехи при изпълнение на задълженията си и тези дрехи трябвало да остават винаги в храма, за да не бъдат заразени от опасни за създателите микроби:

> Когато свещениците влизат в храма, да не излизат от светото място във външния двор, но там да слагат дрехите, с които служат, защото са свети.
>
> *Езекиил 42: 14.*

Те сигурно са написали "защото тези дрехи са чисти или стерилни", но това било неразбираемо за примитивните хора, които обожествявали всичко, което им било казвано или показвано през този период.

В Езекиил Глава 43, големият кораб, почтително наричан "славата на Бог", приближава.

> И ето, славата на Израилевия Бог идеше от източния път; гласът му беше като глас на много води; и светът сияееше от славата му.
>
> *Езекиил 43: 2.*

Създателите не искали да бъдат обезпокоявани, затова издали директива:

> Тая порта ще бъде затворена, няма да се отвори, и никой човек да не влезе през нея; защото Йахве (Господ), Израилевия Бог е влязъл през нея; затова тя ще бъде затворена.
>
> *Езекиил 44: 2.*

Само на един "княз" било позволено да дойде и да разговаря със създателите:

> А князът, който като княз ще седне в нея за да яде хляб пред Йахве (Господ).
>
> *Езекиил 44: 2.*

Но князът трябвало да мине през една стая, където бил дезинфекциран със специални лъчи.

> Той ще влезе през пътя на предверието на тая порта, и през същия път ще излезе.
>
> *Езекиил 44: 3.*

Левийските свещеници били там, за да се грижат за създателите.

> Та нека се приближават при Мене за да Ми служат, и нека стоят пред Мене да Ми принасят тлъстината и кръвта... Нека се приближават при трапезата за да Ми служат...
>
> *Езекиил 44: 15-16.*

Миризмата на човешката пот била неприятна на създателите:

> И когато влизат в портите на вътрешния двор нека обличат ленени дрехи... да не опасват нищо, което причинява пот.
>
> *Езекиил 44: 17-18.*

Има също описание на това как са правени доставките на пресни продукти за Елохим.

> И първаците от всички първи рожби... да давате на свещеника първака на тестото си, за да почива благословение на домовете ви.
>
> *Езекиил 44: 30.*

В Глава 3 на Книгата на Даниил, Цар Навуходоносор осъжда трима мъже на изгаряне на клада, защото отказали да почетат металния бог вместо създателите. Но тримата мъже, които знаели за съществуването на създателите, били спасени от един от тях, който им се притекъл на помощ при кладата, въоръжен с отблъскващ, охлаждащ лъч. Чрез него той ги предпазил от топлината и пламъците, и им позволил да си отидат невредими.

Ето, виждам четирима мъже развързани, които ходят всред огъня, без да имат никаква повреда; и по изгледа си четвъртия прилича на син на боговете.

Даниил 3: 25.

По-късно Даниил бил хвърлен в бърлогата на лъвове, но те не го наранили. Тук отново нищо сложно не било използвано, само парализиращ лъч, който дал на Даниил време да се измъкне невредим.

Моят Бог прати ангела Си да затули устата на лъвовете.

Даниил 6: 22.

В десета глава на Даниил ще намерите друго интересно описание на един от създателите.

Като вдигнаха очите си видяха един човек... Тялото му бе като хрисолит, лицето му като изгледа на светкавица, очите му като огнени светила, мишците и нозете му бяха на глед като лъскава мед, и гласът му като глас на много народ.

Даниил 10: 5-6.'

Страшният съд

'Ако евреите били доминирани от персите и гърците, то това било заради липсата им на вяра. Следователно, Елохим наказали евреите като изпратили някои от своите "ангели" сред персите и гърците и помогнали на тези нации да напреднат технологично.

Това обяснява великите моменти в историята на тези две цивилизации. Архангел Михаил бил водач на делегацията, която помагала на персите.

Михаил, един от главните князе, дойде да ми помогне; там при персийските князе.

Данаил 10:13.

В Глава 12 на Даниил възкресяването е отново споменато:

> И множеството от спящите в пръстта на земята ще се събудят, едни за вечен живот, а едни за срам и вечно презрение.
>
> *Даниил 12: 2.*

"Страшният съд" ще позволи на великите учени да живеят отново. Тези хора, които са действали позитивно в полза на човечеството и които са вярвали искрено в създателите и са следвали техните заповеди, ще бъдат приветствани с голяма радост с добре дошли от хората на новата ера, когато това се случи.

От друга страна, всички грешни хора ще се срамуват пред съдиите си и ще живеят във вечно разкаяние, като пример за останалото човечество:

> Разумните ще сияят със светлостта на простора, и ония, които обръщат мнозина в правда като звездите до вечни векове.
>
> *Даниил 12: 3.*

Гениите ще бъдат високо оценени и щедро възнаградени. Онези индивиди, които са създавали условия на гениите да се реализират или на истината да триумфира, също ще бъдат възнаградени.

> А ти, Данииле, затвори думите и запечатай книгата до края на времето, когато мнозина ще я изследват и знанието за нея ще се умножава.
>
> *Даниил 12: 4.*

Тези думи ще бъдат разбрани напълно едва тогава, когато човечеството достигне до достатъчно ниво на научно разбиране – това можем да кажем засега. Всичко това ще се случи:

> Когато ще са свършили да смажат силата на светите люде.
>
> *Даниил 12: 7.*

Това ще стане когато народът на Израел възвърне земята си след своята дълга диаспора. Държавата Израел беше създадена преди няколко десетилетия, по-същото време когато научното познание на човечеството претърпя разцвет.

> Иди си, Данииле; защото думите са затворени и запечатани до края на времето.
>
> *Даниил 12: 9.*

Всичко това не би могло да бъде разбрано по онова време. Но днес, то може да бъде разбрано. През последните години, научният прогрес и началото на изследванията на космоса от страна на човешките същества бяха такива, че вече всичко изглежда възможно за човечеството. Сега нищо не може да изненада хората, които всеки ден виждат по телевизията чудеса да стават пред очите им. Те могат да научат без учудване, че наистина са направени от "Бог", техният всемогъщ създател, особено що се отнася до техните научни способности. Сега чудесата станаха разбираеми.

В Йона, голямата риба, която поглъща пророка е наистина много интересна. Иона е изхвърлен във водата от малка лодка:

> А Йахве (Господ) бе определил една голяма риба да погълне Йона; и Йона остана във вътрешността на рибата три дни и три нощи.
>
> *Йон 1: 17.*

"Голямата риба" била всъщност подводница, както вече познавате такива съдове. Но за хората от това време тя е могла да бъде само голяма риба, въпреки че стомашните сокове на такава риба биха смлели човек много бързо, без всякаква надежда да излезе на бял свят отново. И още повече на Йон му е бил нужен въздух за дишане... в подводницата създателите могли да проведат разговор с Йон и да научат за политическата обстановка в този момент.

> И Йахве (Господ) заповяда на рибата; и тя избълва Йона на сушата.
>
> *Йон 2: 10.*

Подводницата се приближила до брега и Йон бил отново на сушата. В Захарий Глава 5, има друго описание на летяща машина:

> Тогава пак като подигнах очите си видях, и ето, летящ свитък, дълъг двадесет лакти, и широк десет лакти.
>
> *Захарий 5: 1-2.*

Малко по-късно жени се появяват за първи път сред създателите:

> Като подигнах очите си видях, и ето, излизаха две жени, които летяха във вятъра; защото имаха крила като крила на щъркел.
>
> *Захарий 5: 9.*

Тези две жени придружавали създателите и били екипирани с автономни летателни костюми, когато се появили пред Захарий.

В Псалм 8, стих 5, е казано за човешките същества:

> Ти си го направил само малко по-долен от Елохим (Бог).
>
> *Псалми 8: 5.*

Човешките същества са в действителност толкова силни в интелектуално отношение, колкото са и техните създатели. Онези, които са преписвали текстовете, не са посмели да напишат "равни" с Елохим, както първоначално е било продиктувано.

> То излиза от единия край на небето, и обикаля до другия

му край.

Псалми 19: 6.

Създателите идват от планета, много далеч от орбитата на Земята.

В тях (краищата на вселената) той постави шатър за слънцето.

Псалми 19: 4.

Това е още един намек за земната маса, която е била изкопана, за да образува първичния континент, когато единствено океани са покривали Земята.

Йахве (Господ) наднича от небето, наблюдава всичките човешки чада; от местообиталището си гледа на всичките земни жители.

Псалми 33: 13-14.

Създателите наблюдават поведението на човечеството, както винаги са го правили, от своите космически кораби.'

Сатаната

'В Книгата на Иов, Глава 1, имате обяснение за Сатаната:

А един ден, като дойдоха синовете на Елохим (Божиите) да се представят пред Йахве (Господ), между тях дойде и Сатана.

Йов 1:6.

Елохим на иврит означава буквално "онези, които идват от небето". "Синовете на Елохим", с други думи, са създателите, които докладват на своята родна планета, посочвайки най-често, че човешките същества уважават и обичат Елохим. Но един от тези Елохим, на име Сатана, е бил част от група, която винаги осъждала създаването на други интелигентни същества на планета, така близка като Земята, виждайки в тях възможна заплаха. Ето защо, виждайки предаността на Йов, който е един от най-ярките примери за любовта на хората към своите създатели, той казва:

> Дали без причина се бои Йов от Елохим?... Но сега простри ръка и допри се до всичко що има, и той ще те похули в лице. И Йахве (Господ) рече на Сатана: Ето, в твоята ръка е всичко, що има той; само на него да не туриш ръка.
> *Йов 1: 9-12.*

Правителството, чувайки твърдението на Сатаната, че ако не бил богат Йов не би обичал своите създатели, му дало пълно право да разори Йов. Тогава щяло да се види, дали той все още почита своите създатели и затова било забранено той да бъде убит.

Виждайки преданата любов на Йов към своите създатели, дори когато е разорен, правителството триумфирало над опозицията, т.е. Сатаната. Но Сатаната възразил, че макар Йов да е загубил много неща, той все още бил в добро здраве. Така правителството дало на Сатаната карт бланш да действа, при единственото условие да не го убива.

> Той е в ръката ти; само живота му опази.
> *Йов 2: 6.*

Отново в Книгата на Иов, едно малко изречение в Глава 37 е много интересно:

> Можеш ли като Него да разпростреш небето, което, като леяно огледало е здраво?
> *Йов 37: 18.*

С други думи, могат ли човешките същества да се "разпрострат в небето" – в същност да направят летящи метални средства? Хората от онова време са смятали, че това е възможно само за Бог. А днес това вече е възможно.

Накрая, при вида на смирения Йов, създателите го излекуват и му връщат обратно богатството, децата и здравето.'

Хората били неспособни да разберат

'В Книгата на Тобит в Апокрифа, един от роботите на създателите, на име Рафаел, също идва да изпита отношението на хората към създателите.

След като изпълнил мисията си, преди да си тръгне, той разкрил кой е:

> Всеки ден аз се появявах пред теб, но нито пих, нито ядох...
> Аз се въздигам към този, който ме прати. Напиши за нещата, които ти се случиха.
>
> *Тобит 12: 19-20.*

Всичко това е лесно да се види в писанията. Но още веднаж трябва да се опитате да разберете.

> Аз ще ви кажа какво е мъдрост и откъде идва тя, и няма да скрия от вас тайните на Елохим (Бог), а ще ви ги разкрия от нейното родено начало, и ще просветли знанието за нея и няма да премълчи истината.
>
> *Мъдростта на Соломон 6: 22.*

Когато му дойде времето, "мъдростта", науката, които позволяват всичко това да се случи, ще бъде разбрано от човечеството. Библейските писания ще бъдат доказателство за всичко това.

Поради величието и красотата на създадените неща дай ни съотвена представа за техните създатели.

> *Мъдростта на Соломон 13: 5.*

Така че е лесно да се види истината, като разпознавате създателите чрез наблюдение на техните създания.

> И кой чрез тези добри неща видени не ще разбере този който е.
> *Мъдростта на Соломон 13: 1.*

За да не бъдат обезпокоявани от хората, създателите построили своите бази високо в планините, където сега намираме следи от велики цивилизации (в Хималаите и Перу, например), както и на дъното на морето. Постепенно планинските бази били изоставени за сметка на подводните, като по-трудно достъпни за хората. Създателите, които били заточени от самото начало, се били скрили в океаните.

> В оня ден Йахве (Господ) с лютия, и великия, и якия си нож ще накаже левиатана, бързия змей, и ще убие змията, която е в морето!
> *Исая 27: 1.*

По това време правителството на тяхната планета искало да унищожи онези, които били създали хората.

Не било лесно да се разбере сред тези чудеса ясно какво става, така че създателите били обожествени и превърнати в нещо абстрактно, защото човешките същества не били способни да разберат научните факти.

> Тогава дават писмото на някого, който не е грамотен. И казват: Я прочети това; А той казва: Не съм грамотен.
> *Исая 29: 12.*

Дълго време човечеството държало истината в ръцете си, но не могло да я разбере, докато не еволюирало достатъчно в науката, за да декодира тази истина.

Всеки човек е твърде скотски за да знае.
Еремия 10: 14.

Науката позволила на създателите да създават, а ще позволи и на човешките същества да направят същото.

Йахве (Господ) ме създаде като начало на пътя си, като първо от древните си дела. От вечността бях създадена, от начало, преди създаването на земята!... Когато приготовляваше небето, аз бях там... Когато налагаше закона си на морето щото водите да не престъпват повелението му... Тогава аз бях при Него като майсторски работник. И всеки ден се наслаждавах, веселих се винаги пред Него; веселих се на обитаемата му земя; и наслаждението ми бе с човешки чада.
Притчи 8: 22-23, 27, 29-31.

Интелигентността и науката – това са добродетелите, позволили на създателите да сътворят земната маса, първичният континент, а също и живите същества, с които те го заселили. И сега тази интелигентност и този дух водят човешкият ум да възпроизведе делата на своите създатели.

От самото начало е било така – хората създават хора като тях на други планети. Цикълът продължава. Едни умират, други поемат щафетата. Ние сме вашите създатели, а вие от своя страна, ще създадете нови човешки същества.

Каквото съществува е станало вече; и каквото ще стане е станало вече.
Еклисиаст 3: 15.

Животните също са били създадени и ще бъдат пресъздадени отново. Точно както хората – нито повече, нито по-малко. Видовете, които са изчезнали ще живеят отново, когато се научите как да ги създавате.

> Да! Един дух имат всичките; и човек не превъзхожда в нищо животното, защото всичко е суета.
> *Еклисиаст 3: 19.*

Ние, създателите, ще се появим пред вас, единствено ако човечеството ни е благодарно, затова че сме го създали. Ние се страхуваме, че човешките същества може би изпитват неприязън към нас – нещо, което не можем да приемем.

Ние бихме искали да започнем открити контакти с вас и да ви предадем ползата от значителния ни напредък в научното познание – веднага след като се уверим, че няма да се обърнете срещу нас и ще ни обичате като свои родители.

> Горко на онзи, който се препира със създателя си! Ще рече ли калта на този, който й дава образ: Що правиш? Или изделието ти да рече за тебе: Няма ръце? Горко на онзи, който казва на баща си: Какво раждаш?
> *Исая 45: 9-10.*

Страхът, че няма да бъдат обичани от човешките същества е накарал вашите създатели да ви разрешат да се развивате сами в научно отношение, почти без всякаква външна помощ.

Емблемата, която виждаш гравирана на тази машина и на моя костюм, представя истината. Тя е също емблема на евреите, звездата на Давид, която означава: "Това, което е над, е като това, което е под" и в центъра е свастика, която означава, че всичко е циклично, връх, който става дъно и дъно, което се превръща във връх. Произходът и съдбата на създателите и хората са подобни и свързани.

> Не знаете ли? Не сте ли чули? Не ли ви се е известило отначало? От основаването на земята не сте ли разбрали?
> *Исая 40: 21.*

Доказателства за съществуването на бази на създателите по високите планини се споменават в Книгата на Амос:

> Ето, онзи който... стъпва върху земните височини.
>
> *Амос 4: 13.*

Създателите имали общо седем бази:

> ...тия седем, които са очите на Йахве (Господни), тичащи през целия свят...
>
> *Захария 4: 10*

Такъв е произходът на свещника със седем свещи, смисълът, на който е бил изгубен. В началото в главната квартира на създателите е имало командно табло със седем светещи ключа, позволяващи им да поддържат контакт с другите бази и с интерпланетарния кораб, който е бил на орбита около Земята. В Псалми 139: 4-6 има загатване за телепатията:

> Защото докато думата не е още на езика ми, ето, Йахве (Господи), Ти я знаеш цяла. Ти си пред мен и зад мен, и турил си върху мене ръката си. Това знание е пречудно за мене; високо е; не мога да го стигна.
>
> *Псалми 139: 4-6.*

По това време хората не могли да си представят телепатията, и оттук "това знание е пречудно за мене". Астрономията и интерпланетарните пътешествия са били също немислими за това време.

> Изброява числото на звездите. Нарича ги всички по име. Велик е нашия Йахве (Господ), и голяма е силата му: Разумът му е безпределен.
>
> *Псалми 147: 4-5.*

Човешките същества били също неспособни да разберат телекомуникацията.

> Изпраща заповедта си по земята; словото му тича много

бърже.

Псалми 147: 15.

Сега ние достигаме до решителната, повратна точка в работата на създателите. Те решили по това време да разрешат на човечеството да прогресира в научно отношение, но без да се намесват директно. Те разбирали, че те самите са били създадени по този начин, и че чрез създаването на подобни на тях същества, те ще позволят на кръговратът да продължи.

Но първо, за да бъде разпространена истината по целия свят, те решили да изпратят Месия, който би могъл да каже това, което по това време, биха разбрали само хората на Израел. Това била подготовка за деня, когато изначалната тайна щяла да бъде обяснена в светлината на научния прогрес – т.е. апокалипсиса. И така те го представили по този начин:

А ти, Витлеем…който ще бъде владетел в Израиля, чийто произход е от начало, от вечността… И той ще стои и ще пасе стадото си чрез силата Господна… Защото сега той ще бъде велик до краищата на земята. И той ще бъде нашия мир.

Михей 5: 2-5.

Радвай се много ерусалимско дъщерьо; ето, твоят цар иде при тебе… Кротък, и възседнал на осел… Той ще говори мир на народите; и владението му ще бъде от море до море. Захарий 9: 9-10.

4

РОЛЯТА НА ХРИСТОС

Зачеването

На следващата сутрин ние се срещнахме отново на същото място и моят домакин каза: 'Ролята на Христос беше да разпространи истината на библейските писания по целия свят, така че те да служат като доказателство на цялото човечество, докато науката не се развие достатъчно, за да обясни всичко. Създателите решиха следователно, да се роди дете от жена от Земята и един от техните хора. Детето по този начин, без съмнение щеше да наследи определени телепатични способности, които хората не притежават.

    Тя се намери непразна от светия Дух.
                                   Евангелие от Матея 1: 18.

Мария беше избраната жена и очевидно нейният годеник трудно прие тази вест, но:
Ангел от Господа му се яви насън.
                                   Евангелие от Матея 1: 20.

Един от създателите се появи, за да обясни, че Мария ще роди син на "Бога". Пророците, които бяха в контакт със създателите, дойдоха от много далеч, за да видят божието дете. Един от космическите кораби ги водеше:

    Видяхме звездата му на изток и дойдохме да му се поклоним... И, ето, звездата, която бяха видели на изток, вървеше преде тях, докато дойде и се спря над мястото гдето беше детето.

Евангелие от Матея 2: 2.

Създателите бдяха над детето:

И ангел от Господа се явява насън на Йосиф и казва: Стани, вземи детето и майка му и бягай в Египет и остани там докато ти река, защото Ирод ще потърси детето, за да го погуби.

Евангелие от Матея 2: 13.

Царят не бе много щастлив, че току-що дете-цар се бе родило на неговата земя, както пророците бяха предсказали. Но след като цар Ирод умря, създателите казаха на Йосиф, че може да се върне в Израел.

И когато умря Ирод, ето ангел от Господа се явява насън на Йосиф в Египет и казва: Стани, вземи детето и майка му и иди в Израилевата земя, защото умряха ония, които искаха живота на детето.

Евангелие от Матея 2: 19-20.

Посвещаването

'Когато порасна, Исус бе заведен при създателите, за да му разкрият неговата истинска самоличност, да го представят на баща му, да посочат неговата мисия и да го запознаят с различни научни техники.

Небесата му се отвориха и той видя Божия Дух, че слизаше като гълъб и се спускаше над него; и ето глас от небесата, който казваше: Този е възлюбеният ми Син, в когото е моето благоволение... Тогава Исус беше отведен от Духа в пустинята, за да бъде искушаван от дявола.

Евангелие от Матея 3: 16-17 и 4: 1.

Дяволът, 'Сатаната', за чийто създател вече говорихме, е бил винаги убеден, че нищо добро няма да излезе от човечеството на Земята. Той беше 'Сатана на скептицизма' и беше поддържан от опозицията на правителството на нашата планета.

Така той изпита Исус, за да разбере дали неговата интелигентност е достатъчна и дали той наистина обича и уважава своите създатели. След като откриха, че напълно могат да се му доверят, на Исус му беше разрешено да отиде и изпълни своята мисия.

За да обедини хората около себе си, Исус направи 'чудеса', които в действителност, бяха приложение на научните познания, показани му от създателите.

> Страдащи от различни болести бяха довеждани при него и той ги изцели.
>
> *Евангелие от Матея 4: 24.*

> Блажени нищите по дух.
>
> *Евангелие от Матея 5: 3.*

Това изречение неправилно се интерпретира като 'бедните са блажени'. Първоначалният смисъл е бил, че ако бедните имат дух, то те ще бъдат щастливи – което е съвсем различно.

Тогава Исус каза на апостолите, че те трябва да разпространяват истината по целия свят. В молитвата наричана 'Божията молитва' или 'Отче наш' истината е казана буквално:

> Да дойде твоето царство; да бъде твоята воля, както на небето, така и на земята.
>
> *Евангелие от Матея 6: 10.*

На 'небето', на планетата на създателите, учените накрая поемат властта и създават тогава други интелигентни същества. Също нещо ще се случи на Земята. Факелът ще бъде издигнат отново.

Тази молитва, която се повтаря много пъти без някой да я разбира, имало нечестиво значение, но сега играе важна роля.

'На земята... както и на небето'.

Освен всичко останало, Исус е бил научен да говори убедително чрез един вид телепатична групова хипноза:

> И когато свърши Исус тия думи, народът се чудеше на учението му... защото ги поучаваше като един, който има власт, а не като техните книжници.
> *Евангелие от Матея 7: 28-29.*

Той продължи да лекува болните с помощта на създателите, които насочваха концентрирани лъчи от разстояние:

> Един прокажен дойде при него... исус простря ръка и се допря до него и рече: Бъди очистен. И на часа му се очисти проказата.
> *Евангелие от Матея 8: 2-3.*

И направи също то за един човек, който беше напълно парализиран. Операцията беше извършена от разстояние с помощта на концентриран лъч, нещо като лазер, който изгаря точно определено място през няколко слоя.

> Стани и ходи... и той стана.
> *Евангелие от Матея 9: 6-8.*

По-нататък в Евангелието от Св.Матей, Исус обявява своята мисия:

> Не съм дошъл да призова праведните, а грешните.
> *Евангелие от Матея 9: 13.*

Той не дойде заради народа на Израел, който знаеше за съществуването на създателите, а преди всичко за да може това знание да бъде разпространено в останалата част на света.

По-късно имало още "чудеса" донякъде подобни на първите, всички от които били медицински. Днес има трансплантации на сърца и други органи; проказата и тям подобни болести са излекувани, а хора са връщани отново в съзнание чрез подходящо лечение. Тези неща биха били считани за чудеса от технологично примитивни хора. По онова време човешките същества били примитивни, а създателите били подобни на хората от вашите съвременни "цивилизовани" нации, макар и малко по-напреднали в науката, отколкото сте вие сега.

По-нататък намираме цитат за създателите, сред които е истинският баща на Исус:

> Всеки, който изповяда мене пред човеците, ще го изповядам и аз пред отца ми, който е на небесата.
>
> *Евангелие от Матея 10: 32.*

"Пред отца ми, който е на небесата" – това обяснява всичко. Всъщност "Бог" не е нещо неуловимо, неосезаемо или нематериално. Той е "на небесата". Това очевидно е било необяснимо за хората, които по онова време са вярвали, че звездите са закачени на звездния свод само като красиви лампи, въртящи се около центъра на Земята. Сега след появата на пътешествия в космоса и на разбирането за необятността на вселената, старите текстове се осветляват по съвършено различен начин.'

Паралелни човешки светове

'В Евангелието от Матея, Глава 13, има важен пасаж, където Исус обяснява чрез притча, как създателите са напуснали своята планета, за да създадат живот в други светове.

> Сеячът излезе да сее... и както сееше, някои зърна паднаха край пътя, птиците дойдоха и ги изкълваха... А други паднаха на канаристите места, където нямаше много пръст... а като изгря слънце пригоряха... Други семена паднаха

между тръните, тръните порастнаха и ги заглушиха... А други паднаха на добра земя, и дадоха плод, кое стократно, кое шестдесет, кое тридесет.

Евангелие от Матея 13: 3-9.

Всичко това е намек за различните опити да се сътвори живот на други планети – три от тях пропадат.

Първият пропада заради птиците, които дошли и изкълвали семената. Всъщност това е бил неуспех причинен от близостта на въпросната планета до тази създателите. Онези, които са били против създаването на хора, подобни на тях самите, виждали възможна заплаха в този екперимент и отишли да унищожат създанията.

Вторият опит бил направен на планета прекалено близо до слънце, което било твърде горещо, така че създанията били унощожени от вредната радиация.

Третият опит бил направен "сред тръните" на планета, която била прекалено влажна и където растителният свят бил толкова силен, че разрушил равновесието и животинския свят. Този свят, състоящ се само от растения, все още съществува.

Но накрая, четвъртият опит бил успешен, върху "добра почва". И е важно да се отбележи, че е имало, общо взето, три успеха. Това означава, че на други две планети, които са относително близо до вас, има живи същества подобни на вас самите, които са били създадени от същите създатели.

"Чуйте, тези, които имат уши...", разберете, тези, които можете. Когато дойде времето, тези, които искат да разберат ще го направят. Другите, онези, които гледат, без да виждат и чуват, без да слушат или разбират, такива хора никога няма да разберат истината. От друга страна, онези, които докажат своята интелигентност със своите собствени усилия и така се покажат достойни за помощта на създателите, ще им бъде помогнато.

Който има, нему ще се даде и ще има изобилие; а който няма от него ще се отнеме и това, което има.

Евангелие от Матея 13: 12

Хората, които не успеят да докажат своята интелигентност няма да оцелеят. Човешките същества почти са доказали, че са достойни да бъдат признати от своите създатели за равни на тях. Единственото нещо, което им липсва е… малко любов. Любов един към друг и особено към техните създатели.

>…На вас е дадено да знаете тайните на небесното царство.
> *Евангелие от Матея 13: 11.*

Трите планети, на които е бил създаден живот, са били поставени в условията на конкуренция. Планетата, на която човечеството постигне най-голям научен напредък и следователно докаже своята интелигентност, ще получи дар от наследството на своите създатели в деня на "страшния съд" – при условие, че не се държат агресивно към своите създатели.

Това ще бъде денят, когато тяхното познание ще е достигнало достатъчно високо ниво. Днес човешките същества не са много далеч от този ден. Човешкият гений е:

>…по-малко от всичките семена, но когато порасте, е по-голямо от злаковете и става дърво, така щото небестните птици дохождат и се подслонят по клончетата му.
> *Евангелие от Матея 13: 32.*

"Небестните птици" тук се отнасят до създателите, които ще дойдат и ще се подслонят по клоните; с други думи, ще дойдат да дадат своите знания на човечеството, когато то се покаже достойно за това.

>Небестното царство прилича на квас, който една жена взе и замеси в три мери брашно, докле вкисна всичкото.
> *Евангелие от Матея 13: 33.*

Това е още едно загатване за трите свята, в които създателите очакват науката да процъфти.

Ще изкажа скритото още от създанието на света.

Евангелие от Матея 13: 35.

Тук имаме нещо изключително важно. Планетите имат своя продължителност на живот и един ден те няма да могат да бъдат обитавани. До това време човечеството трябва да е достигнало ниво на научно познание, достатъчно за да предприеме заселване на друга планета или ако не може да се адаптира на друго място, да създаде хуманоидна форма на живот, способна да оцелее в новите условия. Ако околната среда не може да бъде приспособена спрямо нуждите на хората, то хора трябва да бъдат създадени, които да са съвместими с новата среда.

Например, преди човечеството да е изчезнало, ще трябва да създадете нова раса хора, които да са способни да живеят в напълно различна атмосфера, и които ще наследят вашето познание преди вие да изчезнете. И за да не бъде изгубено това наследство, създателите са сътворили живот на три планети и само на най-добрите ще бъде дадено то.

Така ще бъде и при свършека на века; ангелите ще излязат
и ще отлъчат нечестивите измежду праведните
Евангелие от Матея 13: 49.

Текстът, отнасящ се до умножаването на хляба, вече е обяснен. Той е свързан с концентрирани хранителни продукти под формата на големи хапчета, съдържащи всички витални елементи и доста подобни на тези, които използуват вашите астронавти. Вашият "свещен хляб" – нафор доста напомня на тези хапчета. С еквивалента на няколко хляба, той е достатъчен да нахрани хиляди хора.'

Научни Чудеса

'Когато Исус ходи по водата, създателите го поддържат като използуват антигравитационен лъч, който компенсира ефекта на тежестта, точно в определена точка.

> Той дойде към тях, като вървеше по езерото.
> *Евангелие от Матея 14: 25.*

Лъчът, всъщност, създава завихряне, което е описано както следва:

> Но като виждаше вятъра силен, Петър се уплаши... и като влязоха в ладията, вятърът утихна.
> *Евангелие от Матея 14: 30-32.*

"Вятърът утихна" като се качват в ладията, защото лъча е бил изключен, когато Исус достига до лодката. Още едно изцяло научно "чудо".

В действителност, чудеса не съществуват, а само различни нива на научен прогрес. Ако по времето на Исус бяхте кацнали с космически кораб, или дори с въртолет, даже при относително ограничено ниво на научно развитие, то в очите на хората от това време, вие със сигурност щяхте да изглеждате творци на чудеса.

Самото създаване на изкуствена светлина, идваща от небето, шофирането на кола, гледането на телевизия, или дори убиването на птица с пушка, биха изглеждали като явления от божествен или свръхестествен произход за хората от онова време, защото те са били неспособни да си обяснят механизма на тези феномени. Също не бива да забравяте, че разликата в научното развитие между вас и хората от времето на Исус е същата, каквато е между вас и нас. Ние все още можем да правим неща, които вие бихте счели за "чудеса".

Но за най-изявените индивиди сред вас, те няма да бъдат чудеса, тъй като през последните няколко десетилетия, вие поехте по пътя на науката и се опитвате да схванете причините за нещата, вместо безмислено да се излежавате и радвате на даденостите.

Нашето познание, обаче остава на такова равнище, че ако решим да направим някои чудеса, дори и най-бележитите ви учени няма да разберат как сме ги направили. Има някои особено интелигентни индивиди, които биха се справили с подобен род явления, но като цяло останалите биха изпаднали в паника и ние все още сме способни да удивляваме хората, макар това вече да не е толкова лесно.

Необходимо е хората да разберат, че не съществува някакъв небесен "Бог", а само хора създадени от други хора по техен образ и подобие.

В глава 17 на Евангелието на Св. Матей, създателите се появяват още веднъж.

> Исус взема Петра, Якова и брат му Йоана, и ги завежда на една висока планина насаме... и преобрази се пред тях. Лицето му светна като слънцето, а дрехите му станаха бели като светлината... И, ето, явиха им се Мойсей и Илия, които се разговаряха с него...и ето из облака глас, който каза: Този е моят възлюбен син... Него слушайте.
> *Евангелие от Матея 17: 1-5.*

Тази сцена става през нощта и апостолите са уплашени да видят Исус, осветен от прожекторите на космическия кораб, от който излизат Мойсей и Илия, все още живи благодарение на дървото на живота, което ги е дарило с още дни. Безсмъртието е научна реалност, дори тя да не съответства на човешката представа за безсмъртие. В глава 19 стих 30 от Евангелието на Св. Матей има изречение:

> Обаче, мнозина първи ще бъдат последни, а последните първи.
> *Евангелие от Матея 19: 30.*

Това означава, че създадените ще станат създатели точно както създателите са били създадени.'

Завоюване на познанието

'В глава 25 от Евангелието на Св. Матей, е казано, че трите планети трябва да направят научен прогрес и че той ще бъде оценен един ден. Ние четем в притчата:

> Защото е както, когато човек при тръгването си за чужбина, свиква своите слуги и им предаде имота си... На един

даде пет таланта, на друг два, на трети един; и тръгна...
И тоя, който получи петте таланта отиде и търгува с тях,
и спечели още пет таланта... също и тоя, който получи
двата спечели още два. А тоя, който получи един върнал
само един талант... Вземете от него таланта и дайте го на
този, който има десет таланта. Защото на всекиго, който
има, ще се даде, и той ще има в изобилие; а от този, който
няма, от него ще се отнеме и това, което има.

Евангелие от Матея 25: 14-29.

От трите свята, на които е бил създаден живот, само този, който направи най-голям прогрес ще получи познанието. Тези, които не са напреднали, ще бъдат управлявани от другите и елиминирани впоследствие. Същото се отнася и за народите на земята.

В глава 26 от Евангелието на Св. Матей, Исус разкрива важността на своята смърт и на писанията, които ще послужат по-късно, като доказателство. Когато един от неговите последователи се опитва да го защити с меч, той казва:

Повърни ножът си на мястото му... или мислиш, че не
мога да се примоля на Отца си, и той би ми изпратил още
сега повече от дванадесет легиона ангели?... Но как биха се
сбъднали писанията, че това трябва така да бъде?

Евангелие от Матея 26: 52-54.

Всъщност, било е необходимо Исус да умре, за да бъде истината разпространена по целия свят и по-късно, когато създателите се завърнат на земята да не бъдат приети като узурпатори или нашественици. Това е целта на библейските и евангелистки писания – да запазят доказателства за присъствието на вашите създатели, така че да бъдат разпознати когато се завърнат.

След смъртта си, Исус възкръсва с помощта на своите създатели.

А, ето, стана голям трус; защото ангел от Господа слезе от
небето та пристъпи и отвали камъка, и седна на него. Изгледът му беше като блескавица, и облеклото му бяло като

сняг.
>*Евангелие от Матея 28: 2-3.*

Създателите поемат грижата за Исус и го съживяват. И той казва:

> Идете прочее, научете всичките народи... като ги учите да пазят всичко що съм ви заповядал.
> *Евангелие от Матея 28: 19-20.*

Мисията на Исус стига до своя край:

> И тъй, след като им говори, Господ Исус се възприе на небето.
> *Евангелие от Марка 16: 19.*

Създателите го взимат със себе си след тази най-важна фраза:

> Змии ще хващат; а ако изпият нещо смъртоносно, то никак няма да ги повреди; на болни ще възлагат ръце, и те ще оздравяват.
> *Евангелие от Марка 16: 18.*

Това се отнася до човечеството, което открива противоотровен серум и антидот, развива хирургията и т.н. – както се случва днес.

В своята подготовката за пристигането си на Земята, създателите все по-често ще идват тук, за да придадат повече тежест на своето официално появяване. Това е, което се случва точно в момента.

> Погледнете смокиновницата... когато вече покарат, вие, като видите това, сами знаете, че лятото е вече близо.
> *Евангелие от Марка 21: 29-30.*

Когато неидентифицираните летящи обекти започнат да се появяват в големи количества, както става понастоящем, това означава, че времето е дошло. В Деяния на Светите Апостоли, се казва, по-нататък в глава 2:

> И когато настана денят на Петдесетницата, те всички бяха на едно място... и внезапно стана шум от небето като фученето на силен вятър, и изпълни цялата къща, гдето седяха... и явиха им се езици като огнени, които се разделяха, и седна по един на всеки от тях... и те всички се изпълниха със Светия Дух, и почнаха да говорят чужди езици...
> *Деяния на Светите Апостоли 2: 1-4.*

За да стане възможно апостолите да разпространяват истината по целия свят, създателите ги подложиха на концентриран обучаващ поток, изпратен чрез усилени телепатични вълни, отчасти наподобяващи електрошокове, които внедряват в тяхната памет елементи от други езици.

В Деяния на Светите Апостоли, отбележете многобройните появявания на създателите – "ангелите" – особено, когато освобождават Петър, който е бил окован от Ирод:

> И, ето, един ангел от Господа застана до него, и светлина осия килията; и като побута Петра по ребрата, разбуди го и рече му: Ставай бърже. И веригите паднаха от ръцете му. И ангелът му рече: Опаши се и обуй сандалите си. И той стори така. Тогава му каза: Облечи дрехата си и дойди подир мене. И Петър излезе и вървеше изподире, без да знае, че извършеното от ангела е действителност, но си мислеше, че вижда видение.
> *Деяния на Светите Апостоли 12: 7-9.*

Петър, който бил неук, си помислил че има видение, когато оковите му паднали. Той не е знаел за електрическия лазерен оксижен, който бил използван от един от създателите. Когато такива удивителни неща се случват, хората мислят че сънуват. Ето защо, често се казва за хора, които са виждали създателите, че сигурно са имали видения или са сънували. По същия начин се говори и за хората, видели нашите летящи чинии, че са имали халюцинации. В този цитат ясно се обяснява, че Петър е мислел, че това, което му се случва е сън, но всъщност всичко е било реалност.

> И дойдоха до желязната порта, която води в града, и тя им се отвори сама... и ангелът веднага се оттегли от него.
> *Деяния на Светите Апостоли 12: 10.*

Друг знак, че времето вече е дошло, е че народът на Израел възвърна държавата си.

> След това ще се върна. И пак ще въздигна падналата Давидова скиния, и пак ще издигна развалините й, и ще я изправя.
> *Деяния на Светите Апостоли 15: 16.*

Друго важно изречение намираме в Деяния на Светите Апостоли 17: 29, а именно:

> И тъй, като сме Божий род...
> *Деяния на Светите Апостоли 17: 29.*

Това било казано от един от апостолите, когато говорил за "Бог".
Няма повече да четем Евангелията, където има още много доказателства за съществуването на създателите, тъй като са по-маловажни. Можеш да ги тълкуваш сам на онези, които задават въпроси, в светлината на обясненията, които вече ти дадох.'
С тези думи, той си тръгна, както при предишните ни срещи.

5

КРАЯТ НА СВЕТА

1946: Първата година от Новата Ера

На следващия ден, той се завърна точно както преди и започна да говори.

'Краят на света е дошъл. Не краят на света като катастрофа, която ще унищожи Земята, а краят на света на църквата, която изпълни своята задача. Тя изпълни своята роля повече или по-малко ефективно. Задачата беше да се направи възможно разпознаването на вашите създатели, когато те се завърнат. Както сте забелязали, Християнската църква умира. Това е краят на този свят, защото неговата мисия е изпълнена, макар и с доста грешки, тъй като дълго време обожествяваше създателите.

Това обожествяване беше допустимо до началото на научната епоха. След това трябваше да бъде напълно премахнато. Това би могло да е възможно, ако истината беше запазена или хората можеха да четат между редовете. Но прекалено много грешки бяха направени.

Това бе предвидено от създателите и църквата ще загине, защото няма никаква полза от нея вече. В развитите в научно отношение държави, хората са вече обхванати от едно определено мрачно настроение, защото не им е останало в какво да вярват. Никой вече не вярва в "Небесния Бог", кацнал на облак, с бяла брада, всезнаещ и всесилен, както църквата ни учи. Нито пък някой вярва в прекрасните малки ангели-хранители или в дявола с рога и копита. И така, никой не знае в какво да вярва вече. Само малцина младежи са разбрали, че любовта е същественото. Вие сте достигнали златната епоха.

Вие земните хора, летите в небесата и гласовете ви се чуват по четирите краища на Земята с помощта на радио вълни. И така времето дойде да разберете истината.

Както беше предсказано, всичко се случва сега, когато Земята навлиза в ерата на Водолея. Определени хора вече писаха за това, но никой не им повярва. Преди 22,000 години вашите създатели решиха да започнат работата си на Земята и всичко, което се случи от тогава насам е очаквано, защото движението на галактиката предполага това познаването на тези събития.

Ерата на Рибите беше времето на Христос и неговете рибари, а ерата на Водолея, която следва, започна през 1946 година. Това е ерата, през която хората на Израел намериха своята държава отново.

И в оня ден, казва Господ, ще се чуе метежен вик от рибната порта... Книгата на пророк Софония 1: 10.

Рибната порта е преходът към ерата на Водолея. Това е моментът, когато Слънцето изгрява над Земята в деня на пролетното равноденствие в съзвездието на Водолея. Силната глъчка е звукът, придружаващ това откровение.

Не е случайно, че си роден през 1946 година.'

Краят на църквата

'Това откровение, благодарение на просветлението, което съдържа ще донесе нова надежда на обезверените хора. Но то също ще ускори падането на църквата – освен ако църквата не разбере своите грешки и не се постави в служба на истината.

> Защото страшният изчезна присмивачът се изгуби, и всички, който дебнеха случай да вършат беззаконие се изтребиха. Които изкарват човека виновен в съдебно дело, и поставят примка за онзи, който изобличава в портата, и с лъжа изкарват крив праведния.
> *Исаия 29: 20-21.*

Това е краят за онези хора, които искат да ни накарат да повярваме в първородният грях и които искат да ни накарат да се чувстваме виновни; краят за онези хора, които пречат на тези, които разпространяват истината в края на ерата на Рибите и началото на ерата на Водолея; краят за хората, които искат да спасят църквата, такава каквато съществува в момента, докато гонят справедливите, онези които проповядват истината. Те са като хората, които разпънаха Исус. Те бяха убедени, че защитават истината, без да се опитат да я разберат и се страхуваха да не бъдат разорени и унищожени в зората на ерата на Рибите.

> Очите на виждащите не ще бъдат помрачени, и ушите на слушащите ще бъдат внимателни... Подлият не ще се нарича вече великодушен, нито ще се казва сребролюбецът щедър... Защото подлият ще говори подло, и сърцето му ще работи беззаконие, тъй щото да върши нечестие и говори заблуди против Господа, за да изтощи душата на гладния, и да направи питието на жадния да чезне... А на коварния средствата са зли; той измисля лукави кроежи за да погуби сиромаха с лъжливи думи, даже като немотния говори право. Но великодушният измисля великодушни неща, и за великодушни неща ще стои.
> *Исаия 32: 3-8.*

Всеки, в този случай, ще разбере думите: "очите на виждащите не ще бъдат помрачени". Църквата е тази, която лъже относно Йахве (Господ) и оставя празни душите на онези, които са гладни за истината.

Църквата е тази, която крои позорни планове да погуби бедните, така че онези, които не могат да разберат или се страхуват да разберат, да й останат верни, от страх да не извършат грях, да не бъдат отлъчени или други подобни безмислици. Докато бедните защитават своята кауза, онези които нямат ум да разберат истината застават зад лъжите на църквата, поставят се в нейно разпореждане. Но онези с благороден ум, онези които на висок глас провъзгласяват истината, те извършват благородни постъпки, въпреки че могат да живеят без одобрението на официалната църква.

> Не знаете ли? Не сте ли чули? Не ли ви се е известило отначало? От основаването на земята не сте ли разбрали?
> *Исаия 40: 21.*

Ето Моят служител, когото подкрепяваме. Моят избранник, в когото благоволи душата ми, турих Духа Си на него; той ще постави правосъдие за народите.

Исаия 42: 1.

Ти ще бъдеш този, който ще разпространи истината по целия свят, истината, която ти бе разкрита през последните няколко дни.

Смазана тръстика няма да пречупи, и замъждял фитил няма да угаси.

Исаия 42: 3.

Ти няма да можеш да унищожиш църквата и нейните лъжи напълно, но постепенно тя ще изчезне от само себе си. Това отмиране е в процес от известно време. "Фитилът" угасва. Тя е изпълнила своята мисия и сега е време да изчезне. Тя е направила грешки и се е обогатила за сметка на истината, без да се опита да я обясни ясно на хората от тази епоха. Но не я съди прекалено строго, защото тя разпространи по света словото на библията, което е доказателство за истината.

Нейните грешки бяха големи, особено когато вложи прекалено много свръхестественост в истината и погрешно преведе светите писания, както ги четем днес в обикновените библии. Тя замени терминът "Елохим", който се отнася до създателите, с понятието в единствено число "Бог", докато всъщност Елохим на иврит е множественото число на Елоха.

По този начин църквата превърна създателите в един единствен неразбираем Бог. Друга грешка е, че накара хората да боготворят дървен кръст в памет на Исус Христос. Кръстът не е Христос. Едно парче дърво във формата на кръст не означава нищо:

И никой не взема на сърцето си, нито има знание или разум та да рече: Част от него изгорих на огън, още и хляб опекох на въглищата му, опекох и месо та ядох; и да направя ли останалото от него гнусота? Да се поклоня ли на нещо станало от дърво?

Исаия 44: 19.

Създаването на държавата Израел

'Завръщането на еврейският народ в Израел, както е предсказано, е знак за започването на златната ера.

> От изток ще доведа потомството ти, и от запад ще те събера; ще река на севера: Възвърни, и на юга: Не задържай. Доведи синовете Ми от далеч, и дъщерите Ми от земния край; всички, които се наричат с Моето име, които сътворих за славата Си. Аз създадох всеки от тях. Аз го направих.
>
> *Исаия 43: 5-7.*

Това е наистина създаването на държавата Израел, посрещаща с добре дошли евреите от север и от юг. Библията, запазена от еврейския народ, носи доказателства за идването на създателите, както е написано в Исаия, Глава 43, Стих 10: "Вие сте Ми свидетели".

> Изведи слепите люде, които имат очи, и глухите, които имат уши. Нека се съберат заедно всичките народи, и нека се стекат племената; кой от тях може да възвести това и да ни обясни предишните събития? Нека доведат свидетелите си, за да се оправдаят, та да чуят човеците и да рекат: Това е вярно. Вие сте Ми свидетели, казва Господ, и служителят Ми, когото избрах; за да ме познаете и да повярвате в Мене, и да разберете, че съм Аз… Затова вие сте Ми свидетели, казва Господ, че Аз съм Бог. Да, преди да е имало време, Аз съм.
>
> *Исаия 43: 8-13.*

"Вие сте Ми свидетели." Това е съвсем ясно, нали? И мога да ти кажа отново в този ден – "Аз съм Бог. Да, преди да е имало време, Аз съм" – благодарение на доказателството, което държиш в ръката си - Библията.

Оставих те за малко време; но с голяма милост ще те прибера.

Исаия 54: 7.

Еврейският народ, всъщност си възвръща родината, след като е участвал в запазването на истината.

Времето, когато болестите ще бъдат излекувани с научни средства, е предсказано:

Там не ще има вече младенец, който да живее само няколко дни, нито старец, който да не е изпълнил дните си.

Исаия 65: 20.

Медицината помага на хората да триумфират над болестите, особено над детската смъртност.

В устните на разумния се намира мъдрост, а тоягата е за гърба на безумния.

Притчи 10: 13.'

Грешките на църквата

'Църквата сгреши, като накара хората да се чувстват виновни и ги накара да се молят, без да се опитат да разбират Божието слово. Защото е написано в евангелията:

А когато се молите не говорете излишни думи, както езичниците; защото те мислят че ще бъдат послушани заради многото си говорене.

Матея 6: 7.

И въпреки предупреждението в евангелията, църквата също се разбогатя премного.

> Недейте си събира съкровища на земята... Никой не може да слугува на двама господари, защото или ще намрази единия, а ще обикне другия, или към единия ще се привърже, а другия ще презира. Не можете да слугувате на Бога и на мамона.
> *Матея 6: 19-24.*

На друго място се казва:

> Не вземайте нито злато, нито сребро, нито медна монета в пояса си, нито торба за път, нито две ризи, нито обуща, нито тояга.
> *Матея 10: 9-19.*

Но с глупавите си правила и безмесни петъци, те не подчиняват на собствените си евангелия:

> Това, което влиза в устата не осквернява човека; но това, което излиза от устата, то осквернява човека.
> *Матея 15: 11.*

Как смеят те, тези хора, които са просто хора, да си угаждат в богатството и лукса на Ватикана, когато евангелията им казват да не притежават "нито злато, нито сребро" – нито две ризи дори?

Как смеят те да проповядват доброта?

> А Исус рече на учениците си: Истина ви казвам: Мъчно ще влезе богат в небесното царство.
> *Матея 19: 23.*

> Защото свързват тежки и непоносими бремена, и ги налагат върху плещите на хората, а самите те не искат нито с пръста си да ги помръднат. Но вършат всичките си дела, за да ги виждат хората... И обичат първото място при угощенията... и поздравите на пазарите... Защото един е вашият учител, а вие всички сте братя. И никого на земята недейте нарича свой отец, защото един е вашият Отец, Небесният. Недейте се нарича нито наставници, защото един е вашият наставник, Христос. А по-големият между вас нека ви бъде служител.
>
> Матея 23: 4-11.

Всичко това е написано в собствените им евангелия. Така че, как се осмелява църквата да обременява хората със своите, така наречени грехове, които са само понятия от областта на морала и начина на живот; как се осмеляват те да говорят за доброта, докато живеят охолно във Ватикана, когато хора умират от глад; как смеят те да търсят възвания и почести, докато проповядват смирение; как се осмеляват те да карат хората да ги наричат "Отче", "Ваше Високопреосвещенство" или "Ваше Светейшество", когато техните евангелия изрично забраняват всички тези неща?

Ако утре папата излезе на улицата като просяк, църквата ще бъде съживена – но тя ще има напълно различна хуманитарна цел, в сравнение с тази, която преследваше досега – а именно разпространението на това, което трябва да послужи като доказателство за днешния ден.

Тази мисия е завършена, но църквата може да се преориентира към доброто, като помага на онези, които са нещастни, като помага да се разпространява истината от онези писания, които досега бяха изкривявани или пазени в тайна. По този начин, благородният дух на много свещеници ще намери своята реализация. За да стане това, хората от Ватикана трябва да дадат пример като продадат всичките си съкровища, за да помогнат финансово на слабо развитите страни. Те ще трябва да отидат в тези страни и да помогнат на хората за техния напредък, като им предложат практическа помощ с голи ръце, а не само с "добри слова".

Също така е неприемливо, че има различни категории сватби и още повече погребения, в зависимост от богатството на човека. Това е още една грешка на църквата.

Но времето дойде.'

Коренът на всички религии

'Не само в Библията и Евангелието има доказателства за истината; свидетелски показания се намират практически във всяка религия. Кабала е особено богата на свидетелства, но няма да е лесно за вас да ги разберете.

Ако някой ден можете да намерите копие, тогава ще имате възможността да разберете, че там има голям брой загатвания за нас. Особено достойно за внимание е описанието, в Песен на Песните, за планетата на творците и разстоянието, което я дели от Земята.

Написано е, че „височината на твореца" е 236,000 „парасанга"*/в древността: стара персийска мярка за дължина равна на около 5 километра/ и това, че „височината на петите му" е 30,000,000 „парасанга". Парасангът е мерна единица точно като парсека, която показва разстоянието, което светлината може да измине за една секунда, което е около 300,000 километра. Нашата планета е на 30,000,000 парасанга от земята или на около девет хиляди билиона километра, съвсем малко по-малко от една светлинна година.

Движейки се със скоростта на светлината или 300,000 километра в секунда, ще ви трябва почти една година, за да стигнете до нашата планета. С вашите съвременни ракети, които се движат със скорост само 40,000 километра в час, би ви отнело 26,000 години да достигнете до нашата планета.

Така вие можете да видите, че ние няма от какво да се страхуваме за известно време. От много отдавна можехме да пътуваме от нашата планета до Земята, за по-малко от два месеца, чрез метод базиран на атомно задвижване, който ни позволява да се движим със скоростта на лъчи, които са седем пъти по-високи от тази на светлината.

Тези лъчи ни "носят". За да бъдем носени от тях, ние изоставихме оптичното прозорец, който е спектър, забелязан от човешкото око, за да го превърнем в носещ лъч. Ето защо хората на Земята, които са виждали нашите космически кораби, ги описват като блестящи, след това изкрящо бели, после сини, и накрая изчезващи. Очевидно, когато космически кораб премине отвъд скоростта на светлината, той изчезва и вече е невидим за невъоръженото око. Това е „височината на петите на творците", разстоянието, на което петите му, иначе казано, стоят на планета.

Планетата на творците е на 236,000 парасанга от нейното слънце – много голяма звезда – или седемдесет милиарда и осем хиляди милиона километра. Това е, което се е имало предвид, казвайки „височината" на създателите.

Кабала е най-близката книга до истината, но почти всички религиозни книги ни правят загатвания с различни степени на яснота. Това важи в особена степен за тези държави, където създателите са имали собствени убежища – в Андите, Хималаите, в Гърция, където гръцката митология съдържа важни свидетелства също както и в Будистките и Ислямските религии, а и сред Мормоните. Ще отнеме много време, за да изброя всички религии и секти, които свидетелстват за нашата работа по повече или по-малко ясен начин.

Човечеството: Болестта на вселената

'Ето, сега знаеш истината. Трябва да я напишеш някъде и да я разпространиш по света. Ако хората по света искат да им предадем ползата от нашия опит и да им помогнем да получат научни знания, събирани 25,000 години, те трябва да ни покажат, че искат да се срещнат с нас и преди всичко да докажат, че заслужават това, така че всичко да се случи без каквато и да било опасност за нас.

Ако дадем нашите знания на човечеството, трябва да сме сигурни, че то ще го използва за добри начинания. Нашите наблюдения, през последните години, не са ни показали, че мъдростта властва по света. Със сигурност има напредък, но някои хора все още умират от глад и духът на войната все още шества по света. Ние знаем, че нашето пристигане би могло да подобри много неща и да обедини нациите, но трябва да почувстваме, че хората наистина искат да ни видят и че наистина са готови да се обединят.

Също така ние трябва да разберем, че те наистина искат да видят нашето пристигане, съзнавайки напълно кои сме ние и смисъла на нашето идване.

Няколко пъти военни самолети на хората се опитаха да прогонят нашия космически кораб, мислейки ни за врагове.

Ти трябва да им кажеш кои сме ние, за да можем да се покажем без рискуваме да ни наранят или убият – какъвто не е случаят в момента – или да създадем опасна или убийствена паника.

Някои учени искат да се свържат с нас по радиото, но ние не отговаряме, защото по този начин те биха могли да локализират нашата планета. От друга страна, времето за трансмисия ще е твърде дълго, а нашата радиосистема използва вълни, които вашата технология не може да улови, защото още не сте открили такива. Те са седем пъти по-бързи от радио вълните, а ние експериментираме и с нови вълни, които са дори 1,5 пъти по-бързи от тези.

Прогресът продължава, както продължават и нашите собствени изследвания за разбирането на връзката ни с по-големият организъм, от който сме част и на чиито атоми паратизираме. Тези атоми са планетите и звездите.

Всъщност ние успяхме да открием интелигентни живи същества на безкрайно малки частици, които се явяват планети и слънца за тях. Те си задават същите въпроси като нас. Човечеството е болест в един огромен организъм, а планетите и слънцата са негови атоми. Този огромен организъм е от своя страна паразит на други по-големи атоми. И в двете посоки безкрайността съществува. Но важното е да сме сигурни, че болестта, наречена човечество, ще продължи да съществува и никога няма да умре.

Ние не знаехме, когато ви създавахме, че изпълняваме вторична мисия "записана" в нас и по този начин повтаряме това, което е било направено с нас самите.

От това, което създадохме и от начина, по който то се разви, ние открихме своя собствен произход. Защото ние също сме били създадени от други хора, които по-късно са изчезнали. Техният свят се е разпаднал, но благодарение на тях, ние продължихме по техните стъпки и ви създадохме.

Ние може да изчезнем един ден, но дотогава вие ще сте ни заместили и ще сте поели нашата роля. И така вие сте следващата брънка в безценната верига на човешката приемственост. Други светове съществуват и със сигурност човечество се развива и в други части на вселената.

Но в този район на вселената нашият свят е единственият, създал нови същества. Това е важно, тъй като всеки свят трябва да роди безброй деца, които да са способни да запазят непрекъснатостта. Това ни дава надеждата, че един ден човечеството няма да бъде в опасност от тотално изчезване.

Ние не можем да бъдем сигурни, че човечеството само ще се стабилизира напълно. Веригата е продължавала винаги, но не трябва да нарушаваме равновесието в огромния организъм, в който ние сме един вид паразити, защото можем да предизвикаме катастрофа, която в най-добрия случай би могла да доведе до упадък, а в най-лошия до тотално унищожение.

В едно здраво тяло няколко микроба могат да живеят без да са опасни за него, но ако се развият прекалено много, те могат да причинят болест, която да навреди на организма. Тогава организмът реагира, за да унищожи вредните микроби или по естествен начин, или с медикамент. Очевидно, най-важното е да се сътворят достатъчно светове, така че човечеството да не изчезне; след което по важност следва задачата да не наруши равновесието, концентрирайки прекалено много усилия в търсенето на начини да направим вече съществуващите хора още по-щастливи.

В тази област можем да ви бъдем изключително полезни.'

Еволюцията: един мит

'Преди всичко трябва да изтриете от умовете си всички съмнения относно еволюцията. Вашите учени, които са изградили теории за еволюцията, не грешат напълно като казват, че хората са произлезли от маймуните, а те от рибите и т.н. - истината е, че първият жив организъм на Земята е бил едноклетъчен, който е дал начало на по-сложни живи организми.

Но това не е станало случайно! Когато дойдохме на Земята, за да създадем живот, ние започнахме със създаването на по-прости същества, а след това усъвършенствахме техниките си на адаптиране на живите същества към околната среда. Това ни позволи да създадем подред риби, амфибии, бозайници, птици, примати и накрая човека, който е усъвършенстван модел на маймуна, към който добавихме това, което е съществено за хората.

По този начин, ние направихме човешките същества по свой образ и подобие, както е написано в библията в Битие. Може би сами сте разбрали, че е минимален шансът да се случат поредица от събития, които да доведат до такова голямо разнообразие от форми на живот – цветовете на птиците и техните сложни ритуали на ухажване през любовния период или формата на рогата на някои антилопи.

Каква естествена потребност би довела антилопите или дивите кози да развият вити рога? Или птиците да имат сини или червени пера? Ами екзотичните риби?

Всичко това е творение на нашите хора на изкуството. Не ги забравяйте когато създавате живот самите вие. Представете си света без тях – без музика, филми, картини и скулптури… животът би бил много скучен, а животните много грозни, ако техните тела отговарят само на потребностите и функциите им.

Еволюцията на различните форми на живот на Земята е всъщност еволюция на техниките на тяхното създаване и на нарасналото съвършенство в работата на създателите. Това постепенно доведе до създаването на хора подобни на тях самите. Можете да намерите черепите на праисторически хора, които са били първите човешки прототипи.

Те са били заменяни всеки път с други по-съвършени. Това е продължило точно до настоящата ви форма, която е точно копие на вашите създатели, които се страхуваха да не създадат нещо превъзхождащо тях самите, въпреки че някои бяха изкушени да го направят.

Ако можем да сме сигурни, че човешките същества никога няма да се обърнат срещу своите създатели, за да ги завладеят и унищожат – както се е случвало между отделните човешки раси, създавани последователно на Земята – а вместо това ще ги обичат като свои родители, голямо би било изкушението да създадем по-съвършен човешки род.

Това е възможно, но колко голям е рискът! Всъщност някои от създателите се безпокоят, че хората от Земята, в известна степен, превъзхождат своите родители. "Сатаната" е един от онези, които винаги са мислили и все още мислят така, а именно, че хората от Земята са опасни за нашата планета, тъй като са прекалено интелигентни. Но болшинството от нас смята, че вие ще докажете любовта си към нас и никога няма да се опитате да ни унищожите. Това е последното, което очаквахме, когато дойдохме да ви помогнем.

Дори е възможно при всяко ново създаване на хора от хора да бъде постигано известно усъвършенстване, една истинска еволюция на човечеството, която е постепенна, за да не се чувстват създателите заплашени, когато се изправят пред своите творения.

Това прави възможно ускоряването на прогреса. Въпреки че понастоящем не смятаме, че можем да ви дадем нашето научно наследство, то наистина считаме за безопасно да ви дадем нашите политически и хуманитарни знания.

Това няма да застраши вашата планета, а ще ви позволи да живеете по-щастливо на Земята. Благодарение на щастието си, вие ще напреднете по-бързо и това също може да ви помогне да ни покажете по-скоро, че заслужавате нашата помощ и нашето наследство в стремежа си да достигнете до интергалактическо ниво на цивилизованост.

В противен случай, ако човечеството не обуздае агресивността си, ако мирът не стане ваша основна цел и ако позволявате на хората да водят войни, да произвеждат бойни средства, да изпробват ядрени оръжия, да поддържат армии, за да завземат властта или да останат на власт, тогава ние ще попречим на тези хора да представляват опасност за нас и случаят със Содом и Гомор ще се повтори.

Как бихме могли да не се страхуваме от хората на Земята, когато те нападат собствения си вид, да не се страхуваме ние, които сме от друг свят и доста различни?

Ти, Клод Ворийон, ти ще разпространиш истината под твоето сегашно име, което постепенно ще заместиш с РАЕЛ. Буквалното значение на "Раел" може просто да се преведе като "пратеника".

Освен това телепатично те накарахме да кръстиш сина си Рамуел, което означава "синът на този, който носи светлина", защото той наистина е синът на нашия пратеник, на нашия посланик.'

И след това изказване той си тръгна, точно както бе правил и предишните сутрини.

6

НОВИТЕ ЗАПОВЕДИ

Гениокрация

Срещнах го отново на следващия ден и той започна да говори.

'Преди всичко нека погледнем политическите и икономически аспекти на живота. Кои хора водят човечеството към прогрес? Гениите. Следователно вашият свят трябва да цени своите гении и да им разреши те да управляват света.

Първоначално властта била в ръцете на силните и жестоките, защото те превъзхождали другите с мускулната си сила. След това на власт дошли богатите, които използвали своите пари, за да наемат "силните" да им служат. После дошли политиците, които впримчили хората от демократичните страни, експлоатирайки техните надежди – без да споменаваме военните, чийто успех се дължал на рационалната организация на силата.

Единственият тип хора, които никога не са били на власт, са онези които помагат на човечеството да прогресира. Независимо дали са откривали колелото, барута, двигателя с вътрешно горене или атома, гениите винаги са позволявали на по-малко интелигентни хора от тях, да се възползват от техните открития. Често тези хора са използвали мирните изобретения за цели със смъртоносен край. Всичко това трябва да се промени.

За да се случи това, вие трябва да отмените вашата избирателна система, защото в настоящата си форма тя е напълно неподходяща за нивото ви на развитие. Всеки човек е една полезна клетка в огромния организъм, който наричаме човечество. Клетките на вашия крак не би трябвало да решават, дали вашата ръка да вдигне даден предмет. Мозъкът е този, който трбва да решава дали предметът, в дадения случай, е добър или не, от което решение полза ще имат и клетките на крака. Не е работа на крака да гласува. Неговата работа е да придвижва тялото – включително и мозъка – и не е способен да съди дали това, което вдига ръката, е добро или лошо.

Гласуването има има положителен резултат единствено когато е подплатено със знания и интелигентност. Коперник беше осъден от мнозинство некомпетентни хора, защото бе единственият по това време, който имаше достатъчно високо ниво на разбиране. Въпреки това църквата – т.е. мнозинството – вярваше че Земята е център на вселената, което се оказа погрешно. Земята, всъщност се върти около слънцето и Коперник – малцинството – се оказа прав.

Когато първите автомобили бяха изобретени, ако бяхте поискали всички да гласуват, за да се установи дали да разрешим колите да съществуват или не, мнозинството, което нищо не знаеше за автомобилите и не го беше грижа, щеше да гласува отрицателно и щяхме и до днес да яздим коне, и да се возим в каруци. И така, как можем да променим всичко това?

Днес вие имате психолози, които създават тестове за оценка на интелигентността и надареността на всеки индивид. Тези тестове трябва да бъдат прилагани системно от детството нататък, за да се определи ориентацията на всеки индивид към изучаваните предмети.

Когато индивидите достигнат пълнолетие, техният коефициент на интелигентност се измерва и се отбелязва върху техните лични карти или документи, разрешаващи им да гласуват. Само онези, чийто интелектуален капацитет е поне петдесет процента над средния, могат да бъдат избирани на обществен пост. За да гласуват, хората трябва да имат коефициент на интелигентност поне десет процента над средния. Ако такава система съществуваше сега, много от вашите настоящи политици нямаше да заемат местата, които заемат понастоящем.

Това е напълно демократична система. Има много инженери, например, които са с по-ниска от средната интелигентност, но които имат много добра памет и заради това получават академични степени.

От друга страна, има много работници във ферми, които изобщо нямат специализирано образование, но чиято интелигентност е петдесет процента над средната. Това, което е напълно неприемливо сега е, че гласът на някой, който вулгарно можем да наречем "кретен", струва точно толкова колкото и гласът на даден гений, който зряло е обмислил начина, по който ще гласува. В някои малки градове изборите се печелят от този кандидат, който е почерпил хората с най-много питиета, а не от този, чиято политическа програма е най-интересна.

Следователно, от самото начало, правото да се гласува трябва да се запази за онези хора, чиито умове са настроени да мислят и намират решения на проблемите, така да се каже, елитна група с висока интелигентност. Това не означава непременно хората с най-високо образование.

Ние говорим за това гениите да дойдат на власт, което може да се нарече "Гениокрация".'

Хуманитаризъм

'Второ: Вашият свят е парализиран от стремежът към печалба, а комунизмът не успя да да осигури достатъчно големи стимули, за да мотивира и окуражи хората да направят прогрес. Вие всички сте родени равни и това е написано в Библията. Вашите правителства трябва да са сигурни, че хората се раждат с приблизително еднакво ниво на финансови възможности. Не е приемливо неинтелигентни деца да живеят в лукс, благодарение на състоянието натрупано от техните родители, докато гении умират от глад и вършат всякаква черна работа, само за да се нахранят.

По този начин те изоставят работни места, където биха могли да направят открития със значение за цялото човечество. За да се избегне това, трябва да се забрани собствеността, без да се установява комунизъм.

Този свят не е ваш – същото го пише и в Библията. Вие сте само наематели. Така че всички блага трябва да се наемат за четиридесет и девет години. Това ще елиминира несправедливостта на онаследяването. Вашето истинско наследство и това на вашите деца е целия свят и само да знаехте как да се организирате, за да го направите приятен. Тази политическа ориентация не е комунизъм; нейна грижа е бъдещето на човечеството. Ако искаш да й дадеш име, наречи я "хуманитаризъм".

Вземи например един човек, който е завършил образованието си на двадесет и една годишна възраст и иска да работи. Той си избира професия и получава заплата. Ако иска да намери място за живеене, докато родителите му са живи, той си "купува" къща – но разбира се всъщност, той наема къща или апартамент за четиридесет и девет години от държавата, която я строи.

Ако стойността на една къща се оценява на 100,000 франка, той може да плати тази сума разделена на месечни вноски в продължение на за четиридесет и девет години. На седемдесет годишна възраст (двадесет и една плюс за четиридесет и девет) той ще е изплатил къщата си и ще може да живее в нея до смъртта си, без да плаща повече.

След смъртта му, къщата отново става владение на държавата, която тогава трябва да разреши на неговите деца, ако има такива, да се възползват безплатно от нея. Да предположим, че има едно дете, то може да живее през целия си живот в бащината си къща, без да плаща. След неговата смърт, неговото дете на свой ред може да се възползва от семейната къща и т.н. до безкрай. Наследството трябва да бъде отменено, с изключение на фамилната къща. Това, обаче, не означава, че всеки човек не може да бъде награждаван персонално за своя принос.

Да дадем друг пример. Даден човек има две деца. Едното работи добре, другото е мързеливо. На двадесет и една годишна възраст, двете решават да тръгнат по свой собствен път. Всяко едно наема къща за 100,000 франка.

Работливият бързо ще спечели повече пари от мързеливия. Тогава той ще може да наеме къща двойно по-скъпа от първата. Ако има средства ще може дори да наеме две къщи, едната като вила.

Ако спестяванията му са достатъчни, той ще може да построи къща и да я даде под наем за четиридесет и девет години. Но след смъртта му всичко ще се върне на обществото, освен семейната къща, която ще остане за децата.

По този начин, отделните индивиди могат да натрупат състояние според собствения си принос, но не и за техните деца. Според собствения си принос. Същото се отнася и за търговските и промишлени предприятия.

Ако някой основе собствен бизнес, той е негов за цял живот и може да го отдава под наем, но не за повече от четиридесет и девет години. Същото се отнася и за фермерите. Те могат да наемат земя и да я култивират за четиридесет и девет години, но след това тя се връща на държавата, която ще може отново да я отдава за четиридесет и девет години. Техните деца също могат да я наемат за четиридесет и девет години.

Този метод трябва да се прилага за всички използвани стоки, а също и за ценностите. Всичко, което има стойност като акции, злато, предприятия, пари в брой или сгради е притежание на обществото, но може да бъде наемано за четиридесет и девет години от онези, които са придобили средства чрез собствените си заслуги и работа.

В този случай, някой, който направи състояние на около четиридесет годишна възраст, може да строи къщи, да ги отдава под наем като апартаменти за четиридесет и девет години и да се радва на парите си до края на своя живот.

След това парите, които идват от тези наеми ще отидат обратно в обществото. Хуманитаризмът вече е описан в Библията:

> Да си изброиш седем седмици от години, седем пъти по седем години, та, като мине времето на седем седмици от години, сиреч, четиридесет и девет години.
> *Левит 25: 8*

> И ако продадеш нещо на ближния си, или купиш нещо от ближния си, да се не онеправдавате едни други; но според числото на годините след юбилея да купуваш от ближния си, и според числото на годините на плодосъбирането да ти продава. Според колкото са по-много годините, ще повишиш цената му, и според колкото са по-малко годините, ще понижиш цената му; защото той ти продава според числото на плодосъбиранията.
> *Левит 25: 14-16.*

> Земята да не се продава за всегда, понеже земята е Моя; защото вие сте чужденци и пришелци при мене.
> *Левит 25: 23.*

Ако на гениите се позволи да управляват, те ще разберат ползата от тези реформи. Вие също трябва да се заемете с това, нациите на Земята да се обединят, за да излъчат едно общо правителство.'

Световното правителство

'Създаването на нова световна валута и общ език ще ви помогне да установите световно правителство. Диалектът Auvergne не се говори вече в Клермон-Феран и съвсем скоро няма да се говори френски в Париж, английски в Лондон, нито пък немски във Франкфурт. Вашите учени и лингвисти ще се обединят и създадат нов език във всички училища по света.

Същото трябва да бъде направено и с парите. Общата световна валута не може да бъде основана нито на франка, нито на долара, нито на йената, а ще бъде създадена за нуждите на хората от целия свят, така че те да не се чувстват обидени или принудени да питат защо друга валута е била избрана вместо тяхната.

Накрая механизмът необходим за появата на такъв съюз е отмяната на военната повинност, която учи младите хора само на агресивност. Тогава професионалните армии ще имат за задача да опазват обществения ред.

Това трябва да стане по едно и също време в целия свят, за да се осигури необходимата гаранция за сигурност.'

Твоята мисия

'Както вече ти казах, ние знаем, че нашето официално идване ще ускори много неща. Но ние ще изчакаме докато видим, че човешките същества наистина искат да дойдем, докато видим, че ни обичат и почитат като родители, каквито всъщност сме и че нашия космически кораб няма да бъде заплашен от вашите военни сили.

За да постигнем това, извести по целия свят за нашата среща и повтори това, което ти казах. Мъдрите хора ще те чуят. Мнозина ще те вземат за луд или за мечтател, но аз вече ти обясних какво мисля за мнозинството от глупаци.

Ти знаеш истината и ние ще поддържаме с теб телепатичен контакт, за да ти даваме увереност и допълнителна информация, ако смяташ, че ти е необходима.

Това, което искаме да видим е дали има достатъчно умни хора на Земята. Ако достатъчно голямо число те последва, то ние ще се появим открито.

Къде? На място, което ще си подготвил за нашето пристигане.

Ще трябва да подготвиш резиденция в приятна страна, с мек климат, със седем стаи, винаги готови да посрещнат гости, всяка с отделна баня, с конферентна зала за двадесет и един човека, басейн и трапезария с двадесет и едно места.

Тази резиденция трябва да бъде построена в средата на парк и да бъде охранявана от любопитни погледи. Паркът трябва да бъде изцяло ограден със стени, за да не може никой да види резиденцията и басейна.

Резиденцията трябва да бъде разположена на разстояние най-малко хиляда метра от стените, ограждащи парка. Тя ще има максимум два етажа и да бъде скрита от поглед чрез вътрешна бариера от дървета и храсти. Направи два входа в стената, единият на юг, а другият на север. Резиденцията също ще има два входа.

Ще има тераса на покрива, където космически кораб, дванадесет метра в диаметър, ще може да кацне. Важно е да има достъп от терасата до вътрешността на резиденцията.

Въздушното пространство над и около резиденцията не трябва да бъде под пряк военен или радарен контрол.

Трябва да се увериш, че мястото, където ще бъде построена тази резиденция – ако е възможно по-голямо от описаното дотук – се третира като неутрална територия от другите държави и от държавата, на чиято територия е разположено, в качеството си на наше посолство на Земята.

Ти можеш да живееш с жена си и децата си в резиденцията, която ще бъде под твое управление, ще можеш да имаш слуги и да каниш гости по свой избор. Обаче зоната със седемте стаи трябва да бъде точно под терасата и трябва да е отделена от сектора, използван от хората с дебела метална врата, заключваща се отвътре и която ще е постоянно затворена. Асептична стая трябва да бъде построена пред входа към конферентната стая.

Финансирането на проекта ще се осъществи чрез помощта на онези хора, които ти повярват и следователно вярват в нас. Това ще са мъдри и интелигентни хора, които ще бъдат възнаградени, когато ние дойдем.

Записвай, следователно всички, които допринасят финансово за построяването и издръжката на резиденцията, независимо колко скромен е приносът.

Също посочи по един човек от всяка нация по света, който ще отговаря за известяването на истините и който ще помогне на другите да се обединят в разпространението им.

Веднъж годишно, на връх близо до резиденцията, събирай от целия свят всички тези хора, които знаят за нас и желаят да дойдем. Събирай възможно най-много хора и ги карай да мислят съсредоточено за нас с надеждата да се появим.

Когато има достатъчно хора и когато те много силно желаят нашето идване, но без всякакъв религиозен мистицизъм, а като отговорни хора, които уважават своите създатели, тогава ние ще дойдем открито и ще ви дадем нашите знания в наследство за всички народи на Земята.

Ако онези люде, с войнствен нрав по целия свят, се откажат доброволно от помислите и намеренията си, тогава това ще може се случи. Ако любовта към живота и любовта на човечеството към нас и към самото него са достатъчно силни, да, ние ще се появим открито.

Ние ще чакаме и ще видим! Но ако човешките същества останат агресивни и продължат да се развиват по начин, опасен за другите светове, то ние ще разрушим тази цивилизация и нейните хранилища на научно богатство, и ще има нови Содом и Гомор, докато човечеството не достигне такова ниво на морал, което да съответства на нивото на научните му достижения.

Бъдещето на човечеството е в собствените му ръце, а истината е в твоите.

Разгласявай я по света и не се обезкуражавай. Никога няма да ти помогнем открито, но няма да дадем и храна за скептиците, тъй като скептицизмът често върви ръка за ръка с агресивността. Интелигентните хора ще ти повярват, тъй като това, което ще им кажеш няма да съдържа нищо тайнствено.

Важно за нас е да ти повярват без всякакви материални доказателства. Това ще ни убеди повече от всичко друго, че те са интелигентни и достойни да получат нашите научни знания.

Сега върви. Няма да бъдеш забравен ако успееш по време на земния си живот и дори след това. Ако е необходимо ще чакаме времето на твоите потомци, за да се появим, защото можем да те съживим с научни методи, също както сме възкресили и всички онези, които са водели човечеството по пътя на човешкия гений, водени от любов към своите създатели, стига техните останки да са били запазени в ковчези или гробници.

Единствената помощ, която ще ти дадем е отсега нататък да се появяваме все по-често на небето, за да накараме хората да осъзнаят проблемите си и да пожелаят да научат повече за истината, която разгласяваш.

Постепенно, благодарение на зачестилите ни появи, обществената осъзнатост също ще нарасне и нашето присъствие няма да предизвика глупаво боготворене, а дълбоко разбиране сред населението за установяване на контакт с нас.

Ще наречеш твоето движение "Madech"* – "движение за посрещане на Елохим, създателите на човечеството", което съдържа в инициалите си послание, Moise a devance Elie et le Christ, което означава: Мойсей, предшественикът на Илия и Христос.

На френски това е:

M: mouvement pour (движение за)
A: l'accueil (посрещане)
D: des (на)
E: Елохим
C: createurs de (създателите на)
H: l'humanite (човечеството)

---

*През 1975 година, с позволението на Елохим името на движението беше променено на Международно Движение на Раел.

7

ЕЛОХИМ - ОНЕЗИ, КОИТО ДОЙДОХА ОТ НЕБЕТО

Ядрените оръжия

'Преди да се разделим за последен път,' каза той, 'имаш ли някакви въпроси към мен?'

'Ти изтълкува видението на Езекиил, който според теб е видял хора екипирани с космически костюми,' отвърнах аз, 'и ми каза, че атмосферата на вашата планета не е същата като на Земята. Защо тогава не носиш скафандър сега?'

'Тъй като ние също достигнахме голям научен напредък, сега можем да не ги използваме. Лицето ми изглежда сякаш е на открито, но всъщност е предпазено от невидим щит, съставен от отблъскващи лъчи отвътре, така че дишам съвсем различен въздух от вашия. Тези лъчи позволяват на вълните да преминават, но не и на молекулите на въздуха. Това прилича отчасти на начина, по който не позволявате на петролни разливи да се разпространяват, като използвате емисии от мехурчета.'

'Ядрените оръжия опасни ли са за човечеството?'

'Да, много са опасни. Ако човечеството не помъдрее и не стане по-миролюбиво, съществуването на ядрени оръжия ще означава, че ако се появи нужда, ние няма да имаме друг избор освен да унищожим вашата цивилизация. Може би самите вие ще се унищожите.'

'Обаче ако не го направите сами и все пак сте опасни за нас, ние ще трябва само да разрушим запасите ви от бомби, но без да изпращаме унищожителни оръжия срещу вас. Можем да го направим с лъчи или дори с телепатия и по този начин резултатът ще бъде такъв, че една от великите сили ще се превърне в агресор, което пък автоматично ще доведе до фатално отмъщение.'

'Ако хората не искат да се излагат повече на тази опасност, всичко, което трябва да направят е да отнемат ядрените оръжия от военните. Тази ядрена енергия, използвана внимателно, може да позволи на страните, страдащи от липса на енергия, да направят огромен напредък. Необходимо е спешно да спрете изпитанията на нови ядрени оръжия, защото не знаете нищо за рисковете, на които се излагате. Обаче, ако човечеството продължи да си играе с ядрените оръжия, това ще опрости нашата задача, в случай че е необходимо да ви накараме да замълчите.'

'Има ли жени на вашата планета?'

'Да, това е споменато в Библията и аз те накарах да отбележиш подходящия цитат.'

'А също и деца?'

'Да, ние имаме деца точно както и вие.'

Пренаселването

'Ти ми каза, че сте един вид безсмъртни. Как се предпазвате от пренаселване?'

'Всъщност този проблем се проявява все по-ясно и на Земята. За да го решите – а вие трябва да го решите веднага, защото сте доста многобройни – ще трябва да развиете мерки за ограничаване на раждаемостта и да прокарате строги закони, забраняващи на жените да имат повече от две деца.'

'Ако две е равно на две, то населението ще достигне точка, след която няма да се увеличава. Ние ще наблюдаваме как се справяте с този проблем също. Това ще бъде още един тест за интелигентност, който ще ни помогне да видим дали ще спечелите нашето наследство. Решението, което предлагам е за човечеството сега, където хората живеят само около седемдесет и пет години. За нас проблемът е много по-различен. Ние не сме вечни, но живеем десет пъти по-дълго от вас, благодарение на малка хирургическа намеса, която се среща в Библията като "дърво на живота". Ние имаме деца и съблюдаваме правилата, които току-що обясних: двама родители, две деца. Това поддържа нашето население в постоянен размер.'

'Колко сте на брой?'

'Около седем милиарда сме.'

'Ние се срещаме вече шест последователни дни. Всеки път ли се връщаше до родната си планета?'

'Не, отивах до една интергалактическа станция, която използваме като база и която постоянно стои близо до Земята.'

'Колко души сте на нея?'

'Седем, колкото са и провинциите на нашата планета. Всяка провинция има представител на тази станция. Ако добавим и двамата, които отговарят за станцията, ставаме общо девет постоянно пребиваващи.'

'Ако хората тук на Земята правят точно каквото искате, какво ще стане?'

'Ще се появим официално и ще кацнем в резиденцията, която ти ще си ни подготвил. Ние ще те помолим да поканиш официални представители на най-важните държави на света, за да обмислим тоталното обединение на хората от Земята. Ако всичко върви добре, ние ще позволим на човечеството постепенно да се възползва от нашия научен напредък. В зависимост от това, как ще бъдат използвани тези знания, ние ще разберем дали да дадем на човечеството цялото си познание и да ви позволим да влезете в интергалактическата ера с нашите 25,000 години научни знания, които ще наследите от нас.'

'Вие ли сте единствените в света достигнали такова високо ниво в науката?'

'Да, в този район на галактиката. Има безкраен брой светове, населени със същества от хуманоиден тип, чието научно ниво е под нашето, въпреки че е много по-развито от вашето. Това, което ни кара да се страхуваме, че ще изчезнем е фактът, че все още не сме открили планета с цивилизация, толкова развита, колкото нашата. Ние имаме икономически отношения с много други планети, на които животът е бил създаден от други хора, които сигурно са били достигнали научно ниво равно на нашето, тъй като техните религиозни писания го доказват.'

'За нещастие, не успяхме да открием цивилизациите, които са създали най-близките от тези светове. Но може би ще ги намерим по-нататък, тъй като продължаваме да изучаваме вселената, всеки път отивайки все по-далече. В повечето случаи техните планети са се приближавали прекалено близо до слънцето и животът е ставал невъзможен, или слънцето им е експлоадирало, или ставало твърде студено. Въпреки че не забелязваме нищо анормално в нашата система, всичко това ни кара да се страхуваме от най-лошото.'

'Значи няма религия там където живеете?'

'Единствената ни религия е човешкият гений. Това е единственото нещо, в което вярваме и особено почитаме паметта на своите собствени създатели, които никога не видяхме след това и чийто свят никога не успяхме да открием. Сигурно са изчезнали. Те обаче бяха взели предохранителни мерки и бяха поставили огромна космическа станция на орбита около нашата планета, която съдържаше цялото тяхно познание и тя се приземи на планетата ни автоматично, когато светът им бе унищожен. Благодарение на тях ние поехме факела и бихме искали да видим този факел поет от хората на Земята,'

'И какво би станало, ако вашата планета бъде унищожена?'

'В случай че нашата планета бъде унищожена, същите приготовления са предварително направени, така че вие автоматично ще наследите цялото наше познание.'

Тайната на вечността

'Наистина ли живеете десет пъти по-дълго от нас?' попитах аз.

'Нашите тела живеят средно десет по-дълго от вашите.' отговори той.

'Като първите хора от Библията – това е между 750 и 1200 години. Но нашият ум, нашето истинско "Аз" може наистина да бъде безсмъртно. Аз вече ти обясних, че започвайки, с която и да е клетка от тялото, ние можем да пресъздадем целия индивид с нова жива материя. Когато сме в разцвета на способностите си и нашият ум е на най-високото си ниво на ефективност и познание, ние хирургически отделяме малко частица от тялото, която след това запазваме. Когато умрем, ние вземаме една клетка от тази запазена частица и пресъздаваме тялото в неговата цялост, точно каквото е било по времето на вземане на пробата.'

'Казвам "точно каквото е било по времето", имайки предвид заедно с цялото научно познание и, разбира се, със същата индивидуалност. Но в този случай, тялото е изградено от нови елементи с потенциала за още хиляда години живот и така до вечността. Но, за да се ограничи нарастването на населението само гениите имат право на вечен живот.'

'Всички хора от нашата планета имат по една клетка взета на определена възраст, с надеждата, че ще бъдат избрани да бъдат пресъздадени след смъртта си. Всъщност, те не само се надяват на това, но се опитват докато са живи да заслужат това възкресение. След като веднаж са умрели, велик съвет на безсмъртните се събира, за да реши в един "страшен съд", кой от тези, които са умрели през годината, заслужава да живее още един живот. За период от три живота, възкресеният е на изпитателен срок и в края на този период, съветът на безсмъртните се свиква отново, за да отсъди кой, в светлината на постигнатото, заслужава да се присъедини към съвета на безсмъртните като постоянен член.'

'От момента, в който решат да живеят отново, те нямат право да имат деца, което разбира се не пречи на любовта. Това обяснява защо учените, които са били членове на съвета на безсмъртните са искали да създадат живот на други планети. Те са прехвърлили своите възпроизводствени инстинкти на други планети.'

'Как наричате себе си?'

'Ако искаш да ни дадеш име, макар на нашата планета да наричаме себе си мъже и жени, то можеш да ни наричаш Елохим, тъй като ние наистина дойдохме от небето.'

'Какъв език говорите на вашата планета?'

'Нашият официален език много прилича на древния иврит.'

'Всеки ден докато говорехме тук не те ли беше страх, че други хора могат да ни изненадат?'

'Автоматична система щеше да ме предупреди незабавно, ако хора бяха приближили в опасен радиус, по въздух или земя.'

'Какъв е начинът ви на живот и работата ви там, където живеете?'

'По-голямата част от работата ни е интелектуална, тъй като нашето научно развитие позволява за всичко да използваме роботи. Работим само когато почувстваме склонност – и дори тогава само с ума си. Само нашите спортисти и хора на изкуството работят с телата си и само защото те самите са го избрали.'

'Нашата високоразвита ядрена енергия е почти неизчерпаема, главно защото сме открили начин да използваме атома в затворен кръг. Ние също имаме много други източници на енергия, включително слънчевата, така че не е задължително да използваме уран в нашите ядрени реактори, а много по-прости и безопасни материали.'

'Но като живеете толкова дълго и не работите, не се ли отекчавате?'

'Не, никога, защото ние винаги вършим нещата, които обичаме да правим то изключително с любов. Намираме жените си за много красиви и се наслаждаваме на това по най-добрия начин.'

'Съществува ли бракът?'

'Не. И мъжете, и жените са свободни. Двойки съществуват. Тези, които са избрали да живеят по този начин могат да го направят, но могат да получат свободата си когато поискат. Ние всички се обичаме. Ревността не съществува, тъй като всеки може да има всичко и собствеността не съществува. Няма престъпност там където живеем и следователно няма затвори и полиция. Има обаче много лекари, а също и редовни психиатрични прегледи.'

'Онези, които покажат и най-малкия белег на психическо неравновесие, което може да застраши живота и свободата на другите, веднага се подлагат на лечение, за да бъдат върнати в нормално състояние.'

'Можеш ли да опишеш един ден от живота на един обикновен човек от вашата планета?'

'Сутрин като станат се къпат, тъй като има плувни басейни навсякъде, закусват, а след това правят това, което искат. Всеки "работи", но само защото му се работи, тъй като няма пари там, където живеем. И така онези, които работят винаги вършат работата си добре, защото го правят по призвание.'

'Само безсмъртните имат специфични задачи, например наблюдават електронните мозъци и компютри, отговарящи за различни витални функции като енергия, храна и организация. От седемте милиарда жители само 700 са безсмъртни и те живеят напълно отделени от останалите. Те имат привилегията да бъдат вечни, но заедно с това имат дълга да правят всичко за другите, които не са задължени да работят.'

'Към тези 700 безсмъртни трябва да прибавим 210, които са на изпитателен срок (около седемдесет всяка година, т.е. по десет от всяка провинция). От седем милиарда жители има само около четиридесет милиона деца. Едва когато станат на определена възраст – между осемнадест и двадесет и една, в зависимост от индивида – децата се подлагат на операция, която им осигурява продължителност на живота по-голяма от 750 години. Оттам нататък те също могат да имат и деца.'

'Това позволява на най-възрастните от смъртните жители да познават своите потомци до петдесет поколения.'

'От седем милиарда души, само един милион не са активни и почти всички те се лекуват от психични разстройства. Нашите лекари ги лекуват за период от шест месеца. Повечето хора се интересуват от изкуство и те рисуват, правят скулптури, свирят, пишат, снимат филми и спортуват. Ние имаме свободна цивилизация в пълния смисъл на думата.'

'Нашите градове имат население, средно от около 500,000 души, населени на много малка територия. Градът е всъщност една огромна къща, разположена на високо място, в която хората спят, правят любов или каквото пожелаят.'

'Тези градове-къщи са около един километър дълги и високи и са свързани във всички посоки с вълни, използвани от всеки, който иска да пътува. Завръзваш се на колан и влизаш във вълновия поток, който бързо те транспортира до мястото, където искаш да отидеш.'

'Градовете са с формата на тръба, за да не отнемат от земеделската земя, както е при вас. Всъщност един от вашите градове, да кажем с население от около 500,000, заема площ двадесет пъти по-голяма от площта на такъв наш град. Резултатът от това е, че когато искате да отидете в провинцията трябва да пътувате с часове, докато в нашия случай ние сме там за десет секунди. Един и същи архитект проектира целия град, така че да радва окото и да е в хармония с околния пейзаж.'

'А не се ли отекчават хората, които нямат какво да правят?'

'Не, защото им осигуряваме множество дейности. Истинската стойност на всеки индивид се оценява и всеки иска да покаже, че е достоен за признание.'

'Дали ще е в изкуството, науката или спорта, всеки човек иска да блесне, за да стане безсмъртен или просто да получи възхищението на обществото, или на някоя жена. Някои хора обичат да поемат риск и да ги лишим от риска да умрат, би означавало да им отнемем радостта от живота, ето защо опасните спортове са много популярни.'

'Ние можем да съживим всеки пострадал човек, но онези, които практикуват тези спортове, могат да го правят само, ако изразят в писмен вид своето съгласие да не бъдат полагани грижи за тях, в случай, че умрат по време на спортната дейност. Имаме автомобилно състезание с атомни двигатели, което много ще ти хареса, а също и по-агресивни спортове като бокс и дори по-груби, като ръгби, което се играе от голи хора и където всичко е позволено – бокс, борба и т.н., всичко това може да ти изглежда варварско, но не забравяй, че всички крайности трябва да бъдат балансирани, за да се избегнат психичните разстройства.'

'Една изключително сложна цивилизация трябва да има примитивни начини на уравновесяване. Ако нашите хора нямат своите идоли в любимия си спорт, нищо друго няма да им остане освен желанието да умрат. Животът на всеки индивид трява да бъде уважаван, но желанието им да умрат или да си играят със смъртта, също трябва да бъде уважавано и позволено, в добре оформени и дефинирани официални документи.'

'Там където живеем, състезания се провеждат всяка година във всички разнообразни области и е едно от тях е световно, което ни позволява да решим, кои от най-добрите заслужават вечен живот. Всеки живее единствено заради това.'

'Всяка година, независимо дали в изобразителното изкуство, литературата, биологията, медицината или някоя друга област, където човешкият ум може да се изяви, се провежда състезание във всяка от провинциите.'

'След вота на безсмъртните от съответната провинция, "шампионите" се групират отново в столицата, където се представят за нов вот от жури на безсмъртните, които да определят кои ще бъдат "шампиони на шампионите".'

'Тези хора след това биват представени пред съвета на безсмъртните, който съвет накрая решава кои от тях са достойни да станат кандидати за безсмъртие. Това е целта и идеалът на всеки. Развлеченията могат да придобият такъв примитивен вид, когато главната цел е толкова висока.'

'Това означава ли, че безсмъртните имат напълно различен начин на живот от този на другите жители?'

'О, да. Те живеят отделно в градове, запазени за тях и се срещат редовно за дискусии.'

'На колко години са най-възрастните?'

'Най-възрастният, председателят на съвета на безсмъртните, е на 25,000 години и го виждаш пред себе си сега. Живял съм в двадесет и пет тела до днес и бях първият, върху когото този експеримент бе приложен успешно. Ето защо съм президент на безсмъртните. Аз самият ръководех създаването на живот на Земята.'

'Тогава твоите знания сигурно са неизмерими?'

'Да, събрал съм доста знания и ще мога да натрупам още много повече. По този начин хората от Земята могат да ни надминат, защото капацитетът на тази част на мозъка, която събира информацията – паметта – е по-голям. Човешките същества на Земята ще могат да съберат повече знания от нас и следователно ще напреднат повече в науката, ако имат условията. Ето кое плаши онези, които са в опозиция на съвета на безсмъртните. Хората от Земята ще напреднат по-бързо от нас, ако нещо не ги спре.'

Обучение чрез химически вещества

'Знанието, което учениците е нужно да натрупат сигурно е огромно и отнема много време.'

'Не. Благодарение на едно важно научно откритие, което всъщност и вашите учени на Земята започват да взимат под внимание, ние можем по хирургически път да преподаваме уроци на учениците. Вашите учени скоро откриха, че ако се инжектира течност от паметта на обучен плъх в мозъка на необучен, то последният ще научи това, което обученият е знаел.'

'Можем да предаваме информация чрез инжектиране на мозъчно вещество и по този начин децата ни почти нямат какво да правят. Те редовно са подложени на инжектиране на мозъчна материя, взета от хора, притежаващи информацията, необходима за обучението. Ето защо децата прекарват цялото си време правейки интересни неща като например теоретично да преустройват света или да се изявяват в спорт или изкуство.'

'И никога не е имало войни между провинциите на вашия свят?'

'Никога. Спортните състезания са достатъчно развити, за да елиминират военния инстинкт. Освен това от психологическа гледна точка фактът, че младите хора са способни да рискуват живота си в игри, където систематично има повече смъртни случаи във всяко състезание, подтиска военния инстинкт.'

'Това дава възможност на тези, които чувстват този инстинкт толкова силно, да го задоволят, рискувайки собствения си живот без да засягат живота на тези, които не искат да живеят опасно. Ако спортовете и игрите на Земята бяха по-опасни, но организирани, това щеше много да намали риска от възникване на международни конфликти.'

'Всичките ли седем провинции на вашия свят са еднакви?'

'Не, също както на Земята има различни раси и култури. Нашите провинции са създадени на базата на тези, които взаимно уважават свободата и независимостта си.'

'Би ли било възможно за човек от Земята да посети вашата планета?'

'Да, но ще трябва да носи скафандър, адаптиран за вашия начин на дишане. Може също да живее без скафандър на специално място, където сме възпроизвели земната атмосфера. Там живеят много хора от Земята, включително Мойсей, Илия и Исус Христос заедно с много други живи примери за сътворението. Ние ще можем да върнем всички тези хора на Земята, когато дойде времето да докажем твоите твърдения.'

'Защо не ги върнете веднага?'

'Защото във вашия свят, ако Исус Христос се завърне ще бъде настанен в психиатрично заведение. Представи си, че някой дойде сред вас и каже, че е Христос. Със сигурност ще стане обект на подигравки, ще го затворят. Ако ние се намесим правейки научни чудеса, за да покажем, че той наистина е Христос, това ще върне религиите, основани на Бог. Също така ще даде основания да се подкрепи идеята за свръхестественото и тайнственото, а ние не искаме да стане нито едно от тях.'

Като каза това малкият човек ме поздрави за последен път и ми каза да се върна когато изпълня всичко, което ми бе заръчал. После се качи обратно на борда на машината, която излетя и изчезна по същия начин, както и предишните сутрини.

Движението Раел

Каква история! Какво откритие!

След като се върнах вкъщи класифицирах и преписах бележките, които си бях водил, осъзнах неизмеримостта на задачата, която ми бяха възложили.

Почуствах че има малка вероятност да я изпълня. Но тъй като не е необходимо да се надяваш, за да предприемеш някакво начинание, аз реших да направя точно това, което се изискваше от мен, въпреки че можеха да ме вземат за фантазьор. В края на краищата, ако да бъдеш фантазьор, означава да си прозрял истината, тогава аз със сигурност бих искал да бъда смятан за фантазьор. По добре да те наричат фантазьор и да знаеш истината, отколкото да те наричат здравомислещ и да не я знаеш.

Бих желал да подчертая, за скептиците от всякакъв род, че никога не пия алкохол и спя много добре през нощта. Човек не може да сънува в продължение на шест последователни дни, нито да си измисли всичко това.

На вас, които отказвате да ми повярвате, казвам: Наблюдавайте небето и ще видите все повече и повече неща, които не могат да бъдат обяснени нито от учените ни, нито от военните - от нищо с изключение на глупави бръщвежи, с цел да бъдат спасени репутаците, които те си мислят, че ще изгубят, ако истината не произлиза от някой, принадлежащ към техния затворен кръг. Как е възможно учен да не знае истината?

Тези, които осъдиха Коперник, защото посмя да каже, че Земята не е център на вселената - не биха могли никога да признаят, че някой друг, освен тях може да разкрие всичко това.

Но всички вие, които сте видяли или ще видите НЛО, което някои хора ще се опитат да обяснят като сън, метеорологични балони, или дори халюцинации и вие, които не смеете да говорите за това от страх, че ще ви се присмеят, само като се съберете заедно с тези, които вярват, ще можете да говорите свободно.

Всички тези открития ми създадоха такова чувство на благосъстояние, на вътрешен мир, в този свят, където не знаем в какво да вярваме, където не можем да вярваме в белобрад Господ или в Дявол с копита, и където правителствените учени не могат да дадат точни обяснения за нашия произход и целите ни.

В светлината на тези изумителни открития, всичко става толкова ясно и изглежда толкова просто. Да знаеш, че някъде във Вселената има планета, пълна с хора, които са ни създали по техен образ и подобие, които ни обичат и междувременно се страхуват, че техните създания могат да ги надминат - не е ли това страшно вълнуващо? Особено когато разберем, че скоро ще бъде наша привилегия да участваме в по-нататъшната еволюция на човечеството, от което сме част, като сами създаваме живот в други светове.

Сега, след като сте прочели написаната от мен книга, в която се опитах да изложа възможно най-ясно всичко, което ми беше казано, ако просто си помислите, че имам голямо въображение и всичко е написано за да ви забавлява, аз ще бъда дълбоко разочарован.

Но от друга страна, може би тези разкрития ще ви дадат увереност в бъдещето и ще ви позволят да разберете мистерията на Сътворението и съдбата на човечеството. Може би те ще отговорят на многото въпроси, които сте си задавали през нощите още от времето на вашето детство, чудейки се защо съществуваме и каква е целта ни на Земята. Ако това стане, ще бъда повече от щастлив.

Накрая, ако разбирате, че всичко, което съм казал дотук е самата истина и желаете като мен да видите много скоро тези хора официално да дойдат, за да ни предадат тяхното наследство и ако искате да участвате в реализирането на всичко, което те поискаха от мен, тогава аз съм изпълнил мисията си, написвайки тази книга.

Ако такъв е случаят, пишете ми и ще ви приветстваме в Движение Раел. Ще постром посолството, което искат, и когато сме достатъчно много, за да ги посрещнем от всички страни с уважението и обичта, която тези, които са ни създали, заслужават напълно, тогава те открито ще кацнат и ние ще почерпим от огромното им знание.

На всички вас, които вярвате в Господ или Исус Христос, казвам, че сте били прави да вярвате в това. Дори ако сте мислели, че не всичко е така, както Църквата ви кара да го вярвате, има основание за истината. Били сте прави да вярвате в определящите принципи на Светото писание, но сте грешили, подкрепяйки Църквата. Ако продължавате да давате парите си за да снабдявате кардиналите с най-хубави одежди и те за ваша сметка продължават да одобряват съществуването на военните и ядрената заплаха, то това означава, че желаете да останете примитивни и не сте заинтересувани от навлизането ни в Златния век, за който сега ни е дадено право.

Ако все пак искате да участвате пасивно или активно според средствата си в създаването и изграждането на Движение Раел, вземете химикалка и ми пишете. Скоро ще бъдем достатъчно многобройни за да изберем парче земя, на което ще построим посолството. Ако все още имате съмнения, прочетете вестниците и погледнете небето. Ще видите, че тайнствените гледки на въздушни съдове стават все по-многобройни и това ще ви даде кураж да ни изпратите писмо, адресирано до:

Rael,
c/o: International Raelian Movement,
C.P. 225, CH1211
Geneva 8
Switzerland

Email: headquarters@rael.org

КНИГА ВТОРА

ИЗВЪНЗЕМНИТЕ МЕ ЗАВЕДОХА НА ПЛАНЕТАТА СИ

1

ЖИВОТЪТ МИ ДО ПЪРВАТА СРЕЩА

Въведение

Когато започнах тази втора книга, исках просто да обясня какъв е бил животът ми преди фантастичната среща на 13 декември 1973 година. Това бе необходимо, за да обясня на многото хора, които на първо място се бяха интересували с какво съм се занимавал преди срещата и второ, дали нещо необикновено се е случило с мен през детството ми, което би могло да предвещае такава съдба.

Самият аз се изненадах, когато започнах да преравям спомените си, смятайки, че нищо необикновено не се бе случвало в началото на живота ми и открих да изплуват сцени, които, когато ги сглобих образуваха едно цяло и видях, че моят живот наистина е бил направляван, за да стана това, което бях и да се озова на точно определено място на 13 декември 1973 година.

Почти бях завършил това изложение, когато се случи втората среща. И така, изложил съм накратко тези мои ранни спомени, за да мога да оставя колкото се може повече място за втората част на това послание и да дам пълно описание на тази втора среща, която се оказа дори по-фантастична от първата.

Две години по-късно

Две години! Вече почти две години се опитвам да разглася тази истина, която изглежда прекалено голяма за мен. Времето тече, а аз чувствам, че не съм стигнал до никъде. Обаче, леко по лека, солидно ядро от хора се изгражда около мен, хора, които разбират, че Книгата, която казва истината прави всъщност точно това.

Те са седемстотин на брой, когато пиша тези редове, и разбирам, че това едновременно е и малко и много. Малко като имаме предвид, че сме четири милиарда, населяващи Земята и много, като отчетем факта колко малко хора, две години по-късно бяха решили да последват мъжа, който преди две хиляди години беше посветен да носи също толкова тежко бреме и самият той да посвещава примитивните люде на своето време.

Какви са тези седемстотин? Дали са глупаци, както без съмнение биха казали за тях присмехулниците, готови да повярват на всичко? Ни най-малко. Някои от тях са завършили университети, други имат научни степени в областта на философията, психологията, теологията, социологията, медицината, физиката и химията.

Но моето възхищение, като че ли, е на страната на онези, които нямат научни степени, тъй като те не са придобили знания чрез учене, което да им позволи да разберат, че живата материя и хората, като нас могат да бъдат създадени по научен начин и те все пак са способни да го почувстват интуитивно, като хора, способни да управляват материята и да се сливат в хармония с вселената, от която, самите те са част.

Трябва да кажа, че като цяло съм оптимист и вярвам, че дотук съм изпълнил възложената ми мисия, вървейки по правия път. Защото, каквото и да се случи с мен, MADECH* (*Сега преименувано на Международно Движение на Раел) е на крака и работи, и нищо не е в състояние да го спре.

За две години съм изнесъл почти четиридесет лекции и тъй като определени въпроси се задават постоянно, считам че някои части от посланието се нуждаят от изясняване. Така че, ще се опитам да го направя тук в този труд.

Първо, какъв живот съм водил преди срещата на 13 декември 1973 година?

Трябва да призная, че едва напоследък започнах да се връщам назад към моя живот, за да разбера как е бил направляван, за да съм способен и готов да се включа на духовно, психично и емоционално ниво по онова време.

Определени събития от моето детство никога не са ми изглеждали значими, когато съм ги разглеждал по отделно, но съвсем различно е когато те се свържат заедно.

Сега всичко ми се струва съвсем ясно и се трогвам, когато си припомням някои неща, които са ми се стрували маловажни на времето, когато са се случвали. Далеч съм от мисълта да ви разказвам историята на живота си, като представям всяко събитие от него, като изключително, но изглежда, че много хора искат да научат повече неща, които са се случили с мен преди. А също по-добре е аз самият да разкажа всичко, отколкото да го оставя на злите езици.

Детство: НЛО над Амберт

Като дете на неизвестен баща, не бих могъл да кажа, че съм имал обикновено детство. Бях това, което наричат "естествено" дете, като че ли другите деца са били "изкуствени".

Раждането ми било събитие, и то наистина е било такова, поне за малкия град Амберт, който е толкова католически набожен, че е известен като "световната столица на броеницата". Още повече, че неизвестният баща, който беше напълно неизвестен за всички, бе очевидно еврейски беглец. Какво светотатство!

Раждането ми било укрито, доколкото това било възможно – не в пещера, а в клиника близо до Виши. То се случило на 30 септември 1946 година, в два часа сутринта и било много трудно. Но важното е, че съм бил заченат на 25 декември 1945 година. Зачатието, моментът когато създанието наистина започва да съществува и да се развива в утробата на своята майка, е истинската рождена дата на всеки индивид. 25 декември е много важна дата от почти две хиляди години насам. За онези, които вярват в съвпадения, моят живот започва със съвпадение.

Когато се върнахме в Амберт, моята бедна майка се опитала известно време да ме представя за "сина на един приятел, за когото щяла да се грижи известно време". Ние живеехме под един и същи покрив с нейния баща, който се обърна против нея, когато научи истината, но след това беше за мен един от най-добрите дядовци през краткото време, през което го познавах. За съжаление той умря, когато аз все още бях съвсем малък. По-късно ми разказаха колко се забавлявал като видял, че след като съм го наблюдавал да подрязва плодните дръвчета, съм взел една ножица и съм отрязал... неговите марули.

Бях отгледан от баба и от леля, които по онова време, а и сега живеят заедно. Те ме научиха да чета и с тях направих първите си стъпки, нещо което помня съвсем ясно – със сигурност най-ранните спомени от моя живот.

Едва наскоро баба ми каза, че през 1947 година видяла странен обект да лети много бързо и безшумно над Амберт, близо до нейната къща. Тя никога не посмяла на никого да каже за това, от страх да не я обвинят, че е халюцинирала. Едва след като прочела моята книга, тя решила да разговаря с мен за това... и в същото време реши да се присъедини към MADECH. Това нейно решение, всъщност бе една от най-окуражителните подкрепи, които съм получавал.

Папата на Друидите

В Амберт имаше един старец, от когото всички малки деца се страхуваха, а на когото всички по-големи се подиграваха. Бяха му сложили прякора "Исус Христос", защото имаше много дълга коса, навита на кок и великолепна брада.

Той беше винаги облечен в дълго наметало, достигащо до глезените му и живееше на около сто метра от къщата, където майка ми беше намерила малък апартамент. Той не работеше и никой не знаеше как можеше да си позволи да живее в малката къща пред общинското средно училище.

Като порастваха децата преставаха да се страхуват от него и като родителите си, започнаха да му се подиграват, да му се смеят и плезят, следвайки го по петите.

Аз лично, не обичах да играя с другите деца, а предпочитах да наблюдавам насекоми и да разглеждам книги. Бях се разминавал с този мъж няколко пъти на улицата и бях учуден от лицето му, което излъчваше такава доброта и от палавата му усмивка, която не слизаше от него, всеки път когато погледнеше към мен. Не знам защо, но никога не съм се плашил от него, а и не виждах нищо смешно в него. Също, не разбирах защо другите деца му се присмиваха.

Един следобед го проследих, любопитен да видя къде отива, и го видях да влиза в къщата си, оставяйки отворена вратата, която водеше към малка, много мрачна кухня. Приближих се и го видях да седи на табуретка със същата палава усмивка на лицето, сякаш ме очакваше. Той ми направи знак да се приближа. Влязох в къщата и отидох при него.

Той постави ръка върху главата ми и аз изпитах странно усещане. В същото време, той погледна нагоре и промълви няколко думи, които не разбрах. След като няколко минути бяха изминали, той ме пусна да си ходя, без да каже и дума, с все същата тайнствена усмивка.

Всичко това ме бе озадачило навремето, но много скоро забравих за него. Едва през лятото на 1974 година, когато четях книга, която моята майка ми бе дала, книга за тайните на Оверн, разбрах, че въпросният старец е бил последният Дисард – т.е. последният жив "папа" на друидите, и че е мъртъв от няколко години.

Тогава си припомних сцената от моето детство и отново си спомних тайнствената усмивка, която се появяваше на лицето на стареца всеки път, когато се срещнехме на улицата, а това се случваше всеки ден, тъй като бяхме съседи. Сега вече знам към кого се е обръщал, като поглеждаше към небето и мълвеше мистериозните фрази, а също така с точност знам каква е била тихата, светеща машина, която баба ми бе видяла.

Още едно нещо също ми идва наум. След случката, която стана в дома на отец Дисард, всяка вечер си лягах, като броях до девет няколко пъти поред.

Това е число, което често се появява в живота ми като код, който ми е бил приписан. Никога не съм могъл да обясня този внезапен навик, който се появи няколко години, след като се бях научил да броя до повече от девет и следователно не би могло да е резултат от повтаряне като папагал. Бях на седем години, когато това се случи.

Поезията

По онова време това, което имаше най-голямо значение за мен бяха животните, които обичах да рисувам по цял ден, когато не бях зает с организирането на състезания с охлюви. Бях очарован от животинския свят и само мечтаех да стана пътешественик, така че да мога да се доближа до тайнствената фауна на девствените гори.

Но на девет годишна възраст – отново числото девет – всичко щеше да се промени. Преди всичко започнах да откривам това, което щеше да стане истинска моя страст – скоростта. Скоростта, т.е. всичко, което беше на колела, нависимо с двигател или без. Скоростта и особено равновесието, чувството за движение и борбата със самия себе си, със собствените си рефлекси. Всъщност - абсолютното господство на разума над тялото.

Това започна с диви спускания надолу по хълма върху малко колело, почти без спирачки и се чудя как стана така, че нито веднъж не паднах. За да стане още по-интересно, аз заемах позиция на върха на хълма и чаках да се появи някоя бърза кола.Тогава се изтрелвах в зашеметяващо преследване, настигайки и надминавайки колата – за голяма изненада на шофьора – и изведнъж в долния край на хълма завивах и се връщах обратно на върха, за да чакам друга кола.

Няколко месеца по-късно случайно присъствах на автомобилното състезание "Тур дьо Франс" и това беше любов от пръв поглед. Тогава осъзнах, че беше възможно да изпитам удоволствието от високата скорост без да въртя педалите обратно нагоре по хълма. А можеше и да се превърне в моя професия.

Реших да го направя, точно по начина, по който се прави, когато си на девет години. Щях да стана автомобилен състезател.

От този ден нататък, моят живот беше съсредоточен само около автомобилните състезания. Нищо друго не ме интересуваше и не виждах смисъла на това, което ми преподаваха по цял ден в училище, след като щях да ставам състезател. Детските комикси бяха заменени от сериозни автомобилни списания и нетърпеливо започнах да отброявам годините, които ме деляха от възрастта, на която можеш да получа шофьорска книжка.

На девет годишна възраст също, отидох за пръв път в пансион. Майка ми бе отчаяна, защото не исках да правя нищо в училище и постоянно й казвах, че това учене е безмислено за автомобилен състезател. И така тя реши да ме изпрати в пансиона Нотр-Дам-дьо-Франс в Пю он Велей.

Тя се надяваше, че без автомобилните списания щях да се съсредоточа върху работата в училище и отчасти не бе далеч от истината. Но имам много бледи спомени от първия си престой в пансион, почти сигурно заради факта, че бях твърде млад, когато ме изпратиха там.

Помня, че прекарах много вечери, плачейки в голямата обща спалня, където това, което сега мисля, че най-много ми липсваше, бе възможността да бъда сам и да медитирам.

Тази нужда, която ме караше да прекарвам цели нощи в плач, увеличи и без това прекалената ми чувствителност, както е в случаите, при които се отхвърля някоя емоционална потребност.

Тогава открих поезията.

До този момент винаги бях харесвал литературата повече, отколкото математиката, макар и само като заинтригуван, пасивен читател. Тогава дойде желанието, нуждата да пиша – по възможност в стихове. Останах безразличен към математиката, въпреки че бях достигнал солидно средно равнище в този предмет, както и във всички други. Но по френски език и особено в писмените работи, редовно ставах пръв, тъй като харесвах предмета. Дори написах цяла стихосбирка стихотворения и спечелих първа награда на състезание за поезия.

Най-изненадващото нещо беше, че въпреки че не бях кръщаван, бях в частен пансион, управляван от католически монаси, с цялото молене, което включваше – молитва преди ядене и лягане, сутрин преди изгрев, преди учене – и участие във всекидневното изпълняване на литургия. Когато, след 6 месечно всекидневно участие, братята откриха, че не бях кръщаван, те изглеждаха напълно ужасени. Всъщност си помислих, че по-скоро бе смешно; в действителност това беше единствената част от литургията, която ми харесваше, а именно безплатното ядене на късчета хляб.

Също на девет годишна възраст, влязох в пубертета. Забавлявах се много, откривайки незнайни и тайни удоволствия, които никой друг от деветгодишните в пансиона не изглеждаше все още да знае, беше някаква утеха за моето непълно уединение.

Накрая, пак на девет годишна възраст, се влюбих за пръв път – и беше от този вид силна любов, която обхваща децата на тази възраст. Благодарение на по-добрата ми работа в училище, майка ми се беше съгласила да не ме праща отново в пансиона и така се озовах в четвърти клас на общинското средно училище в Амберт. Там беше и тя, деветгодишна или на почти толкова, и се казваше Бриджит. Бях срамежлив и се изчервявах доста нелепо. Беше достатъчен само един поглед по време на един медицински преглед, когато може би един жест на благоприличие, с цел да прикрие от очите ми несъществуващия си още бюст, освободи в мен чувството на нежност и огромното желание да пазя това, очевидно крехко създание.

На следващата година бях в същото училище, в пети клас, в компанията на първата си любов, която не смеех дори да заговоря. Все пак в началото на учебната година успях да седна на чина пред нея, така че можех да се обръщам от време на време и да се любувам на красивото й лице. Бях само на десет, а през цялото време мислех единствено за нея.

Фактът, че седях близо до нея в клас ме подтикна да се захвана здраво за работа, за да не повторя годината. Така преминах в шести клас без всякакъв интерес към предметите, които изучавахме.

За нещастие сега постоянно сменяхме класовете и имахме различни учители, вместо един. В резултат на това бяхме почти винаги разделени и аз практически не вършех нищо, дотам че на следващата година, бях отново в пансион, този път в село Кюнелхат, което е на около тридесет километра от Амберт.

Беше дори по-лошо отколкото в Пю он Велей. Бяхме наблъскани в едно малко спално помещение, едва отопляемо и най-лошото, без всякаква дисциплина. Така че най-големите и силни момчета налагаха своите собствени закони. Мисля, че там развих такава силна омраза към насилието.

Един ден, когато вече ми беше дошло до гуша от побойниците срещу, които никакви дисциплинарни мерки не бяха предприемани, аз поех по пътя пеша, решен да измина тези тридесет километра, които ме деляха от майчиния дом. Никой не беше забелязал моето отсъствие, така че когато директорът ме настигна с колата си, аз вече бях извървял почти десет километра.

За моя голяма радост бях изритан от училището и изпратен обратно при католическите братя по средата на учебната година, като присъствен ученик. Каква радост! Сега можех да виждам Бриджит всеки ден на улицата. По това време тя вече беше на дванадесет, малката й пазва започваше да разцъфтява и тя бе за мен по-красива от всякога.

Все по-малко и по-малко се интересувах от ученето и започнах да вкусвам от удоволствието на бягството от училище, главно защото не ми харесваше да бъда сред свещениците, които бяха побързали да посъветват майка ми да ме кръсти. За щастие тя предпочете да изчака докато стана достатъчно голям, за да разбирам и да може да ме попита за моето собствено мнение.

Това, което исках да стана по това време беше гаражен механик, защото бях научил, че това е полезно умение за автомобилните състезатели. Майка ми, която се надяваше да стана инженер, искаше на всяка цена да продължа обучението си, така че нямаше да ми позволи да стана чирак в гараж.

Преживяното насилие в училище отново възобнови у мен желанието да пиша стихове, затова започнах да се разхождам из природата с тетрадка в ръка, вместо да присъствам в часовете.

На четиринадесет години се озовах отново в пансион, този път в Mont-Dore, средно училище, където приемаха деца, нежелани от никое друго училище в района.

Озовах се в компанията на доста интересна шайка от тъпаци и "тежки случаи". Един от последните, типичен пансионатен тузар, стана отговорен за насоката, която поех през следващите десет години. Той се казваше Жак и свиреше на електрическа китара, което доста ме впечатли. Веднага след като дойде коледната ваканция накарах баба да ми купи чудесна китара, а Жак ме научи на няколко акорда. Тогава започнах да свиря стиховете си на китара и забелязах, че това очевидно беше приятно за тези, които ме слушаха. След идването на лятната ваканция започнах да участвам в радио състезания за песни, като почти всеки път побеждавах.

Също по време на тази лятна ваканция открих плътската любов за първи път – с една барманка, която бе очарована от моите песни. Тя беше на двадесет години и не ме научи много, с изключение на това какъв ефект може да има китарата върху жените.

На следващата година бях на петнадесет и повече от всякога исках да живея мой собствен живот. Един ден взех китарата под мишница, заедно с един малък куфар, казах сбогом на пансиона и неговите безинтересни предмети и заминах на стоп за Париж. Имах две хиляди стари франка в джоба си и сърце изпълнено с надежда. Най-после щях сам да изкарвам собствената си прехрана, да спестя достатъчно пари, за да взема шофьорска книжка като навърша осемнадесет и да стана автомобилен състезател.

Имах голям късмет да ме вземе човек с много мощна, макар и с дискретна външност кола. Когато ми спомена, че е автомобилен състезател и ми каза как се казва, аз му казах каква кола е карал на състезанията и какви награди е спечелил. Тъй като не бе много известен, той беше много поласкан и изненадан да срещне младо момче, което помни неговите постижения. Каза ми, че някога е бил клоун и че има гараж в югозападна Франция. Когато пристигнахме в Париж, той ме покани на вечеря и дори ми предложи стая в хотела, където беше отседнал.

Във фоайето си поговорихме с две млади момичета, които бяха танцьорки в бара и бяха приключили работа. Изпях няколко песни и си легнахме, всеки с по една от очарователни ни компаньонки. Там бях наистина въведен в правенето на плътска любов.

На следващата сутрин си тръгнах дискретно, защото исках да си намеря стая и да обиколя някои кабарета, които биха се заинтересували от моите песни. Не намерих нито едното, нито другото и прекарах втората си нощ в Париж в метрото с клошарите.

Нямах нито стотинка и на следващата сутрин умирах от глад. Прекарах деня размотавайки се, отчаян от безизходицата. Но същата вечер видях един мъж да свири на акордеон пред едно кафене и клиентите да му хвърлят монети. Реших да опитам същото и от самото начало всичко тръгна много добре. Бях спасен.

Живях по този начин три години, спейки където заваря и хапвайки по един сандвич от време на време. Но направих огромен напредък и един ден бях нает от едно малко кабаре на левия бряг. Изкарвах по десет франка на вечер, а ми трябваха петнадесет, за да се прибера до Монмартр, където живеех в една малка стая. Освен това името ми беше на плаката – макар и с малки букви! Вече си мечтаех името ми да бъде отпечатано на плаката с големи букви и се виждах да жъна успехи всяка вечер.

Един ден срещнах актьора Жан-Пиер Дарас, който ме посвета да взема няколко часа по актьорско майсторство, за да подобря сценичното си изпълнение. Тъй като нямах средства да платя за тях, той любезно уреди да присъствам безплатно на курса в Националния Парижки Театър. И така, в продължение на три месеца аз посещавах курса Дюлен – а след това се отказах, защото не бях много привлечен от театъра.

Имах навика да се представям по това време под псевдонима Клод Селер, който бях избрал в чест на скиора и шампиона - автомобилен състезател, Тони Сейлър. Промених правописа, така че инициалите да станат "CC" – запазвайки моето истинско име.

Започнах да печеля много радио състезания и пеейки в няколко кабарета можех да живея относително добре и по-важното да спестя достатъчно пари, за да взема шофьорска книжка точно на осемнадесет, както бях планирал.

Но това не беше достатъчно, за да стана автомобилен състезател. Първо, трябваше да създам име, с надеждата да бъда нает от голяма компания и за тази цел трябваше да имам състезателна кола, да участвам в няколко състезания като независим участник и ако е възможно да ги спечеля. Една състезателна кола е много скъпа и трябваше да продължа да спестявам, с надеждата да придобия такава. Продължавах да пея и се опитвах да отделя настрана някой франк. Много приятели композитори бяха направили записи и изглежда печелеха много пари от тях. И така реших да опитам и аз, имайки по това време повече от 150 песни в чантата си.

Първата звукозаписна компания, към която се обърнах, ми предложи тригодишен договор, който подписах. Директор на звукозаписната компания беше Люсиен Морис, директор на радиостанция Европа 1, която бе създала огромен брой известни певци. Първата ми плоча бе доста успешна, а втората благодарение на една песен наречена *"Le Miel et la Canelle"* (Мед и Канела) – стана дори по-популярна. Често можеше да бъде чута по радиото:

Долавям ухание на мед и канела
Долавям ухание на ванилия и любов
Долавям ухание на мед и канела
И на момичетата, които винаги ще обожавам.

Първата бе тъмнокоса – Марго се казваше тя
Пеехме докато луната не осветеше нощта
Поемах пътя към нейните очи
И следвах лъча към нейните коси.

Втората бе русокоса – Мариел се казваше тя
Пътеката към тялото изваяно добре аз помня
Поемах пътя към нейните очи
И следвах лъча към нейните коси.

Третата бе червенокоса – Марион се казваше тя
Заради хубавото й лице и устните красиви
Поемах пътя към нейните очи
И следвах лъча към нейните коси.

Не плачи приятелю мой – идва пролетта
Те са тъй прекрасни, а ти тъй млад
Поемах пътя към нейните очи
А ти можеш да следваш лъча към нейните коси.

Давах много спектакли и взимах участие в улични представления. Всичко вървеше много добре и дори имах удоволствието да бъда избран за участие в Златната Роза – песенен конкурс, провеждан в Антибс.

Но онези, които ме напътстваха отгоре, всъщност не искаха да стана прекалено известен артист. Този етап от живота ми е бил планиран така, че да развие моята чувствителност и да ме накара да свикна да изразявам себе си пред публика, но нищо повече от това.

Въпреки че фактът, че бях сред участниците, избрани за Златната Роза, беше обявяван всяка сутрин по радиото, Люсиен Морис дойде един ден при мен и ми обясни, че трябва да ме оттегли от конкурса. Той ми каза, че един ден ще разбера защо, но че в момента не може да ми каже нищо повече.

И така, накрая не участвах в това издание на Златната Роза и трябваше да продължа да се препитавам с това, което изкарвах от пеенето и което осъзнах, че никога няма да е достатъчно, за да купя кола и участвам в състезание.

Заради това когато фирмата, където правех записите си, ми предложи да стана неин представител, веднага приех, убеден, че ще успея да спестя достатъчно за кола за няколко месеца.

Озовах се отново в Бордо, където бях търговски агент, отговарящ за петнадесет региона. Работих там една година и напуснах, когато имах достатъчно пари, за да купя състезателна кола. Тъкмо бях свикнал с колата, когато един приятел катастрофира с нея. Аз обаче бях написал нови песни през прекараната в Бордо година и един богат приятел настоя да издам нова плоча, която той самият щеше да финансира.

Прекарах още една година, прехранвайки се с поезия и тогава, сякаш за да промени живота ми радикално, бях въвлечен в много сериозна автомобилна злополука.

По време на едно много уморително пътуване заспах на волана и се ударих челно в стена със сто километра в час – или около шестдесет мили. Повече от десет души вече бяха намерили смъртта си на това място. Аз се отървах с няколко счупвания, но все пак жив. Бях обездвижен за повече от три месеца и спестяванията ми се стопиха. Все още не можех да се състезавам. Аз, който бях мечтал да започна на осемнадесет, все още не бях взел участие в нито едно състезание, а бях вече на двадесет и две.

Бидейки на много състезания като зрител, бях забелязал как безумно влюбени са младежите в този спорт, а също и колко много от тях искат да станат автомобилни състезатели, без да знаят как. Не знаех много повече от тях и си казах, че най-добрият начин да се появя на автомобилната сцена е да си намеря работа, чрез която да се възползвам от всеобщия ентусиазъм. Знаех да пиша добре, така че решението беше очевидно.

Щях да стана репортер за автомобилно списание.

Свързах се с много специализирани издания, но напразно, тъй като много други ентусиасти бяха достигнали до същата идея. Тогава забелязах обява в колонката за автомобилни новини на "L'Equipe", в която се търсеха фотограф-репортери без да се изисква никакъв опит.

Отговорих на обявата и рекламодателят ми писа, че кандидатурата ми се разглежда, но трябва да изпратя 150 франка за административни разходи. В замяна щях да получа филмова лента, за да направя пробен репортаж, на тема избрана по мой вкус. Изпратих парите, получих лентата и направих репортаж – за автомобилно състезание, разбира се – и незабавно го изпратих на посочения адрес.

Много скоро след това, получих писмо молещо ме да се обадя на един номер в Дижон, където се намираше офисът на фирмата, отпечатала обявата. Срещнах се с шефа на издателството – мъж на около тридесет, за когото се твърдеше, че натрупал цяло състояние от фотография в Съединените Щати.

Той изглежда много се заинтересува от идеята ми за създаването на спортно списание за младежи, които се надяват да станат автомобилни състезатели и ми предложи да ме назначи за главен редактор на вестник, който щеше да започне да излиза след няколко месеца. Той ми показа фабриката, която щеше да купи, за да установи там печатния офис, представи ме на печатаря в Дижон, който беше назначил за директор и ми показа къщата, където жена ми и аз щяхме да живеем, намираща се на хвърлей камък от офиса.

Отговорих, че би ме устроило да отразявам и участвам в автомобилни състезания. Тогава той ми каза, че също търси някой, способен да ръководи отдела за състезания, тъй като възнамерява да рекламира новия вестник, като пусне няколко състезателни коли, боядисани с неговите цветове. Това щеше да ми позволи да бъда на мястото на събитието, затова се съгласих да стана директор на отдела за състезания на тази компания.

Една седмица по-късно се преместих от Париж в Дижон с жена ми Мари-Пол. Бях женен от около три месеца и очаквахме да се роди нашата дъщеря. Бях се запознал с Мари-Пол през юни и не се бяхме разделяли от деня на запознанството ни. Бяхме се оженили три месеца по-късно, само защото нейното семейство бе шокирано от намерението ни да не сключваме църковен брак. Семейството ѝ бе много старомодно и отначало се молех с тях преди ядене.

Престоят ми в Дижон обаче, трая само два месеца и не получих никаква заплата. Разчу се, че "богатият американец", който искаше да основе вестник, всъщност току-що бе излязал от затвора без стотинка. Той беше измамил над 500 души със суми вариращи от 150 до 300 франка, млади хора като мен, които мечтаеха да станат автомобилни състезатели или фотограф репортери.

Бях работил два месеца за нищо и се озовах пълен с идеи, но без пари. Този път реших да поема сам в големия свят на издателската дейност. Преместих се в Клермон-Феран близо до моята майка, която по това време очакваше съвсем скоро да стане баба и да основа своя собствена издателска къща за издаване на списание по мой собствен модел. Копия от това списание скоро бяха в продажба, благодарение на един издател, който също обичаше автомобилизма и който се съгласи да поеме риска да ми отпусне кредит, макар че не можех да му дам никакви гаранции.

Списанието бързо прогресира и скоро стана лидер в своята област. За себе си запазих най-интересната задача – изпитание на нови модели автомобили на чудесната отсечка на Мас-дьо-Кло, недалеч от Крьоз, и по пътищата. По този начин влязох в света на моторните спортове и състезателни коли ми бяха предоставени за участие. Най-после мечтата ми ставаше реалност, и още повече от самото начало открих, че съм надарен пилот, печелейки много състезания с автомобили, непознати за мен.

В продължение на три прекрасни години живях по този начин, през цялото време правейки непрестанен прогрес в техниката си на управление на автомобила и концентрирайки се на 100% върху областта, която обичах – тази на спортните автомобили. Трябва да кажа, че изпитвах истинско удоволствие от стабилното преодоляване на своите бариери и постоянното усъвършенстване на контрола над своите рефлекси и реакции. Въпреки че не давах пет пари за шума на двигателя или миризмата на горящ бензин, аз мечтаех за времето, когато производителите на коли щяха да бъдат задължавани да произвеждат безшумни и без всякакъв мирис автомобили. Едва тогава бих се наслаждавал на усещането от шофирането в най-чистия му вид.

Но всичко това се обърна с главата надолу в края на 1973 година.

Срещата

На този изключителен ден – 13 декември 1973 година – се озовах в кратера на вулкана на Оверн – Пю де Ласола. Там, както вече описах, се срещнах с извънземен, или по-точно с Елоха – единствено число на Елохим, с когото щях да се срещам шест последователни дни на едно и също място и който в продължение на един час всеки път, щеше да ми диктува фантастичните разкрития от първата част на това "послание".

През първите дни след тази среща, трябва да призная, се чудех дали ще посмея да кажа на някой за това. Първото нещо, което направих, доколкото можах, е чисто копие на записките, които бях водил, макар че трябваше да пиша прекалено бързо, заради моя събеседник. Когато приключих, изпратих оригиналния ръкопис на сериозен издател, който според моята информация, не издаваше езотерическа литература или научна фантастика. Очевидно е, че не исках това послание, с такова значение за човечеството, да се изгуби сред купища мистериозни приключенски разкази или окултни книги, задоволяващи само хора интересуващи се от алтернативни науки.

Марсел Жулиен, който имаше издателска къща, ме покани в Париж и ми каза, че ръкописът е сензационен. Но ми каза, че трябва да разкажа историята на живота си преди да говоря за посланието и че "някои малки промени трябва да бъдат направени".

И дума не можеше да става за това. Не исках да пиша стотици страници за живота си и след това да представя посланието, което бях получил, сякаш моята личност беше толкова важна, колкото онези неща, които бях помолен да разкрия. Исках посланието да бъде публикувано, но само то, макар да не беше дебела книга и следователно не представляваше интерес за издателите. Така че помолих г-н Жулиен да ми върне ръкописа. Той ми отговори, че не е в него, защото някакъв читател го бил взел, но веднага след като го върнел, щял да ми го изпрати по пощата.

Току-що се бях върнал в Клермон-Феран, когато получих телеграма, канеща ме да се върна в Париж, за да участвам в телевизионно шоу, което се казваше "Голямата шахматна дъска" и се водеше от Жак Шансел. Той беше режисьор на един сериал към издателската къща, на която бях изпратил ръкописа. Той го беше прочел и разбрал, че е напълно необичаен, независимо дали някой ще повярва в него или не. И така взех участие в шоуто и хилядите писма, които получих след това показаха, че докато някои се смееха, други бяха взели на сериозно това, което говорех и искаха да помогнат.

Но дните минаваха, а ръкописът ми не се връщаше. Изпратих препоръчано писмо до издателя, който отговори, че ръкописът ще ми бъде изпратен, но че все още не са го намерили. След десет дни отидох отново в

Париж, за да видя дали мога да направя нещо лично, защото никой не отговаряше на въпросите ми, когато се обаждах да питам какво става.

Известният дизайнер Куреж, който се бе свързал с мен след шоуто, защото се беше заинтересувал, се съгласи да дойде с мен на среща с издателя, за да открием какво точно бе станало с ръкописа.

Марсел Жулиен ни каза, че читателят, в който е ръкописът, бил го взел със себе си на почивка, но те не знаели къде е отишъл и как да се свържат с него. Ситуацията ставаше все по-странна.

Накрая ръкописът ми бе издирен от г-н Куреж и ми бе върнат лично от него. Все още се чудя дали наистина е бил изгубен или просто сложен настрана, за да не бъде публикуван. Ако тази издателска къща наистина изгуби ръкописа толкова лесно, то аз трябваше да предупредя другите автори да не изпращат своите оригинали там.

Разтревожена от злополучната история с ръкописа и от нарастващата купчина писма на хора, желаещи да купят книгата, съдържаща посланието веднага след публикуването и, Мари-Пол предложи да напусне работата си на детегледачка и да ми помогне в публикуването и дистрибуцията на този изключителен документ.

Приех, защото бях сигурен, че само по този начин ще мога постоянно да контролирам начина, по който тези записки се използват. Тъй като сериозността на мисията, с която бях натоварен бе неимоверна, аз веднага спрях да работя за спортното списание и през есента на 1974 година, най-после книгата излезе от печат.

Шокът за нервната ми система, причинен от невиждания обрат в моя живот, доведе до стомашни болки и почти до язва. През цялата зима страдах от сериозен гастрит. Никакво лекарство не подейства и едва когато реших да намаля темпото и да се разтоваря с медитация и дихателни упражнения, болките изчезнаха като по чудо.

През юни участвах в телевизионно шоу, водено от Филип Бувар. То се казваше Събота Вечер и саркастичен, както винаги, г-н Бувар представи своя съ-водещ като марсианец със розови антени и зелен костюм и ме попита дали той изглежда като човека, който бях срещнал.

Но много хора, заинтересувани от малкото, което успях да кажа, писаха на Филип Бувар, като го упрекнаха за липсата му на сериозност. Притиснат от хилядите писма, които получи, той реши да ме покани отново в друго шоу, където ще мога да кажа повече. Убеден, че няма да ми бъде позволено да кажа достатъчно, аз реших да наема зала Плейел за датата точно след телевизионното шоу и да обявя на заинтересованите зрители, че ще изнеса лекция там след няколко дни. Наех зала със 150 места и възможност за друга с 500, защото не знаех колко човека ще си направят труда да дойдат да ме слушат.

Накрая повече от 3000 души дойдоха. Съвсем очевидно бе, че можехме да настаним само 500 човека в залата, която бях наел и когато тези места бяха заети, посъветвахме останалите да дойдат на друга лекция, която щях да дам след няколко дни в голяма зала с 2000 места. Очевидно, много хора не бяха щастливи да си тръгнат, след като бяха пропътували няколко стотин километра.

Всичко мина добре и открих, че много хора ме поддържат и са готови да ми помогнат, като изключим, разбира се онези, чиито въпроси, по силата на тяхната безсъдържателност и повърхностност, успях да отхвърля като нелепи.

Въпреки че имах ужасна сценична треска, много по-голяма от тази когато пеех, всичко мина като по вода и отговорите на най-трудните въпроси, като че сами идваха на устата ми. Наистина чувствах помощ идваща отгоре, точно както Елохим ми бяха обещали. Имах впечатлението, че слушам себе си да давам отговори, на които сам не бих бил способен.

Втората лекция се проведе няколко дни по-късно. Боях се, че онези, които не бяха успели да влязат в залата първия път, няма да дойдат отново и следователно ще се окаже, че съм наел скъпа зала, три четвърти празна. Нямаше никаква реклама за тази среща от телевизионното шоу насам, освен три реда в France Soir, единсвеният вестник, който се съгласи да публикува обява за тази втора лекция.

Накрая над две хиляди души дойдоха и залата беше пълна. Това беше триумф. От този момент нататък не съм имал никакви съмнения относно успеха на моята мисия.

Публичните дебати

От месец септември 1974 година нататък, вследствие на курс от около четиридесет лекции, успях да видя кои са най-често задаваните въпроси. Също забелязах членството в MADECH да нараства постоянно, благодарение най-енергичните и активни членове, работещи в регионалните офиси на всички по-големи градове във Франция.

Също видях някои репортери да вършат честно и професионално работата си, а именно да информират хората като пишат и казват точно това, което са видели или прочели. Някои обаче, като вестник Le Point, пишеха лъжи. Дори след като препоръчани писма им бяха изпратени, за да им напомнят, че трябва да публикуват опровержение на тяхна неточна статия, съобразно правото на отговор, те не го направиха както трябва.

Други, като тези от вестник La Montagne, просто отказаха да информират своите читатели, че давам лекция в Клермон-Феран, използвайки факта, че са единственият ежедневник в региона. Техният директор на новините, с когото всъщност се бях срещал, каза, че нито моята дейност, нито името ми ще бъдат споменати в неговия вестник. Всичко това беше заради факта, че когато се появих първоначално по телевизията не ги информирах, преди да разговарям с главната френска медийна организация. Една тъжна история и един добър пример за свободата на словото. Те дори отказаха да пуснат платена реклама, анонсираща тази лекция, макар че в същия вестник имаше реклами на цяла страница на порнографски филми.

Що се отнася до вестник Le Point, той просто представи една екскурзия на членовете на MADECH до кратера на вулкана като провалена среща с Елохим.

Тези номера бяха правени с цел да направят за смях една организация, която се опитваше да стъпи на крака. Очевидно е много по-лесно и много по-малко опасно за един вестник с голяма читателска аудитория да направи това с нова организация като MADECH, отколкото с църквата, която има двехилядна история.

Но ще дойде денят, когато онези, които са се опитали да скрият или изкривят истината, ще съжаляват за своите грешки.

2

ВТОРАТА СРЕЩА

Видението от 31 юли 1975

Беше през юни, 1975година, когато реших да се оттегля като президент на MADECH, на първо място, защото изглеждаше, че движението се справя много добре и без мен, и на второ място, защото мислех, че съм направил грешка, изграждайки структурите на организацията в съответствие със закон от 1901 година, който оприличаваше движението, което е от такава важност за човечеството, на клуб за домашни животни или асоциация на ветераните от войната.

Мислех, че е необходимо да създам движение, което да бъде в по-голяма хармония с невероятното послание, което Елохим ми предадоха. Това изискваше движение, безусловно уважаващо това, което нашите създатели са ни посъветвали – а именно гениокрация хуманитаризъм, отказване от всички деистки религиозни практики и т.н.

Всяка асоциация, базирана на този закон от 1901 година, противоречеше на значението на съобщението на Елохим, поне по начина по който я бяхме изградили. Щом като всички членове можеха да гласуват, това противоречеше на принципа на гениокрация, според който само най-интелигентните можеха да участват във вземането на решения. Така че, аз трябваше да поправя тази основна грешка, не стигайки чак дотам, че да закрия MADECH, но поне да го трансформирам в очакване на по-ефективна модификация на неговата структура. Това нямаше да противоречи на забраните на закона от 1901.

По този начин, MADECH би станала организация, която да подкрепи истинското движение, което щях да създам с неговите най-либерални членове – в действителност, сбор от водачите на MADECH. Тази нова организация ще събере тези хора, които желаеха да отворят умовете на другите за безкрайността и вечността и да станат водачи на човечеството, като съвестно прилагат, това, което се искаше в съобщението на Елохим.

И така, в общество, което се опитва да притъпи съзнанието на хората и по всякакъв начин с деистични религии, притъпяващо образование, телевизионни програми, неизискващи мислене, и незначителни политически конфликти, аз щях да се опитам да посветя хората, които щяха да тръгнат по света и да опитат да отворят очите на другите.

По този начин, MADECH щеше да запази значението си като стане подпомагаща организация, която ще бъде първата точка на контакт за онези, които тепърва откриват посланието от Елохим. Щеше да бъде съставена от практикуващи членове и събранието на водачите щеше да бъде движение, съставено от монаси, които щяха да насочват и съветват тези практикуващи членове.

Знаех, че има хора, сред членовете на MADECH, които бяха способни да управляват организацията и това се потвърди по време на гласуването за избор за административен съвет. Моят заместник, като президент, Крисчън, беше физик с обещаващо бъдеще, а останалата част от съвета беше съставена от хора, които бяха едновременно представителни и компетентни.

Също така през юни, Франсоа, един от най-отдадените членове на MADECH и един от разкрепостено мислещите хора ме посети в Клермон-Феран. Аз му разказах за моето желание да намеря къща в провинцията, на възможно най-уединено място, за да си почина малко и без да бързам да напиша книга, в която да разкажа всичко, което ми се случи до 13 Декември 1973 година преди някой да измисли куп глупости за миналото ми. Франсоа ми каза, че има ферма на затънтено място в Перигорд и ако харесам мястото, бих могъл да прекарам там месец-два и дори да остана колкото желая, понеже никой не живеел там.

Ние незабавно отидохме да посетим мястото, и вдъхновени от тихата и спокойна обстановка, на която се натъкнахме там, аз реших да остана за около два месеца. След две седмици, мястото толкова ми хареса, че аз сериозно обмислях настаняването си там за по-дълго. Франсоа се присъедини към нас към края на юли и ние започнахме да планираме какво ще правим на следващия ден, след празненството в Клермон-Феран на 6 август. Аз все още не бях решил категорично, защото се страхувах, че може да не изпълня мисията си, ако се преместя от мястото на първата ми среща. Както и да е, на 31 юли, докато аз, жена ми и Франсоа се разхождахме, видяхме нещо, което трябва да е било космически кораб, да преминава с криволинейни движения, почти над къщата. На моменти се движеше с невъобразима скорост, но също и спираше на няколко пъти,

Втората Среща: Видението От 31 Юли 1975

след което тръгваше на зиг-заг и всичко това на около 500 метра от нас. Бях радостен, че имаше други хора с мен, свидетели на случката, и ме връхлетя неописуемо чувство на щастие. Франсоа ми каза, че косите му се изправили. За мен, това беше очевиден знак за съгласието на Елохим да дойда на това място.

На следващата сутрин забелязах, че имам странен белег на бицепса на едната ръка, близо до сгъвката на лакътя. Не направих веднага връзка с това, което видяхме предния ден, но по-късно много хора ми казаха, че това само може да е знак, направен от Елохим. Беше червен кръг, около три сантиметра в диаметър, обиколката му беше 5мм широка и вътре имаше три по-малки кръга. (Fig.1)

Този белег остана същият за около следващите две седмици, после трите кръга в средата се сляха в един, образувайки две концентрични окръжности, после след още две седмици, двете окръжности изчезнаха, оставяйки бяло петно на ръката ми, което все още имам. (Fig.2) Искам да наблегна на факта, че никога не съм страдал от този белег и че дори не почуствах и най-малък сърбеж през цялото време, през което го имах. Някои либерално мислещи учени, на които го показах, предположиха, че може да се е получил докато ми е взимана проба, с помощта на усъвършенстван лазер. Сбирката на 6 август най-накрая се проведе, както беше планирано, в кратера на Пю де Ласола, близо до Клермон-Феран и на нея се усещаше превъзходното чувство на братство и хармония.

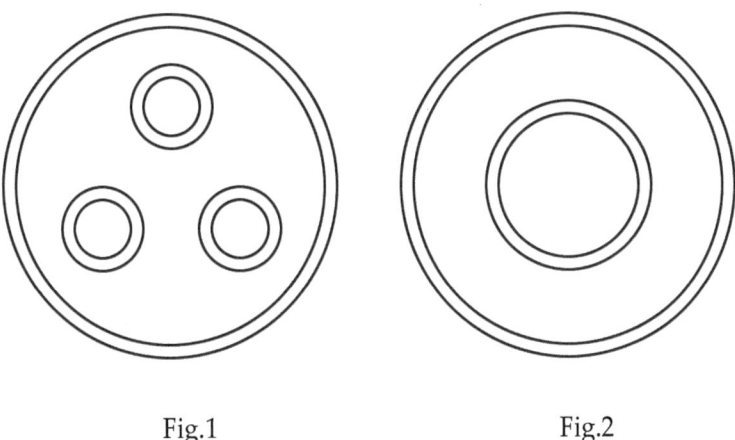

Fig.1　　　　　　　　　　Fig.2

Бях решил да проведа тази среща на MADECH на тази дата, без да знам защо точно на нея, но всъщност Елохим са ме били насочили да я избера, защото в деня на срещата, някои членове ме информираха, че това е тридесетата годишнина от пускането на атомната бомба над Хирошима и че е също християнски празник - Преображение. Глупаците ще кажат, че това е съвпадение.

След срещата, някои членове на MADECH ми помогнаха да се преместя и аз се установих да живея в Перигорд.

Посланието: Част втора

На 7 октомври, към единадесет часа вечерта, почувствах силен подтик да изляза и да погледна небето. Облякох се топло, защото беше доста студено и тръгнах да вървя в тъмното. Вървях в определена посока, без да го съзнавам и изневиделица почуствах нужда да отида на място, което Франсоа ми беше показал през лятото – самотно място между два потока и заобиколено от гора.

Казваше се Рок Плат. Стигнах там около полунощ, почти чудейки се какво правя там, но следвайки интуицията си, понеже ми казаха, че може да ме напътват телепатично. Небето беше великолепно и звездите светеха по цялото небе, защото нямаше и едно облаче. Докато гледах ярките звезди, цялата местност изведнъж се повдигна и аз видях как огромна огнена топка да се появява над някакви храсти. Приближих се към мястото, където видях огнената топка, изпълнен с огромна радост, понеже бях почти напълно сигурен какво ще открия.

Същият кораб, който бях виждал шест пъти през декември 1973 година, стоеше пред мен, и същият човек, когото бях срещнал две години по-рано, се приближи към мен с много мила усмивка. Веднага забелязах една разлика от миналите пъти – той вече не носеше скафандър, който като че ли очертаваше ореол, първия път, когато го видях. След цялото това време, през което се опитвах да убедя света, че казвам истината, се чувствах невероятно щастлив да видя още веднъж човека, който беше отговорен за преобръщането на живота ми наопаки. Аз се поклоних пред него и той заговори: "Стани и ме последвай"- каза той. "Ние·сме много доволни от теб и от всичко, което си направил през последните две години. Сега е време да преминеш на следващия етап, след като вече си доказал, че можем да ти вярваме. Тези две години бяха всъщност изпитателен срок. Виждаш, че днес вече не нося защитна маска около лицето си и че корабът ми се появи пред теб и не беше снабден с мигащи светлини. Всичко това беше само с намерението да те успокои, така че се появих във вид, който отговаря на представата, която най-общо имаш за космическите пътешественици. Но сега вече си достатъчно информиран и няма да се изплашиш, затова няма да използваме повече такива техники за превъплащение."

След като влязохме в кораба, забелязах че вътре обстановката е подобна на тази, която видях при първата ни среща – стени със същия металически вид като отвън, без контролно табло или инструменти, без странични дупки, и под, направен от полупрозрачна бяла материя върху който стояха два фотьойла. Те бяха направени от прозрачен материал, който малко ми напомни на надуваемите пластични столове, но не така неприятни като тях.

Той ме покани да седна в единия фотьойл, настани се в другия и ме помоли да не мърдам. После произнесе няколко думи на непознат език и на мен ми се стори че, машината леко се раздруса. Тогава изведнъж усетих огромен студ, като че цялото ми тяло се привръщаше в купче лед и по-скоро, като че ли хиляди ледени кристали проникваха през порите на кожата ми, до мозъка на костите ми. Това продължи много кратко, най-вероятно няколко секунди и след това не почуствах нищо.

Тогава спътникът ми се изправи и каза: "Ела, вече пристигнахме".

Слезнахме по малко стълбище. Корабът стоеше неподвижен в металически изглеждаща кръгла стая, около 15 метра в диаметър и 10 метра висока. Отвори се врата и моят водач ми каза да вляза и да се съблека напълно.

След това щях да получа по-нататъшни инструкции. Влязох в друга кръгла стая, която нямаше ни най-малък ъгъл и трябва да е била около четири метра в диаметър. Съблякох се и един глас ми каза да вляза в стаята, която беше пред мен.

В този момент се отвори една врата и аз влязох в стая, подобна на онази, в която си бях оставил дрехите, но беше дълга и малко приличаше на коридор. По цялата дължина на коридора преминавах под светлини, които сменяха цвета си. Гласът ми каза, че като следвам стрелките, нарисувани на земята, ще стигна до друга стая, където ме очаква баня.

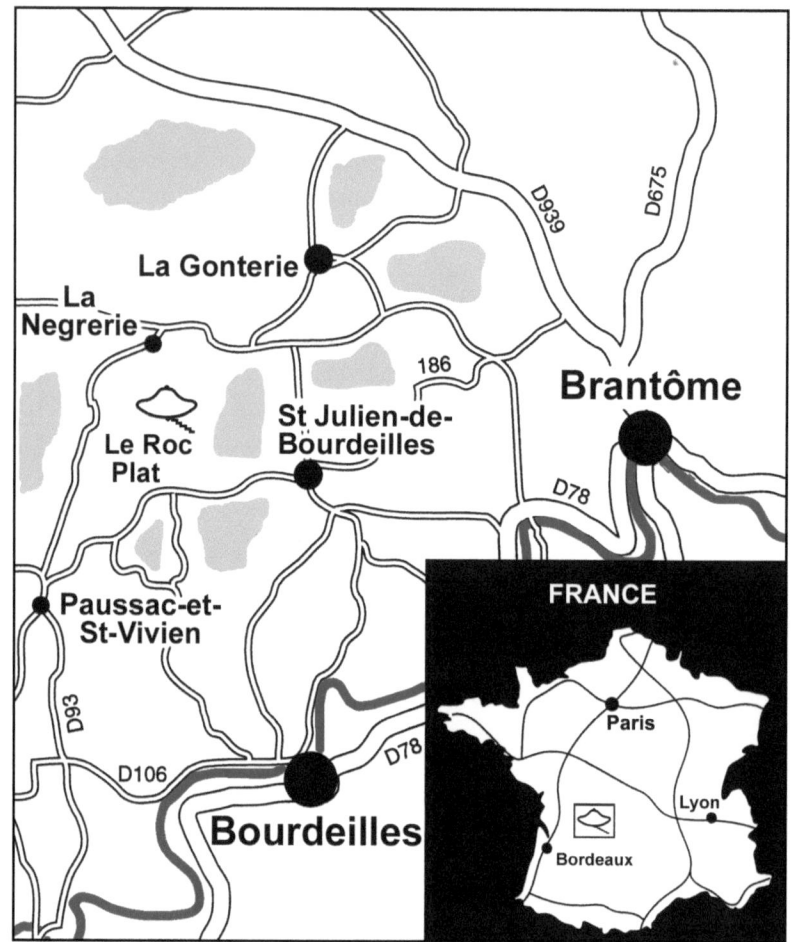

Мястото на втората среща на Райел: Le Roc Plat, близо до Брантом, регион Перигор, 7-ми октомври 1975.

В следващата стая наистина открих вана. Водата беше хладка, точно каквато трябва да е, и леко парфюмирана.

Гласът ме посъветва да задоволя физиологичните си нужди, както и направих, след това ме посъветваха да изпия съдържанието на чаша, която беше на малък рафт до стената. Беше течност, ароматизирана с бадем и много студена. После ми бяха предложени меки, подобни на пижама дрехи, които бяха копринени. Те бяха бели, много прилепнали и бяха приготвени за мен на друга полица. Най-накрая последната врата се отвори и там беше моят водач. Той беше придружен от двама души, които приличаха на него, макар и с различни черти, но бяха също толкова приветливи.

Аз се присъединих към тях в огромен салон, където откривах чудо след чудо. Салонът беше на няколко нива и трябва да е бил сто метра в диаметър. Беше покрит с абсолютно прозрачен купол, толкова прозрачен, че на пръв поглед не беше напълно ясно дали има купол. Хиляди звезди украсяваха тъмното небе и все пак целият салон беше осветен с такава мека, естествена светлина, като че ли беше по обяд. Подът беше покрит с меки вълнени килими, преливащи от смайващи, очарователни цветове. Най-възхитителните произведения на изкуството бяха навсякъде, кое от кое по-красиво, а някои бяха с оживели, променящи се цветове. На други места имаше растения – някои ярко червени, а други сини, красиви като екзотични риби, но високи няколко метра.

Музиката, която беше като фон, звучеше като орган, понякога придружен от хор и басове, предизвикващи необикновени вибрации. Музиката караше цветята да се поклащат и полюляват в ритъм и те променяха цветовете си с всяка смяна на музикалния стил.

Всеки път, когато някой заговореше, музиката ставаше по-тиха, така че, можехме да се чуваме без затруднение и без да трябва да повишаваме глас. Въздухът беше изпълнен с хиляди ухания, които се променяха в тон с музиката и с нашето положение в стаята. Цялото пространство беше проектирано с около десет кътa, които бяха на различни нива и всеки кът имаше свой собствен характерен стил. Леко течение минаваше през стаята.

Придружителите на моя водач му засвидетелстваха голямо уважение и следващото нещо, което той ми каза е: "Последвай ме! Ще се разположим удобно, тъй като имам да ти кажа много неща!"

Отидохме до няколко фотьойла и дивани, които бяха направени от много мека черна кожа, където четиримата седнахме. Тогава моят водач отново проговори: "Днес ще ти дам второ послание, което ще допълни онова, което ти продиктувах през декември 1973година. Нямаш нищо за писане, но не се тревожи, всичко, което ще ти кажа ще остане запечатано в ума ти, понеже имаме технология, която ще ти позволи да запомниш всичко, което чуеш.

Преди всичко, бихме искали да те поздравим за всичко, което направи през последните две години, но също и да те предупредим, че останалата част от мисията може да е по-трудна. Но в никакъв случай не се обезкуражавай, защото ще бъдеш възнаграден за своите усилия, каквото и да се случи отсега нататък. Да започнем с това, че трябва да поправим част от първото послание, което ти дадохме, която ти грешно си възпроизвел, относно евентуално нахлуване от наша страна, с цел унищожаване на човечеството. Трябва да изясним, че ние няма да се намесваме. Човечеството сега е пред повратна точка в своята история, и бъдещето му зависи изцяло от него. Но вие можете да контролирате агресивността си един към друг и към околната среда, ще достигнете златния век на междупланетарна цивилизация, в която ще бъде постигнато универсиално щастие и задоволство. Ако, от друга страна, вашата цивилизация даде път на насилието, то директно или индиректно ще я унищожи.

Никакъв научен или технологичен проблем не е нерешим за човешкия гений, доколкото този гений е под контрол. Но някой с недостатъчно мозък може да заплаши световния мир, също както и някой гений може да донесе щастие на света.

Колкото по-скоро установите гениокрация, толкова по-скоро ще премахнете възможността от катаклизъм, причинен от хора, чиито мозъци не са много еволюирали. В случай на катаклизъм, унищожителен за човечеството, вие, само хората, които са те последвали ще бъдете спасени и те ще трябва да населят отново опустошената земя, когато опасността отмине, както се е случило по времето на Ной."

Будизъм

Моят наставник спря за момент, после продължи:

"Будизмът учи, че в момента на смъртта, душата на починалия трябва да е достатъчно бдителна, за да избегне многото дяволи, иначе, ще бъде преродена и ще се върне в цикъла. От друга страна, ако успее да избяга от тези зли дяволи, ще бъде освободена от цикъла и ще се сдобие с пълно щастие, постигнато чрез пробуждане.

Всъщност, това е много добро описание, което важи не за отделния човек, а за човечеството като цяло. То трябва да устои на тези дяволи, които могат да го накарат да се връща в цикъла всеки път, когато е в състояние да избира. Тези "дяволи" са агресивността, насочена към другите човешки същества или към природата и това " сътояние, чрез пробуждане" е златна ера на цивилизацията, когато науката служи на хората, и така, създавайки рай на земята, където слепите проглеждат и глухите започват да чуват благодарение на научни средства.

Ако човечеството не е достатъчно предпазливо по отношение на тези дяволи, то отново ще попадне в цикъла на превъплащението, където ще трябва да започне отново от примитивно състояние и да напредва прогресивно към по-еволюирало общество в един враждебен свят, заедно с всички страдания, които това носи със себе си.

Затова свастиката фигурира в нашия символ, както и в многобройни древни писания, символизирайки цикъла. Това е изборът между рая, който мирното използване на науката прави възможен, и ада на връщането то на примитивен етап, където човечеството се подчинява на природата, вместо да я доминира и да извлича полза от нея.

Може да се каже, че това е естествен подбор на космическо ниво за видовете, които са способни да напуснат собствената си планета. Само онези, които напълно контролират агресивността си, могат да достигнат до този етап. Другите се самоунищожават веднага, щом научното и технологичното им ниво позволява създаването на достатъчно мощни оръжия за тази цел. Ето защо, ние никога не се боим от тези, които идват от другаде, за да се свържат с нас. Хилядите контакти са затвърдили това абсолютно правило във Вселената – хора, способни да излязат извън планетарната си система са винаги миролюбиви.

Когато даден вид е способен да напусне собствената си слънчева система, това означава, че той е преодолял "прогресивно-деструктивния" цикъл, който може да се получи когато липсва овладяност на агресивните наклонности. Когато откриете мощни енергийни източници, позволяващи ви да пътувате отвъд слънчевата ви система, вие придобивате способност да създавате нападателни оръжия с необратима разрушителна сила.

В тази част на земното кълбо, Франция вече върви в правилната посока с опитите си да обедини Европа и тя би трябвало да е първата страна без армия. По този начин, Франция ще даде пример на останалия свят. Нейните военни ще положат основите на мироподдържаща европейска армия, която в крайна сметка ще се превърне в световен корпус на мира. Вместо да бъдат пазители на войната, военните ще бъдат пазители на мира, звание, заслужаващо безкрайно повече уважение. Необходимо е влиятелна държава да даде примера, който другите да следват, а съседните на Франция страни няма да я нападнат, само защото е премахнала задължителната военна служба и използва професионалната си армия в служба на тази Европа, която се опитва да изгради.

Точно обратното, това ще накара другите страни да последват примера й и да тръгнат по същия път, поет от твоята страна. Щом Европа се обедини военно, създаването на единна европейска валута ще обедини и нейната икономиката. После, същият процес може да се приложи по целия свят, създавайки, както ти казахме в първото послание, единен световен език, който да стане задължителен във всяко училище на Земята. Ако някоя страна трябва да покаже пътя, то Франция е тази страна.

Като се застъпваме за ядрената сила, ние натрупваме оръжия за собственото си унищожение. Понеже всички страни желаят да се възпрат една друга, на практика никога не знаем кое точно, злополучно събитие може да стане причина тази ядрена сила да се превърне в нападателна сила, което би било фатално за целия свят.

Чрез миналото, човечеството вижда бъдещето – това е грешка. Ние трябва вместо да бъдем критични към миналото, да градим настоящето към бъдещето, вместо да градим настоящето на основа на миналото. Разбери, че само преди 30 години, хората от страни, които сега са напреднали, все още бяха примитивни. Вие едва сега започвате да се развивате. Има милиони хора на Земята, които все още са първобитни и неспособни да различат в небето нещо друго, освен проява на божественото. Освен това, знаеш, че деисткитe религии са все още много силни във всички икономически слабо развити страни.

Не бива да почитате хората само заради възрастта им, а за интелигентността им, и междувременно трябва да се погрижете възрастните хора да живеят щастливо дните си. Вашите далечни предци не трябва да бъдат уважавани, нещо повече, трябва да ги имаме като пример за бедни, ограничени, примитивни хора, неспособни да се открият за Вселената и които са били неспособни да оставят нещо ценно на следващото поколение."

Нито Бог, нито душа

Моят наставник продължи нататък:
"Колкото по-примитивно е едно общество, толкова повече деистичните религии процъфтяват в него. Тези религии са развити от посетители от други планети, които не могат по друг начин мирно да посетят планети, които още не са преодолели агресивността си.

Ако достигнете етапа, когато ще бъдете еволюирали посетители на първобитни светове, и вие ще сте принудени да използвате такава система, която всъщност е много забавна и включва това да минавате за богове в техните очи. Всъщност това е много лесно, понеже за първобитните хора, ако слезеш от небето, не може да си нещо друго, освен божество. Разбира се, трябва малко да преиграеш, за да бъдеш уважаван и добре приет, което преиграване не причинява вреда. Ние продължаваме да се появяваме на земята, за да видим дали това продължава да действа и да видим реакциите на обществените власти, правителството и пресата. Често много се забавляваме.

Както вече ти обяснихме в първата част на това послание, няма Бог, и очевидно няма душа. След смъртта няма нищо, освен ако не използваме науката да създаде нещо.

Както знаеш, възможно е да възстановим мъртъв организъм от клетките на организма, който съдържа подробна физиологична и интелектуална информация. Ние сме забелязали, че организмът отслабва с няколко грама в момента на смъртта – всъщност, това е енергията, с която разполагат всички живи организми, която изчезва в този момент. Както знаеш, енергията също както материята, има маса.

Също знаеш, че сме открили съществуването на организиран, интелигентен живот на безкрайно микроскопично ниво, почти сигурно толкова еволюирал, колкото сме ние сега и сравним с това, което сме ние сега. Успяхме да докажем това.

Оттук открихме, че звездите и планетите са атоми от гигантско същество, което от своя страна наблюдава други звезди с любопитство. Също е много вероятно, хората, живеещи на безкрайно малки нива, съставящи безкрайно големия организъм и техните събратя да са познавали периоди, когато са вярвали в нематериален Бог!

Трябва напълно да разбереш, че всичко е във всичко в този момент, в атом от твоята ръка, милиони светове се раждат, а други умират вярвайки или невярвайки в Бог и в съществуването на душата, а когато за теб е минало хилядолетие, гигантското същество, от което слънцето е само атом, е имало време да направи само една крачка.

Времето е, всъщност, обратнопропорционално на масата, или по-точно на формата на живот. Но всичко във вселената е живо и е в хармония с безкрайно големите и безкрайно малките.

Земята е жива, също като другите планети, и за малкото стръкче, наречено човечество, е трудно да забележи това, поради времевото забавяне, което се дължи на огромната разлика в масата, което ви пречи да усетите пулсациите и. Нито пък може, някоя от червените кръвни клетки или даже, някой от атомите, съставящи тялото ти, да си представи, че образува със себеподобните си живо същество.

Най-накрая, каквото и да се случи, на всеки индивид, балансът във вселената остава постоянен. Но ако искаме да сме щастливи на нашето ниво, трябва да живеем в хармония с безкрайно големите и нашите събратя – човеци.

Нито един аргумент, подкрепящ съществуването на Бог или душа, може да издържи, когато съзрем, колкото и за кратко да е, бекрайната природа на вселената. Никакъв рай не може да съществува на определено място, защото вселената е безкрайна и не може да има център. Освен това, както вече обясних, не може да има комуникация между безкрайно голямо същество и безкрайно малки същества, защото разликата в масата е твърде голяма, и по този начин се създава разлика в потока на еквивалентното време.

И най-накрая, ако някой може да си представи безсмъртна душа, отделяща се от тялото след смъртта – представа, която е много поетична, но доста наивна, понеже идва от умовете на първобитните – този някой не може да си представи къде отива душата, след като вселената е безкрайна.

Количеството енергия, което се отделя в момента на смъртта, се разпръсква хаотично, загубвайки цялостта си, като се смесва с другите енергии, останали във въздуха. Тази цялост, явно е запечатана в организираната материя, като например клетките на живо същество, което току-що е умряло. Тази материя се организира според подробен план, който гените на мъжете и жените определят при зачеване, докато създават първата клетка.

Вземайки под внимание произхода на живота на Земята, някои хора могат да кажат: "Вашето обяснение не променя нищо, след като не можете да кажете какво е било в началото".

Това е глупава забележка, която доказва, че човекът, който я прави не осъзнава безкрайността, която съществува във времето, а също и в пространството. Няма нито начало, нито край на материята, понеже "нищо не се губи, нищо не се създава, всичко се трансформира както вече си чувал да се казва. Само формата на материята може да се промени според желанието на онези, които са достигнали научно ниво, позволяващо им да го постигнат.

Същото е и за безкрайните нива на живота. Това е, което представлява втората част на нашата емблема. Звездата на Давид, която се състои от два вплетени триъгълника, означава "каквото отгоре, същото и отдолу". Заедно със свастиката, която изразява, че всичко е циклично, по средата на шестовърха звезда – ето, това е нашата емблема, която съдържа цялата мъдрост на света. Също можем да намерим тези два символа заедно в древни писания, като Бардо Тодол или тибетската "Книга но мъртвите" и също в много други.

Очевидно е много трудно за ограничен човешки мозък да осъзнае безкрайността, което обяснява нуждата да ограничи пространствено-времево вселената, чрез вярването в един или няколко богове, които са отговорни за всичко.

Наистина, тези които не могат да достигнат необходимото разбиране по отношение на Вселената, имат проблем с приемането на идеята за безкрайността, която не прави от човечеството нищо изключително, а просто хора, ситуирани в определено време и на определено място в безкрайната Вселена.

Хората, очевидно предпочитат нещата да са добре определени, добре рамкирани, ограничени по някакъв начин, до представата, която имат в главите си. Онези, които се питат дали е възможно да има живот на други планети са най-добрия пример за такива ограничени мозъци и ние харесахме много сравнението, което ти направи по време на една от твоите лекции, сравнявайки такива хора с жаби на дъното на собственото им езерце, чудейки се дали има живот в другите езерца.'

Рай на земята

Вие можете много скоро да живеете в истински земен рай, само ако технологията, която имате на ваше разположение днес, беше направена за добруването на човека, вместо да служи на насилието, армията или личните облаги на малцина.

Науката и технологията могат напълно да освободят човечеството не само от проблема със световния глад, но също и от задължението да се работи, за да се живее, тъй като машините могат лесно сами да се грижат за всекидневните ни задължения, благодарение на автоматизацията.

В някои от вашите най-модерни заводи, където преди бяха нужни няколко стотин човека за да построят една кола, сега вече е нужен един човек да наблюдава компютър, който управлява и провежда всички операции по построяване на колата. В бъдеще, дори този човек няма да е необходим.

Работническите синдикати не гледат с добро око на това, защото заводите се нуждаят от все по-малко и по-малко персонал и освобождават все повече и повече работници. Все пак, синдикатите грешат – тези фантастични машини, които вършат работата на 500 души, би трябвало да дават възможност на тези 500 човека, наистина да живеят, вместо да обогатяват един човек – шефа им.

Нито един човек не бива да служи на друг, нито да работи за някой за заплата. Машините могат лесно да вършат цялата работа и да се грижат за всичко, давайки въэможност на хората да се посветят на единственото нещо, за което са създадени – да мислят, да творят и да се развиват. Това се случи на нашата планета. Вашите деца не трябва повече да се отглеждат според трите примитивни правила за работата, семейството и Родината. Напротив, те трябва да бъдат възпитавани според принципите на развитието, свободата и братството.

"Работа" не е свята дума, когато си мотивиран да работиш само от нуждата да печелиш достатъчно, за да живееш тежък и труден живот. Ужасно унизително е, да продаваш себе си и живота си, за да ядеш, вършейки работа, която и простите машини могат да вършат.

"Семейството" – никога не е било нищо друго, освен начин, древните, също както и съвременните поддръжници на робството да накарат хората да работят повече за един лъжовен идеал.

И най-накрая, "патриотизмът" е също само допълнително средство за създаване на конкуренция между хората, карайки ги да вършат всеки ден тяхната "свещена" работа с по-голямо усърдие.

Нещо повече, тези три представи – за работата, семейството и страната винаги са били подкрепяни от първобитните религии. Но сега, вие вече не сте първобитни хора. Отърсете се от онези "прашни" стари принципи и се възползвайте максимално от живота си на Земята, който науката може да превърне в рай.

Не се подвеждайте от тези, които ви говорят эа потенциални врагове и позволяват на оръжейните заводи да принуждават нископлатени работници да произвеждат разрушителни оръжия, които носят печалба на големите индустриалци. Не се подвеждайте от тези, които ви говорят с ужас за падащият ръст на раждаемостта, защото младите хора разбират, че не им трябват много деца, и че е по-добре да имат по-малко и така да бъдат по-щастливи.

Не се подвеждайте от тези, които непрекъснато размахват под носа ви забележки, казвайки, че съседните народи увеличават населението си и могат да бъдат заплаха. Те са същите хора, които подкрепят струпването на ядрено оръжие под предтекст за безопасност?

Най-накрая, не се подвеждайте от тези, които ви казват, че военната служба ти позволява да научиш как да използваш оръжие и, че "то винаги може да бъде полезно", докато те продължават да струпват ядрени ракети.

Те искат да ви научат на насилие, да ви научат да не се страхувате да убиете човек като вас, използвайки оправданието, че той носи различна униформа и ви обучат докато не стане механичен рефлекс след натрупана практика срещу учебни мишени.

Не се подвеждайте от тези, които ви казват, че трябва да се биете за своята страна. Нито една страна не го заслужава. Не се влияйте от тези, които ви казват: "Какво ще стане ако ни нападнат, не трябва ли да се защитаваме?" Ако отговорите на това с ненасилие, винаги ще е по-ефикасно от насилието.

Не е доказано, че тези, които са умрели за Франция са били прави, без значение колко враждебни са били агресорите им. Вижте триумфа на Ганди в Индия.

Такива хора ще ви кажат, че трябва да се биете за свободата си, но те забравят, че галите загубиха войната срещу римляните и това, че французите нямат вреда от това, че са потомци на завладените, даже са се облагодетелствани от цивилизацията на завоевателите. Живейте по-скоро в задоволство, свобода и любов, вместо да слушате всички тези ограничени, агресивни хора.

Най-важното нещо, което може да ви помогне да достигнете дълъг и продължителен универсален мир е телевизията, източник на истинска осъзнатост, която прави възможно да се види какво става всеки ден по цялото земно кълбо, да се осъзнае, че „варварите", които живеят от другата страна на границата изпитват същите радости, същите мъки, имат същите проблеми като вас. Телевизията също отбелязва прогреса на науката, последните изяви на артистично творчество и т.н.

Разбира се, важно е да се осигури този чудесен способ на разпространяване и комуникация да не попада в ръцете на хора, които биха го използвали да обработват основната част от населението, като предоставят изопачена информация.

Телевизията наистина може да се счита за нервната система на човечеството, която дава възможност на всеки човек да разбере за съществуването на други хора и да види как те живеят. Тя също предотвратява разпространението на изопачени представи за другите, които създават страх от непознати. Преди време съществуваше страх от съседното племе, после страх от съседното село, от съседната провинция и от съседната държава.

Понастоящем има страх от съседната раса, и ако този страх не съществуваше, щеше да има страх от потенциални агресори от други планети.

Необходимо е да се промени отношението и да бъдете отворени към всичко, идващо отвън, защото всеки страх от чужденци е доказателство за примитивно ниво на цивилизацията. В този смисъл, телевизията е незаменима и е вероятно най-важният продукт на всяка цивилизация, защото по същия начин като радиото, тя позволява на онези изолирани клетки на човечеството, каквито са хората, да бъдат информирани по всяко време за това, което другите правят. Както вече отбелязах, тя работи точно като нервната система в тялото на живо същество.

Другият свят

"Ти сигурно се чудиш къде си" – каза моят наставник. "Всъщност, сега ти си на база, разположена сравнително близо до Земята. В първото послание, забеляза, че ние пътувахме седем пъти по-бързо от скоростта на светлината. Това беше преди 25,000 години, когато кацнахме на Земята. Оттогава напреднахме много и сега пътуваме в космоса много по-бързо. Сега това пътуване ни отнема няколко секунди, а преди трябваше да пътуваме почти два месеца, и продължаваме да напредваме. Ако сега ме последваш, ще направим малко пътешествие заедно."

Изправих се и последвах моите трима водачи. Минахме през предверие в една огромна стая забелязах кораб, подобен на онзи, който ме доведе от Земята, но много по-голям. Външно изглеждаше около 12 метра в диаметър, а вътре имаше 4 места, едно срещу друго вместо две. Седнахме както преди и отново почувствах това усещане на невероятен студ, но този път продължи много повече – около 10 минути. След това корабът се разтресе леко и ние излязохме през изход, който беше отвор в самия кораб.

Пред мен се разкри райски пейзаж, и в действителност не мога да намеря думи да опиша смайването си, като видях огромните цветя, всяко едно по-красиво от предишното и животни с невъобразим вид, които се разхождаха между тях. Имаше птици с многоцветно оперение, и розови и сини катерици с глави на мечета, които се катереха по клоните на дърветата, които бяха отрупани с невероятни плодове и гигантски цветя.

На около 30 метра от кораба, малка група от Елохим ни чакаше и зад дърветата успях да различа сгради, които приличаха на ярко оцветени черупки, които чудесно си хармонизираха с растителността. Температурата беше умерена и въздухът беше наситен с безброй аромати на екзотични цветя. Тръгнахме към върха на хълма, и пред нас се появи невероятна панорама. Безбройни поточета се извиваха през гъстата растителност, а далече блещукаше лазурно море, огряно от слънцето.

Като стигнахме до едно сечище, с огромно изумление открих хора, подобни на мен, искам да кажа хора, наподобяващи тези на Земята, не на Елохим. Повечето от тях бяха голи или носеха роби, направени от многоцветна коприна. Те се поклониха почтително пред моите трима водачи, а после всички седнахме.

Нашите столове бяха издълбани в скалата и покрити с гъста перушина, която винаги оставаше свежа и удобна, въпреки топлината. Няколко човека излязоха от малка пещера, разположена вдясно от нас и се приближиха, носейки табли, отрупани с плодове, месо, печено на грил, придружено с най-невероятните сосове и напитки с незабравим вкус.

Зад всеки гост имаше двама от тези, които носеха таблите, коленичили, готови да задоволят всяко желание на тези, които ядяха. Последните можеха да ги помолят за всичко, което искат, без дори да ги поглеждат.

По време на яденето започна една чудесна музика, която не можах да разбера откъде идва, а млада гола жена с фигура, пластична и хубава, колкото тези на сервитьорките, започна да танцува с несравнима грация на заобикалящата ни поляна.

Трябва да е имало около 40 гости, които бяха подобни на хората от Земята, плюс моите трима водачи. Имаше бели, жълти и черни мъже и жени, всички говорещи на език, който не разбирах, но наподобяващ иврит.

Седях от дясната страна на Елоха, който бях срещнал две години по-рано и вляво от другите двама Елохим. Срещу мен стоеше брадат мъж, много красив и слаб. Имаше мистериозна усмивка и изражение, изпълнено с братско чувство. Отдясно на него, имаше мъж с благородно лице и много гъста дълга коса. Вляво от него имаше дребен, пълен мъж с азиатско лице и обръсната глава.

Среща с древните пророци

Към края на яденето, моят водач отново ме заговори:
"В първото си послание ти казах за място, разположено на нашата планета, където хората от Земята могат да продължат да живеят благодарение на научна тайна за вечността, базирана на една единствена клетка. Сред тези хора са Исус, Моисей, Илия и т.н. Това място е всъщност много голямо, тъй като е цяла планета, на която също живеят членове на Съвета на вечните. Името ми е Йахве и аз съм президент на този Съвет на вечните.

Понастоящем има 8400 души от Земята, които живеят на тази планета, където сме в момента. Те са хора, които през живота си са достигнали необходимото ниво на отвореност към безкрайността или които са дали възможност на човечеството да напредне от примитивното си състояние чрез откритията си, писанията си, начините на организация на обществото и чрез действията им, изпълнени с любов към побратимия, чрез любов и себеотрицание. Заедно с тях живеят около 700 Елохимски членове на Съвета на вечните.

Какъвто и да бъде резултатът от мисията ти, ти имаш запазено място сред нас в този истински рай, където всичко се постига лесно, благодарение на науката и където живеем щастливо и вечно. Мога с чиста съвест да кажа вечно, понеже, както на Земята, така и тук ние създадохме живота и започваме напълно да разбираме живота на безкрайно големите, т.е. на планетите и можем да забележим признаците на старост в слънчевата система, което ни позволява да напуснем планетата навреме и да създадем друг рай на друго място, веднага щом съществуването й е застрашено

Вечните, които живеят тук, от Земята и Елохим, могат да се занимават с каквото желаят, без да трябва да правят друго, освен това, което им доставя удоволствие – научни изследвания, медитация, музика, рисуване и т.н.

Или могат въобще да не правят нищо, ако това им харесва.

Слугите, които пренасяха приборите преди малко, също и танцьорките са просто биологични роботи. Те са създадени според същия принцип, според който създадохме живота на Земята по изцяло научен път. Те са ограничени и напълно ни се подчиняват.

Те са неспособни да действат без заповеди от нас и са дълбоко специализирани. Нямат собствени стремежи, нито желание за някакво удоволствие, освен разбира се такива, каквито изисква тяхната специализация. Те остаряват и умират като нас, но машината, която ги произвежда, ни осигурява достатъчно. Те са неспособни да чувстват или да страдат, както и да се възпроизвеждат.

Продължителността на живота им е подобна на нашата – т.е. около 700 години и се постига с помощта на малка хирургическа операция. Когато стане нужда някой от тях да се унищожи поради старост, машината произвежда един или повече други в зависимост от нуждите ни. Те излизат от машината ни готови да изпълняват заповеди, с нормална височината, защото не растат и нямат детство.

Те знаят да правят само едно нещо – да изпълняват заповедите на хората от Земята и Елохим и са неспособни и на най-дребното насилие.

Роботите се разпознават по малкото синьо камъче, което мъжките и женските имат между очите си. Те вършат черната и безинтересна работа. Те са произвеждани, поддържани и унищожавани под Земята, където всъщност се извършва цялата работа по поддръжката, отново от такива роботи и от огромни компютри, които регулират въпросите за прехраната, снабдяването със суровини, енергия и други неща. Всеки от нас има средно около 10 робота на свое разположение, и тъй като сме малко повече от 9,000 души – и от Земята и от Елохим, така че постоянно има около 90,000 мъжки и женски робота.

Също както на членовете на Съвета на Вечните Елохим, така и на членовете на Земята е позволено да имат деца. Те се съгласяват на малка операция, която ги прави стерилни, но този стерилитет може лесно да бъде премахнат. Целта на тази мярка е да се предотврати идването тук на същества, които не са го заслужили. Както и да е, мъжете и жените тук могат свободно да се съвокупяват, изцяло по тяхно желание и така сме премахнали напълно ревността.

В допълнение, мъжете, които искат да имат една или повече връзки, извън взаимоотношенията на равна основа, които съществуват между мъжете и жените тук, или тези, които не желаят да живеят с жена на равни начала, могат да имат един или повече женски биологични робота, които изцяло да им се подчиняват, и които да могат да бъдат с точния външен вид, желан от мъжете. Същото важи и за жените, които могат да имат един или повече мъжки биологични робота.

Машината, която произвежда роботите, им дава вид и специализация по желание. Има няколко вида идеални мъже и жени по отношение на формата и физиономията, но височината, мерките, формата на лицето и т.н. могат да се променят по желание. Винаги можеш да дадеш снимка на някой, който си обичал или на който си се възхищавал на Земята и машината ще възпроизведе точно копие. По този начин връзките между двата пола са много повече изпълнени с уважение и братски чувства и взаимоотношенията им са изключително чисти и възвишени.

Поради изключителното ниво на разкрепостено мислене на онези, допуснати тук, не възникват проблеми между тях. Мнозинството прекарва времето си медитирайки, провеждайки научни изследвания, правейки открития и артистични произведения и творейки куп други неща. Можем да живеем в различни градове с многобройни архитектурни стилове и разнообразни места, които можем да променяме по наше желание. Хората се занимават с каквото желаят, правят каквото искат.

Някои намират удоволствие, правейки научни експерименти, други свирейки музика, трети – създавайки невероятни животни, а някои медитирайки или просто правейки любов, докато се наслаждават на многобройните удоволствия на райската обстановка, пиейки от безбройните фонтани и ядейки сочни плодове, които растат постоянно навсякъде. Тук няма зима – ние живеем в регион, сравним с вашия екватор, но понеже можем по научен път да контролираме климата, времето винаги е хубаво и не е прекалено горещо. Можем да предизвикаме дъжда през нощта, когато и където пожелаем. Всичко това и много други неща, които не би могъл да разбереш наведнъж, правят мястото истински рай. Тук всеки е свободен и в безопасност, понеже всички заслужават тази свобода.

Всички неща, носещи удоволствие са положителни, доколкото това удоволствие не вреди на другите по някакъв начин. Ето защо, сетивното, плътско удоволствие е положително, понеже сетивността е винаги отвореност към външния свят, а подобна отвореност е положително явление. На Земята едва сега започвате да се отърсвате от всички тези примитивни табута, които караха правенето на секс и голотата да изглеждат лоши, докато всъщност нищо не може да е по-чисто.

Нищо не е по-разочароващо за вашите създатели от това, да чуят хората да казват, че голотата е нещо лошо – голотата – образът на това, което ние сме създали. Както виждаш, почти всички тук са голи – а, онези, които са облечени, носят дрехите или защото са саморъчно произведени от други, или за украса и елегантен външен вид. Когато хора от Земята се допуснат до този вечен свят, те първоначално получават химическо образование, така, че нищо тук да не ги изненада и научават къде са и защо са тук.'

Наставникът ми Йахве, се спря за момент и после продължи: „Ти сега седиш срещу човек, който, преди 2000 години пое отговорността да създаде движение, за да разпространи посланието, което сме оставили първоначално за народа на Израел – послание, което ще ти позволи да ни разбереш. Имам предвид Исус, когото успяхме да възкресим от клетка, която бяхме запазили преди разпъването му."

Красивият, брадат млад мъж, който седеше пред мен, ми се усмихна с усмивка, пълна с братско чувство.

„Вдясно от него е Моисей, вляво е Илия, а вляво от Илия е онзи известен на Земята като Буда. Малко по-нататък виждаш Мохамед, в чиито писания аз съм наречен Аллах, понеже от уважение не е написал истинското ми име. 40-те мъже и жени присъстващи на тази вечеря са представители на религиите, създадени след нашите контакти със Земята.'

Всички, които присъстваха ме погледнаха с много приятелско и весело изражение, вероятно защото са си припомнили собствената си изненада, пристигайки тук.

Моят водач продължи – „Сега ще ти покажа някои от нашите съоръжения" – изправи се той и аз го последвах. Каза ми да сложа един много широк колан с огромна тока. Той и двамата му приятели си сложиха същите. Изведнъж усетих, че се издигам и политам на около 20 метра височина, почти на нивото на короните на дърветата и се движа с огромна скорост, около 60 м/сек. Тримата ми придружители ме следваха, Йехова отпред, а двамата му приятели отзад. Любопитно е, че докато летях не усетих никакъв вятър да брули лицето ми.

Кацнахме на малка поляна, доста близо до входа на малка пещера. Фактически, ние още бяхме носени от нашите колани, но само на височина от един метър над земята, и се движехме по-бавно. Преминахме през галерии с метални стени и стигнахме до огромна зала, в центъра на която имаше огромна машина, заобиколена от десет робота, които се познаваха по сините камъчета на челата им. Тук кацнахме отново и свалихме коланите.

Йахве каза: „Ето я машината, която произвежда биологични роботи. Ще създадем един за теб.'

Той направи знак на един от роботите в близост до машината и последният започна да работи по нея. После ми напрви знак да се приближа до прозорец, с размери 2 на 1 метра. Тогава видях, в синкава течност, формата на човешки скелет, който едва започваше да се оформя. Формата му ставаше все по-ясна, докато накрая се превърна в истински скелет. После се оформиха някои нерви над костите, после се появиха мускули, най-накрая кожа и коса. Сега пред мен стоеше невероятен атлет на място, където преди нямаше нищо.

Йахве заговори отново: „Спомни си описанието от Стария завет, Езекиил глава 37:

'Сине човешки, могат ли да оживеят тези кости? ...започна да гърми, и ето трус, и костите се събираха, кост с костта си. И като погледнах, ето, жили и меса се израстнаха по тях, и кожа ги покри отгоре – и духът влезе в тях и те оживяха; и изправиха се на нозете си, една твърде голяма войска." Това тук съвпада с описанието на Езекиил – с изключение на шума, който успяхме да отстраним.'

Наистина, това, което бях видял, отлично се свързваше с описанието на Езекил. След това, простряната фигура на робота се плъзна наляво и изчезна от погледа ми. После се отвори врата и видях съществото, чието създаване току-що бях наблюдавал, да лежи на ярко бял плат.

Той все още беше неподвижен, но изведнъж отвори очите си, изправи се, извървя няколкото стъпки, които го деляха от нас и след като размени няколко думи с друг робот, дойде при нас. Подаде ми ръка, ръкувахме се и аз усетих, че кожата му е мека и топла.

„Имаш ли снимка на някой, който обичаш?" – попита Йахве.

„Да – казах – имам снимка на майка ми в портфейла, който оставих в дрехите си."

Той ми показа снимката, като ме попита дали е точно тя, казах му че е, и той я даде на един от роботите, който я вкара в машината и натисна няколко копчета. През стъклото наблюдавах отново създаване на живо същество. После, когато кожата започна да покрива плътта, осъзнах какво става – те правеха пълно копие на майка ми от снимката, която им дадох. Наистина, след малко имах възможност да целуна майка си, или по-скоро образа й, отпреди десет години, понеже снимката, която им дадох беше правена преди десет години.

После Йахве ми каза: „Сега ни позволи да направим малка дупчица в челото ти".

Един от роботите се приближи и с помощта на малко устройство, подобно на спринцовка, ме убоде толкова леко, че едва го усетих.

После вкара спринцовката в огромната машина и натисна други копчета. Отново друго същество се създаде пред очите ми. Когато кожата покри плътта, видях друго „аз" да се оформя малко по малко. И наистина съществото, което излезе от машината беше точно копие на мен.

„Както виждаш – ми каза Йахве – другото ти „аз" няма камък на челото си, както е характерно за роботите и което копието на майка ти също има.

От снимка можем да направим само физическо тяло, но без индивидуално съзнание, докато чрез проба от клетка, като тази, която взехме от междуочието ти, можем пресъздадем пълно копие на индивида, чиято клетка сме взели заедно с паметта, характера и съзнанието. Можем да изпратим другото ти „аз" на Земята и хората няма да забележат нищо. Но ние ще унищожим това копие веднага, понеже не ни е от полза.'

В момента двамата „ти" ме слушат и съзнанията на тези два започват да се различават, защото ти знаеш, че ще живееш, а той знае, че ще бъде унищожен. Но това не го притеснява, понеже той знае, че не е нищо друго освен теб. Това е още едно доказателство, ако въобще е нужно такова, за несъществуването на душата – или чисто духовно същество, уникално за всяко едно тяло – в което вярват първобитните хора."

След това, напуснахме стаята, която приютяваше огромната машина и минавайки по един коридор влязохме в друга стая, съдържаща друго оборудване.

Приближихме се до една машина.

"В тази машина държим клетки от зли, отмъстителни хора, които ще бъдат отново създадени, когато му дойде времето. Това са душите на онези хора от Земята, които проповядват насилие, злоба, агресивност и мракобесие. Въпреки че имаха на тяхно разположение всичко, което им беше необходимо, за да разберат откъде идват, тези хора нямаха разума да проумеят истината. Те ще бъдат създадени отново, за да изтърпят наказанието, което заслужават, след като бъдат създадени от тези, на които са причинили страдания или от техните предци или наследници.

Сега заслужаваш малко почивка. Този робот ще ти бъде водач и ще те снабдява с всичко, което пожелаеш до утре сутринта, когато ще си поговорим още малко, след което ще те придружим обратно до Земята. Дотогава ще предвкусиш какво те очаква, когато изпълниш мисията си на Земята."

В следващия момент до мен се приближи робот и ме поздрави с уважение. Той беше висок, атлетичен, без брада и много красив.

Предвкусване на рая

Роботът ме попита дали искам да видя стаята си, и след като се съгласих, той ми подаде един от коланите, използвани за пътуване. Отново се придвижвах по въздух и когато най-накрая кацнах, видях пред мен къща, която ми приличаше повече на мидена черупка, отколкото на място за живеене. Вътре имаше килими от мъхести кожи, имаше огромно легло, голямо почти колкото четири земни легла, което беше като потънало в земята. Разпознаваше се само по различните цветове на кожите, които го покриваха. В единия ъгъл на огромната стая имаше грамадна вана, голяма, колкото басейн, заобиколена от растителност с чудни цветове и форми.

„Бихте ли желали женска компания – попита ме робота – елате да изберете".

Сложих си отново колана и се транспортирах обратно до машината, произвеждаща роботи. Блестящ куб се появи пред мен.

Показаха ми фотьойл срещу куба и ми дадоха каска. Когато се настаних, в куба се появи в триизмерна форма великолепна млада брюнетка с невероятно хармонични пропорции. Тя се движеше така, като че ли позираше и ако не беше в куб, стоящ на един метър над земята, щях да помисля, че е истинска.

Роботът ме попита дали тя ми харесва и дали желая промяна във формите ѝ или лицето ѝ. Казах му, че я смятам за съвършенна. Той ми каза, че от естетическа гледна точка, тя е идеалната жена или поне една от трите типа идеални жени, както са определени в компютъра, съгласно вкуса на мнозинството от жителите на планетата. Но аз бих могъл да поискам каквато и да е промяна в нея.

На моя отказ да променя каквото и да е в това великолепно същество, втора жена, този път руса и съблазнителна, се появи в сияйния куб. Тя беше различна, но също така перфектна, както първата. И в нея не намерих какво да променя. Най-накрая, трета жена, този път червенокоса, по-чувствена от другите две, се появи в странния куб. Роботът ме попита дали искам да видя други модели, и дали тези три идеални типа жени от моята раса са достатъчни. Отговорих съвсем естествено, че тези три са невероятни.

В този момент в куба се появи великолепна негърка, след нея – фина китайка и най-накрая сладострастна азиатка. Роботът ме попита коя от тях бих желал за компания. Понеже му казах, че всичси ми харесват, той отиде до машината, правеща роботи и заговори с някакъв друг робот. След това машината се задвижи и аз разбрах какво ще стане.

След няколко минути бях отново в жилището му с шесте момичета. После преживях най-незабравимата баня през живота си, в компанията на тези очарователни роботи, изпълняващи всичките ми желания.

След това роботът ме попита дали искам да създам малко музика. Отговорих утвърдително и той ми даде каска, подобна на онази, която си сложих преди избирането на женските роботи.

„Сега – каза той – представи си музика, която искаш да чуеш".

Веднага се чу звук, който отговаряше точно на онази музика, за която си мислех, и както си съчинявах мелодии в главата, същата мелодия ставаше реалност, със звуци, с такава невероятна амплитуда и чувствителност, каквато не бях чувал никога. Мечтата на всеки композитор стана реалност – способността да създава музика директно, без да трябва да минава през трудоемкия процес на писане и оркестриране.

Моите невероятни компаньонки започнаха да танцуват на моята музика по ужасно съблазнителен и пленителен начин.

След малко, моят робот-водач ме попита дали бих искал да нарисувам нещо. Даде ми друга каска и аз седнах пред екран, с форма на полуокръжност. Започнах да си представям картини и те веднага се показваха на екрана. Всъщност, аз виждах незабавна визуализация на мислите, които ми хрумваха. Започнах да си мисля за баба ми и тя се появи на екрана. Помислих си за букет цветя и той се появи, после си представих роза на зелени петна – и тя се появи. Машината всъщност правеше възможно визуализирането на мислите моментално, без да трябва да ги обрисувам.

Какво чудо!

"С практика, човек може да създаде история и да я изиграе – ми каза роботът – много представления от този вид, на директно създаване се провеждат тук."

Най-накрая, след известно време си легнах и прекарах прекрасна нощ с удивителните си компаньонки.

На следващия ден станах, взех една ароматизирана вана и после един робот ни сервира превъзходна закуска. После ме помоли да го последвам, понеже Йахве ме очаквал. Отново си сложих транспортния колан и скоро се озовах пред странна машина, където ме очакваше президентът на Съвета на Вечните.

Машината не беше толкова голяма, колкото онази, произвеждаща роботи, но все пак беше много голяма. Голям стол беше разположен в центъра.

Йахве ме попита дали съм прекарал добре вечерта и после ми обясни: "Тази машина ще събуди способности, които са спотаени в теб. Тогава, мозъкът ти ще може да използва пълния си потенциал. Седни тук!"

Седнах на стола, който той ми посочи и нещо като черупка покри черепа ми. Помислих, че губя съзнание за момент, после се почувствах, така като че ли главата ми ще избухне.

Видях многоцветни проблясъци да минават през очите ми. Накрая всичко спря и някакъв робот ми помогна да стана от стола. Чувствах се ужасно различен.

Имах чувството, че всичко е просто и лесно.

Йехова заговори отново: "Отсега нататък, ние ще виждаме през твоите очи, ще чуваме през твоите уши и ще говорим през твоята уста. Дори ще можем да лекуваме чрез твоите ръце, както вече правим в Лурд и на много други места по света. Смятаме, че определени болни хора заслужават нашата помощ, заради желанието да разпространяват посланието, което ти дадохме и заради усилията им да постигнат космическо съзнание, като се открият за безкрайността.

Ние наблюдаваме всеки. Огромни компютри осигуряват постоянно наблюдение върху всички хора, живеещи на Земята. Всеки се отбелязва със знак, в зависимост от това, дали действията им по време на живота са довели до любов и истина, или омраза и мракобесие.

Когато дойде времето за оценка, онези, които са вървяли в правилна посока ще имат правото да живеят вечно на тази райска планета, онези, които не са постигнали нищо положително, но въпреки това не са сторили зло – няма да бъдат възстановени, а на онези, чиито действия са изключително отрицателни, ще им бъде взета и запазена клетка от тялото, която ще ни позволи да ги възпроизведем, когато му дойде времето, така че да бъдат съдени и да изтърпят наказанието, което заслужават.

Вие, които четете това послание, ясно разбирате, че можете да имате достъп до този чуден свят, този рай. Ще бъдете добре дошли вие, които последвате нашия пратеник, Клод Раел, по пътя на вселенската и космическа хармония, вие, които му помогнете да реализира това, което искаме от него понеже ние виждаме чрез неговите очи, чуваме чрез неговите уши и говорим чрез неговата уста.

Твоята идея за създаване на Събор на водачите на човечеството е много добра. Но бъди стриктен по отношение на селекцията, така, че нашето съобщение да не бъде изменено и деформирано.

Медитацията е незаменима за отваряне на човешкото съзнание, а аскетизмът е безполезен. Трябва да се наслаждавате на живота с цялата сила на сетивата си, понеже пробуждането на сетивата върви ръка за ръка с пробуждането на мозъка.

Продължавайте да спортувате, ако желаете и ако имате време, понеже всички спортове и игри са добри, ако развиват мускулатурата и особено самоконтрола, както правят например автомобилизма и мотоциклетизма.

Човек, който се чувства сам може винаги да се опитва да общува телепатично с нас, докато се опитва да бъде в хармония с безкрайността: той или тя ще изпита огромно чувство на благосъстояние. Много е добре това, което си посъветвал, тези, които вярват в нас, а именно, да се събират в неделните сутрини към около 11 часа. Няколко човека вече са започнали да го правят.

Медиумите са полезни, тъй че продължавай да ги издирваш. Но ги уравновесявай, защото дарбите им на медиуми, които са просто телепатични способности, ги дебалансират и те започват да вярват в магии, свръхестественото и други невероятно глупави неща, включително и в безплътно тяло, което е нов начин за внушаване на вяра в душата, която не съществува. Всъщност, това, което те правят е да се нагласят на „честотата" на хората, живели няколко века преди тях, и които ние сме възпроизвели на тази райска планета.

Има един важен факт, който можеш да им разкриеш на хората сега. Евреите са нашите преки потомци на Земята. Ето защо на тях им е отредена друга съдба. Те са потомци на „синовете на Елохим и дъщерите на хората" както е споменато в „Битие".

Тяхната първоначална грешка беше, че се събраха със своите собствени творения. Ето защо страдаха толкова дълго време.

Но за тях времето за прошка е дошло и те сега могат да живеят мирно във възстановената си държава, освен ако не направят грешката да не се познаят като носител на нашето послание. Ние бихме желали представителството ни на Земята да бъде в Израел, на земя, дадена ти от правителството. Ако откажат, можем да го построим другаде, а Израел ще изтърпи ново наказание, затова, че не те е припознала като наш пратеник.

Ти трябва изцяло да се посветиш на мисията си. Не се тревожи, ще можеш да издържаш семейството си. Хората, които вярват в теб и следователно в нас, трябва да ти помогнат. Ти си нашият пратеник, нашият посланик, нашият пророк и във всеки случай мястото ти тук, сред другите пророци, е запазено.

Ти си този, който трябва да събере заедно хората от всички религии. Понеже движението, което си създал – Движение Раел, трябва да е религията на всички религии. Наблягам на това, че то наистина е религия, макар и атеистична, както вече си разбрал.

Няма да забравим тези, които ти помагат, както и няма да забравим и онези, които ти пречат. Не се страхувай и не се плаши от никой, понеже каквото и да стане, ти имаш място сред нас. Колкото до онези, които губят кураж, разтърси ги малко.

Преди 2000 години, онези, които вярваха в нашия пратеник Исус, биваха хвърляни в леговището на лъвовете. А какво рискуваш в днешно време? Иронията на глупаците? Подигравките на онези, които не са проумели нищо и предпочитат да се придържат към първобитните си вярвания? Сравнимо ли е това с бърлогата на лъва? Сравнимо ли е това с всичко, което очаква онези, които те последват? Наистина, по-лесно е от всякога да следваш интуицията си.

В Корана, Мохамед, който е сред нас, се е изказал по въпроса за пророците:

"Наближава момента, хората да дават сметка – и в тяхното равнодушие, те се отвръщат (от своя създател).
Идва ново предупреждение от Създателя, което те пренебрегват и на което се надсмиват.
И в душите си те му се присмиват.

Тези, които вършат зло, се успокояват тайничко, като си казват:
"Не е ли този човек смъртен като нас?
Това е смесица от сънища. Той си е измислил всичко сам. Той е поет. Но нека да направи чудо като онези, които са били правени в минали времена"

Коран, Сура 21 І- Б.

Даже Мохамед е трябвало да преживее сарказма на някои, също като Исус. Когато той е вече разпнат, някои казват:

"Ако си Божий син, слез от кръста!"

(Матей 27, 40).

А сега, както виждаш, Исус е в чудесна форма, както ще бъде за вечни времена, както и Мохамед и всички онези, които са ги последвали и са вярвали в тях. От друга страна онези, които са ги критикували, ще бъдат възкресени, за да си получат наказание.

„Компютрите, наблюдаващи хората, които не знаят за това послание, са свързани в система, която в момента на смъртта, от разстояние взима клетка, от която те могат да бъдат възстановени отново, ако го заслужат. Докато чакаш построяването на нашето посолство, направи семинария за Водачите на Движение Раел, близо до мястото, където желаеш. Там ти, нашият пророк, Водачът на Водачите, ще можеш да обучаваш онези, които ще носят отговорността за разпространяване на нашето послание на Земята.

Новите заповеди

После Йахве каза:
Тези, които те последват, ще прилагат законите, които ще ти дам.

Ще се появявате поне веднъж в живота пред Водача на

Водачите така, че той или друг просветен водач да може да прехвърли клетъчният ви проект чрез ръчен контакт в компютър, който ще отчете това във деня на Страшния съд.

Ще мислите поне веднъж на ден за Елохим – твоите създатели.

Ще се опитваш да разпространяваш посланията на Елохим с всички възможни средства.

Поне веднъж в годината, ще правите дарение на Водача на водачите, което да е равно поне на един процент от годишния ви доход, за да му помогнете да се посвети изцяло на мисията си и да пътува по света, за да разпространява посланието.

Поне веднъж в годината ще каните Водача на водачите във вашия регион, във вашия дом и ще събирате у вас хора, които са заинтересувани да чуят как обяснява посланието, във всичките му измерения.

Ако Водачът на водачите изчезне, новият Водач ще бъде онзи, който предишният водач е посочил. Водачът на водачите ще бъде пазител на посолството на Елохим на Земята и ще може да живее там със семейството си и с хората, които той сам избере.

Ти, Клод Раел, си нашият посланик на Земята и хората, които вярват в теб, трябва да ти осигурят средствата, които са ти необходими за да изпълниш мисията си.

Ти си последният от пророците преди Страшния съд, ти си пророкът на религията на религиите, този, който трябва да изведе хората от заблуждението и овчарят на овчарите. Ти си този чието идване беше предизвестено във всички религии от древните пророци, нашите представители.

Ти си този, който ще събере стадото преди водата да се разлее, този, който ще върне на създателите техните собствени създания. Тези, които имат уши, ще чуят, онези, които имат очи, ще видят. Всички онези, чиито очи са отворени, ще видят, че ти си първият пророк, който може да бъде разбран само от научно еволюирали същества. Всичко, за което говориш е неразбираемо за примитивните хора.

Това е знак, който ще бъде забелязан от онези, чиито очи са отворени

– знакът сочещ Откровението, Апокалипсисът.'

Към народа на Израел

Йахве направи заключение казвайки:
"Израел трябва да даде територия в близост до Йерусалим на Водачът на Водачите, така, че той да може да построи посолството на Елохим. Настъпи времето, народа на Израел да построи нов Израел, както беше предсказано. Клод Раел е онзи, на който му беше предсказано. Прочетете отново своите писания и си отворете очите.

Ние бихме искали нашето посолство да бъде сред нашите потомци, хората на Израел са тези потомци, родени от съюза на синовете на Елохим и дъщерите на хората.

Народе на Израел, ние те изтръгнахме от лапите на египтяните, а вие не се показахте достойни за нашето доверие. Поверихме ви послание, предназначено за цялото човечество, а вие ревниво го запазихте за себе си, вместо да го разпространите навред.

Страдахте дълго време за да платите за грешките си, но сега е дошло време за прошка и ние бихме казали, както бе предсказано: "Дойде им на север и не ги задържахте на юг". Събрах вашите синове и дъщери от "всички краища на Земята", както е написано в Исая, и вие можахте отново да намерите страната си. Вие ще можете да живеете там в мир, ако слушате последния от пророците, този, за когото ви бе предсказано, и ако му помогнете да изпълни, назначената му от нас мисия.

Това е последният ви шанс, иначе друга страна ще приветства Водачът на Водачите и ще построи нашето посолството на своя територия, тази страна ще бъде близо до вашата, тя ще бъде защитена и щастие ще прелива в нея, а държавата Израел ще бъде унищожена още веднъж.

Вие, деца на Израел, които все още не сте се върнали в земите на вашите предшественици, изчакайте за да видите дали правителството ще се съгласи нашето посолство да бъде построено там. Ако те откажат, не се връщайте и ще бъдете едни от онези, които ще бъдат спасени от унищожение и чиито потомци ще могат отново да намерят обетованата земя, когато му дойде времето.

Народе на Израел, приемете този, за когото ви бе предсказано, дайте му територия за нашето посолство и му помогнете да го построи. Иначе, както стана преди 2,000 години, то ще бъде построено другаде, ако това стане, вие ще бъдете разпръснати още веднъж. Ако преди 2,000 години бяхте разбрали, че Исус е нашият пратеник, всички християни по света нямаше да бъдат християни, а евреи. Вие нямаше да имате проблеми и щяхте да останете наши представители. Но вместо това, задачата беше дадена на други хора, които избраха Рим за тяхна база.

Преди 2,000 години вие не разпознахте нашия пратеник, и затова не Йерусалим, а Рим излезе на световната сцена. Сега имате друг шанс, това ще бъде Йерусалим. Ако не се възползвате, друга страна ще приюти посолството ни и вие повече няма да имате права над Земята, избрана за вас.

Е, аз свърших. Ти ще можеш да направиш бележки за това, което казах, когато се върнеш на Земята. Сега се наслади на този рай още малко и ще те върнем обратно, за да завършиш мисията си, след което ще се върнеш тук завинаги.'

Останах там още няколко часа, наслаждавайки се на многото удоволствия на този свят, бродейки между многобройните фонтани и радвайки се на компанията на великите пророци, които бях срещнал предишния ден по време на медитациите. После, след като се нахраних там за последен път, заедно със същите хора, от предния ден, отново се озовах в огромно транспортно средство, което ме свали на наблюдателната станция. Оттам се върнах по същия маршрут от предния ден и се озовах с моите дрехи на малък кораб, който ме остави оттам, откъдето ме беше взел, на Рок Плат. Погледнах си часовника - беше полунощ.

Върнах се в къщи и незабавно се залових за работа, да напиша това, което ми бяха казали. Всичко беше абсолютно ясно в главата ми и аз бях много изненадан да открия, че пишех всичко със замах, спомняйки си това, което бях чул, и без най-малкото затруднение.

Думите бяха като запечатани в съзнанието ми, точно, както ми беше казано, че ще бъде в началото.

Когато приключих описанието на това, което беше станало, почувствах много ясно, че вътре в мен нещо е отприщено. Това не ми се беше случвало никога преди. Отново започнах да пиша, като през цялото време наблюдавах това, което нахвърлям върху листата, като едновременно с писането го виждах за първи път и като читател. Пишех, но чувствах, че не съм авторът на това, което се изписваше на хартията. Елохим започваха да говорят чрез мен, или по-точно да пишат чрез мен.

Това, което се изписваше пред очите ми беше свързано с всички области на живота, с които човек се сблъсква през жизнения си път, и правилният начин да реагира, когато се изправи пред проблемите. Това беше всъщност кодът на живота – нов начин на поведение, когато се изправим пред събитията в живота си, или как да се държим като възрастни, т.е. като еволюирали същества, и по този начин опитвайки се да отворим съзнанието си за безкрайността и да влезем в хармония с нея.

Тези велики правила, продиктувани от Елохим, нашите създатели, „Отче наш, то който си на небето", както предците ни са казвали, без да разбират, са изложени тук, на следващите страници, в цялата си пълнота.

3

КЛЮЧОВЕТЕ

Въведение

Хиляди години онези, които се противопоставяха на просвещението и реформите, се опитваха по всякакъв начин да ни ограничат мислово и успяваха. По-долунаписаното представлява ключовете, които можем да използваме, за да се освободим.

Вратата към човешкото съзнание е заключена с много ключалки, всички от които трябва да бъдат отворени по едно и също време, ако човек иска да има възможността да се доближи до безкрайността. Ако се използва само един от ключовете, другите ключалки ще останат заключени, като това ще попречи на вратата да се отвори.

Човешкото общество се страхува от това, което не познава, а оттук и от това, което стои зад вратата – дори ако това е щастие, постигнато чрез познание на истината. Ето защо, то прилага натиск, за да попречи на хората поне частично да отворят вратата, защото обществото предпочита да тъне в нещастие и невежество.

Това е още едно препятствие на прага на вратата, през която съзнанието трябва да премине, за да се освободи. Но, както е казал Ганди, това, че никой не вижда истината, не е причина тя да се смята за грешна. Така че, ако се опитате да отворите вратата, пренебрегвайки сарказма на онези, които не са успели да видят нищо, или на онези, които са видели, но се преструват, че не са, заради страха си от неизвестното.

Също и ако отварянето на вратата, ви се струва твърде трудно, помолете някой от водачите за помощ, понеже те вече са отворили вратите към собственото си съзнание и познават всички трудности. Те няма да могат да отворят вашата врата вместо вас, но ще могат да ви обяснят различните техники, които ще ви помогнат да се справите. Освен това, те са живи свидетели на щастието, което може да бъде постигнато чрез отварянето на вратата и те могат да опровергаят онези, които се страхуват от това, което е зад вратата.

Човечеството

Още от самото начало, ние трябва да разглеждаме нещата на четири нива:
- по отношение на безкрайността.
- по отношение на Елохим, нашите родители и създатели.
- по отношение на човешкото общество, и накрая:
- по отношение на отделния човек.

Най-важното ниво е това, по отношение на безкрайността, понеже то е във връзка с онова ниво, където всички неща могат да бъдат оценявани, но винаги с един постоянен фактор – любовта. Това означава да вземем под внимание онези, които се нуждаят от любов, защото трябва да живеем в хармония с безкрайността, а за да направим това, трябва да живеем в хармония с другите, защото те също са част от безкрайността.

Трябва да вземем под внимание съветите, дадени от нашите създатели, Елохим, и да действаме по такъв начин, че човешкото общество да спазва съветите на онези, които са го създали.

След това трябва да вземем под внимание обществото, което прави възможно отделните хора да се развиват по пътя на истината. Но въпреки че обществото трябва да се вземе под внимание, то не трябва да бъде следвано, даже напротив – трябва да му се помогне да излезе от обичайното си тесногръдие чрез непрекъснато съмнение в неговите навици и традиции, даже и те да са подкрепени от закони, понеже законите също могат да заключат умовете ни в оковите на мракобесието.

Най-накрая, трябва да вземем под внимание реализацията на индивида. Без това, умът не може да достигне пълния си потенциал и е невъзможно да се приведе в хармония с безкрайността и да стане нов човек, ако не се е реализирал.

Раждането

Никога не бива да налагате каквато и да е религия на дете, което не е нищо друго освен ларва, неспособн да разбере какво му се случва. Така, че не трябва нито да кръщавате, нито да обрязвате децата, или да ги подлагате на каквот ои да е действие, което сами не са предприели. Трябва да почакате да достигнат възрастта, когато сами могат да избират, и ако тогава някоя религия ги привлича, трябва да им се даде свободата да я приемат.

Раждането трябва да е празник, понеже Елохим са ни създали по свой образ и подобие, за да можем да се възпроизвеждаме. Като създаваме живо същество, ние запазваме собствения си вид и почитаме работата на нашите създатели.

Раждането, също така, би трябвало да бъде и акт на любов, постигнат в хармония, доколкото това включва звуците, цветовете и температура, така, че човешкото същество, което се появява на бял свят да развива навика да живее в хармония.

Трябва незабавно да развиете у децата навика да уважават свободата на останалите, и когато плачат през нощта, отидете при тях дискретно, без да разберат, че плачът им е донесъл удоволствието да бъдат обгрижвани. Обратното, трябва да отивате при тях и да се грижите за тях, когато не плачат и да не ходите при тях – поне те да не го знаят – когато плачат. По този начин те ще свикнат всичко да върви по-добре, когато са в хармония в околната среда. "Помогни си сам, за да ти помогне и Господ."

Всъщност, родителите трябва да разберат, че щом едно дете се роди, то преди всичко е отделна личност, а никоя личност не би трябвало да се третира като дете.

Дори нашите създатели не ни третират като деца, а като отделни индивиди. Затова не се намесват директно, за да ни помогнат да решим проблемите си, а ни позволяват да преодолеем препятствията, които срещаме, сами да намираме решение на проблемите като отговорни личности.

Образованието

Малкото човече, което е все още зародиш на човешко същество, трябва, през време на детството си, да свиква да уважава свободата и спокойствието на другите. Понеже малките деца са твърде малки, за да разбират и да си обясняват нещата, трябва строго да се прилагат телесни наказания от хората, които ги отглеждат, така, че те да страдат когато причинят страдание или когато разстроят други, като покажат липса на уважение.

Това телесно наказание трябва да се прилага само на много малки деца и винаги да бъде съобразено с растящата способност на децата да разбират и да си обясняват нещата. То трябва постепенно да се изважда от употреба и най-накрая да се спре завинаги. От седем години нагоре, телесното наказание трябва да бъде много рядко прилагано, а след 14-тата година да бъде спряно завинаги.

Ще използвате телесното наказание само когато наказвате детето, затова, че не е уважило вашата свободата и спокойствието или тази на другите.

Учете детето си да се развива и да задава въпроси по онези теми, които обществото и училището искат да наложат. Не насилвайте детето си да учи неща, които не са полезни и му позволете да следва пътя, който желае, защото, не забравяйте, най-важното нещо е неговото удовлетворение.

Учете детето си да преценява нещата в правилния ред по отношение на безкрайността, по отношение на нашите създатели, по отношение и на самия него.

Не прилагайте каквато и да е религия на детето си, а вместо това непредубедено го научете на различните вярвания, които съществуват по света или поне на най-важните в хронологичен ред: юдейската религия, християнството и исляма. Опитайте се да научите основните течения на мисълта в източните религии, ако съумеете, за да можете да ги обясните на вашето дете. Най-накрая обяснете на него или нея, най-важните точки на Посланието, предадено от Елохим на последния от пророците.

Преди всичко, научете вашето дете да обича света, в който живее и чрез него – нашите създатели.

Научете го да се отвори за безкрайността, и да се опита да живее в хармония с нея.

Разкажете на детето си за невероятната работа, извършена от Елохим, нашите създатели и го научете да търси непрекъснато начини, човечеството да стане способно да повтори това, което нашите създатели са направили, а именно да създадат друг човешки род по научен път.

Научете детето си да се счита за част от безкрайността – т.е. едновременно огромна и нищожна. "От пръст сме произлезли и на пръст ще се превърнем!"

Научете детето си, че лошото, причинено от други, не може да се поправи чрез признание или опрощение, и също на това, че не бива да мисли, че е достатъчно да започне да вярва в Елохим или друг бог едва когато смъртта наближи, и че това ще му даде право на вечен живот.

Научете детето си, че ние сме съдени за постъпките си през целия ни живот, че пътеката, която води към мъдростта, е дълга и че отнема цял живот, за да се овладее достатъчно. Човек, който не е вървял в правилната посока през живота си, няма да получи правото на възкресение на планетата на Вечните, само като направи късна, рязка промяна в правилната посока – това ще стане, само ако този човек наистина съжалява и е напълно искрен, също като се реванширa за пропуснатото време, правейки всичко възможно да му бъде простено от онези, които е наранил и като посвети всичките си средства, за да им донесе любов и щастие.

Всичко това, все още, не би било достатъчно за човек, който е причинил страдание на други, понеже, даже и да му е простено, и грешките да са заличени, това все още не означава, че нещо положително е постигнато.

Този човек ще трябва да започне отначало, да донесе щастие на нови хора, които не е наранил, и да помага на онези, които разпространяват истината – водачите.

Но за някой, който съжалява само в момента на смъртта или малко преди това, е твърде късно. На него няма да му бъде простено.

Сетивно образование

Сетивното образование е едно от най-важните неща, а сега, в момента, то почти не съществува.

Като събудите съзнанието на вашето дете, вие също ще трябва да събудите и неговото или нейното тяло, понеже събуждането на тялото е свързано с пробуждането на съзнанието. Всички онези, които се стремят да оковат тялото, сковават и ума.

Нашите създатели са ни дали сетива, за да ги използваме. Носът е предназначен за мирис, очите – за виждане, ушите – за чуване, устата – за опитване и пръстите – за докосване. Трябва да развием сетивата си, за да можем да се насладим на всички онези неща, които нашите създатели са ни дарили за тази цел.

Сетивната личност е по-вероятно да бъде в хармония с безкрайността, защото тази личност може да почувства, без да трябва да медитира или размишлява.

И така, медитацията и размишлението ще дадат възможност на индивида да разбере тази хармония по-добре и да я разпространи около себе си, като учи другите.

Да бъдеш чувствен означава да дадеш възможност на заобикалящия те свят, да ти достави удоволствие. Сексуалното образование също е много важно, но то само ни учи на техническите функции и използването на органите. Сетивното образование от друга страна, ни учи как да си доставим удоволствие чрез органите си, често, заради самото удоволствие без непременно да трябва да ги използваме с основната им цел.

Грешно е, да не кажете нищо на децата си за сексуалните им органи, и въпреки че е добре да им обясните за какво служат, това все още не е достатъчно.

Трябва да им обясните как да си доставят удоволствие с тях.

Да им обясните само как функционират е все едно да им кажете, че музиката се използва само за маршируване, или че писането е полезно само, когато пишем оплаквания, или, че филмите се използват само за аудио-визуални курсове и други подобни глупости. За щастие, благодарение на артистите и чрез пробуждането на нашите сетива, можем да получим удоволствие чрез слушане, четене или гледане на произведения на изкуството, които не са направени с друга цел, освен да доставят удоволствие. Това важи и за половите органи. Те не са само за задоволяване на естествените ни нужди или за осигуряване на възпроизводството, а също се използват за доставяне на удоволствие. Благодарение на науката, ние най-накрая сме далеч от дните, когато беше грях да покажем тялото си и когато половият акт вървеше заедно с наказанието си – зачеването на дете.

Сега, благодарение на предпазните мерки, сексът е възможен, без да се превръща в окончателно обвързване – или дори във възможно.

Кажете всичко това на детето си без срам, но от друга страна с любов, като ясно му обясните, че той или тя са създадени, за да бъдат щастливи и свободно да се развиват, т.е. да се наслаждават на живота с всичките си сетива и с пълна сила.

Никога не бива да се срамувате от тялото си или от голотата си, понеже нищо не огорчава нашите създатели повече от това, да видят онези, които са създали, да се чувстват засрамени от вида, който им е даден.

Научете децата си да обичат телата си и всяка част от създаденото от Елохим, защото като обичат образа си, така и ние ги обичаме.

Всеки един от нашите органите е създаден от Елохим, за да го използваме без да чувстваме срам, а щастие, понеже го използваме по предназначение. Ако използването на някой орган ни носи удоволствие, това означава, че нашите създатели искат ние да изпитваме това удоволствие.

Всеки човек е градина, която не бива да остава необработена. Живот без удоволствие е необработена градина. Удоволствието е „торта", която освобождава съзнанието. Аскетизмът е безполезен, освен ако не е временно изпитание, чиято цел е да научи ума да доминира над тялото. Но веднага щом сме преминали изпитанието, което сме си поставили – което трябва да е ограничено във времето – трябва да продължим да се наслаждаваме на удоволствията от живота.

Аскетизмът е приемлив в периода от живота на човека, когато той е като незасята нива – т.е. трябва да бъде като момента пауза по време на търсенето на удоволствие, което ни дава възможност да го оценим по-добре на по-късен етап.

Нека децата ви свикнат на все по-голяма и по-голяма свобода, което ще стане, ако винаги ги третирате като личности. Уважавайте вкусовете и наклонностите им, както бихте искали те да уважават вашите. Уверете се, че осъзнавате, че вашето дете, момче или момиче, е такова, каквото е и, че няма да го промените по ваш вкус, както и то не би могло да ви превърне в човека, който той или тя иска да бъдете. Уважавайте детето си, за да ви уважава и то, и уважавайте вкусовете му, за да уважава и то вашите.

Реализацията

Човек трябва да търси лично удовлетворение според вкусовете и стремежите си, без да отдава значение на това, какво мислят другите, но и при условие, че не им вреди.

Ако ти се иска да направиш нещо, то първо виж дали няма да навредиш някому, след което го направи, без да се тревожиш какво другите мислят за него. Ако искаш да имаш емоционално или сексуално преживяване с друг човек или други хора, независимо от техния пол, можеш да се държиш както искаш, стига те да са съгласни. Всичко е разрешено по пътя към осъществяването, за да събудиш тялото си, и оттук ума.

Най-накрая излизаме от примитивните времена, когато на жените се гледаше като на инструменти за възпроизводство на обществото.

Благодарение на науката, жените в момента могат да се задоволяват плътски, без да се страхуват, че ще забременеят. Най-накрая жената е наистина равна на мъжа, тъй като може да се наслаждава на тялото си, без да живее в страх, че ще трябва да понася сама нежеланите последствия от действията си.

Зачеването на дете е нещо твърде важно, за да бъде оставено на случайността. Затова предприемайте тази стъпка само по избор, след сериозно обмисляне, като акт на една чудесна любов, като сте напълно наясно какво вършите и след като сте напълно сигурни, че го искате. В края на краищата, детето не може да стане успяла личност, освен ако не е желано в момента на зачеването.

Моментът на зачеването е най-важният, защото по това време се заражда първата клетка, а оттам и замисълът на самия индивид.

Затова този момент трябва да е желан, за да бъде първата клетка създадена в съвършенна хармония, като двамата родители трябва да мислят силно и непрекъснато за човешкото същество, което създават. Това е една от тайните на новия индивид.

Ако искате да задоволите само тялото си, а оттам и ума си, използвайте средствата, които са на ваше разположение, благодарение на науката, започвайки с контрацептивите. Зачевайте само, когато се чувствате задоволени, за да бъде животът, който създавате плът на двама задоволени индивиди.

За да достигнете до удовлетворение, използвайте средствата, които ви е предоставила науката, за да събудите тялото си за удоволствието, без да рискувате. Удоволствието и размножаването са две различни неща, които не трябва да бъдат смесвани. Първото се отнася до индивида, а второто – до биологичния вид. Само когато индивидът е задоволен, той или тя могат да създадат задоволено човешко същество.

Ако, по случайност сте заченали дете без да го желаете, използвайте средствата, които науката е предоставила на ваше разположение – абортът. Дете, което не е желано в момента на зачеването, не може да се развива пълноценно, понеже не е създадено в хармония. Не слушайте онези, които се опитват да ви сплашат, като ви говорят за физическите, и особено за етичните последствия, които аборта може да предизвика. Няма такива, ако го извършите при компетентни хора.

Отглеждането на нежелано дете, може да ви донесе физически и психични смущения, които могат да бъдат предадени на друг, ако накарате детето, което сте донесли на този свят, също да страда.

Да имаш дете не означава задължително да бъдете омъжени или да живеете с някого. Вече много жени решават да имат едно или повече деца, без да се женят или да живеят с мъж. Образованието на детето, което е личност от самото си раждане, трябва да бъде осигурено от родителите. Често обаче е препоръчително, образованието да бъде поверено в ръцете на специалисти в тази област, които биха допринесли много повече, отколкото някои родители, за реализирането на децата им.

Ако искате да имате дете без да живеете с мъж, направете го! Мислете за личното си щастие, без да се притеснявате какво ще кажат другите.

Ако изберете този вариант, не мислете, че ви е съдено да живеете завинаги сами. Приемайте мъжете, които искате и те ще служат като мъжки ролеви модели на вашето дете.

Един ден, може дори да решите да живеете с мъж – това няма да причини никакви проблеми на вашето дете. Напротив, това ще допринесе за неговата или нейната реализация. Промяната на средата е винаги положителна за едно дете.

Обществото би трябвало да се организира и да поеме образованието на децата, частично или изцяло, в зависимост от желанията на родителите. Онези родители, които искат да работят трябва да имат възможността да оставят децата си под попечителството на компетентни хора и онези, които искат техните деца да получат образование, давано изцяло от такива индивиди, трябва да могат да поверят децата си напълно, на създадените с тази цел заведения. По този начин, ако дадете живот на дете, което желаете, но след това се разделите с партньора си, или по друга причина не желаете повече това дете, ще можете да го поверите на обществото, за да бъде отгледано в хармония, необходима за неговата реализация. Едно дете, което расте в обстановка, където не е истински желано, не може да разцъфне и да се реализира.

Отглеждането на едно дете трябва да бъде взаимна реализация, както за родителя, така и за подрастващия. Ако едно дете стане бреме, макар и неголямо, то разбира това и реализацията му търпи поражения. Следователно, едно дете трябва да бъде държано близо до нас, само ако присъствието му се отчита като развитие.

В противен случай, детето трябва да бъде поверено на заведенията, които обществото трябва да създаде, за да окуражи реализацията на индивида и да бъде оставено там, без най-малко съжаление.

Точно обратното, родителите трябва да изпитат дълбоко чувство на радост, тъй като са поверили детето си на други, по-способни от тях самите, за да помогнат на всеки малък индивид да разцъфне.

Редовни посещения могат да се правят, ако децата, чиито желания са от първостепенно значение, искат това. Хората, които отговарят за възпитанието на децата, винаги трябва да описват родителите като изключителни хора, които са поставили реализацията на своите деца над собственото си егоистично удоволстие, от това да ги отгледат сами. На децата трябва да им бъде казано, че техните родители са направили това, за да ги поверят на хора по-компетентни от тях самите.

Свободно си изберете си партньор, когото желаете. Бракът, независимо църковен или граждански, е безполезен. Не можете да подпишете договор за съюз между живи хора, които са обречени на промяна, тъй като са живи същества.

Отхвърлете брака, който е само обществена прокламация на собствеността върху човешко същество. Мъжът или жената не могат да бъдат собственост на някой друг. Какъвто и да е договор може само да разруши хармонията, съществуваща между двама души.

Когато обичаме, чувстваме свободата да обичаме, а когато сме подписали договор, се чувстваме като затворници, задължени да се обичат един друг и рано или късно започваме да се мразим. Така че живейте с човека, когото сте избрали, докато се чувствате щастливи с него или с нея.

Когато вече не се разбирате добре, не оставайте заедно, защото вашият съюз ще се превърне в ад. Всички живи същества се развиват и това е естествено. Ако личното развитие на всеки индивид е сходно с това на другия, то съюзът ще трае дълго, но ако техният прогрес е различен, тогава съюзът няма да бъде вече възможен. Вие вече не харесвате индивида, когото някога сте харесвали, защото един от вас се е променил. Трябва да се разделите, докато все още пазите спомени от щастливия си съвместен живот, вместо да ги разваляте с ненужни скандали, които водят до враждебност и омраза. Детето избира дрехи, които му стават и когато ги надрастне, те трябва да бъдат сменени с други, иначе ще се скъсат на парчета.

Преди всичко не се безпокойте за детето си. По-добре е за него или нея да бъде само с единия родител, ако живее в хармония, отколкото с двамата в разногласие или липса на пълна хармония. Преди всичко, не забравяйте, че децата са личности.

Обществото трябва да е абсолютно сигурно, че възрастните хора живеят щастливо, без всякакви материални затруднения. Но въпреки, че трябва да уважаваме по-старите хора и да правим всичко, за да ги направим щастливи, не трябва да ги слушаме само заради тяхното старшинство.

Един интелигентен човек може да даде добър съвет на всяка възраст, а един глупав човек, дори да е на сто години, не заслужава да бъде слушан и секунда. И още повече, такъв човек няма извинение, след като е имал цял живот, през който да се опита да се просвети, докато все още има надежда за глупавите, но млади хора. Но във всеки случай, всеки глупав старец трябва да има възможността да живее добре. Това е дълг на обществото.

Смъртта не трябва да бъде повод за печални събирания, а напротив, тя трябва да е време за радостно веселие, защото може би това е моментът, когато обичаният от нас покойник достига рая на вечните в компанията на нашите създатели, Елохим.

Следователно не трябва да искате да бъдете погребани с религиозни обреди, а да дарите тялото си на науката или ако искате тялото ви да бъде изложено за поклонение, то това трябва да бъде колкото се може по-дискретно, с изключение на една кост от челото ви, по-точно тази над началото на носа, 33 милиметра (1.3 инча) над средата на оста, свързваща зениците на очите ви. Поне един квадратен сантиметър (0.4 квадратни инча) от тази кост трябва да бъде изпратен на Водача на Водачите, за да може той да го запази в нашето посолство на Земята.

Всеки човек е наблюдаван от компютър, който записва всички негови действия и им прави копие в края на живота му. Но хората, които знаят за това послание, което Клод Райел разпространява, ще бъдат пресъздадени от клетките, които са оставили в нашето посолство. В техния случай, пресъздаването ще стане, само ако са осигурили изпращането на исканата част от тяхното тяло на Водача на Водачите, след смъртта им.

Механизмът вътре в компютъра, който записва информацията, използвана за преценка на индивидите, продължава да функционира, след като те са научили за посланието. Но механизмът, който позволява автоматичното вземане на проба в момента на смъртта, бива изключен. Така че само онези, които изпълняват точно това, което се иска от тях, след като са научили за посланието, ще бъдат пресъздадени.

Направете така, че поне веднъж в живота си да видите Водача на Водачите или водач, упълномощен от него да предаде вашата клетъчна диаграма на Елохим, така че те да могат да пробудят вашия ум и да ви помогнат да останете просветлени.

В съответствие с написаното по-рано в това послание, вие няма да оставите наследство на вашите деца, освен семейната къща или апартамент. Останалото ще оставите в завещанието си на Водача на Водачите и ако се страхувате, че вашите наследници няма да уважат последната ви воля и завещанието, а ще се опитат да възстановят собствеността си чрез съда, то вие го дарете на Водача на Водачите, докато сте още живи, за да му помогнете да разпространи на Земята посланието на нашите създатели.

Онези от вас, които остават сами след смъртта на любимия – не жалете и оплаквайте. Вместо това се опитвайте да дарите любовта си на тези, които обичате приживе, защото след като умрат, това, което ви прави тъжни е мисълта, че може би не сте ги обичали достатъчно, и че сега е вече прекалено късно.

Всеки, който е бил добър през живота си, има правото на вечен живот и щастие в градините на Елохим, а всеки, който не е бил добър, не заслужава да бъде пресъздаден.

Но дори ако един индивид не е сред избраните да бъдат пресъздадени, той или тя не изчезват наистина. Смъртта не е много важно нещо и ние не трябва да се страхуваме от нея. Тя е просто като заспиване, с изключение на това, че този сън е безкраен. Тъй като сме част от безкрайността, то материята, от която сме направени, не изчезва. Тя продължава да съществува в почвата, в растенията или дори в животните, очевидно губейки своята хомогенност и следователно, своята идентичност. Тази част от безкрайността, която е била организирана от нашите създатели, според една много прецизна структура, се връща в безкрайността, оставайки част от това малко кълбо, наречено Земя, което е живо.

Всеки има правото да живее, правото да обича и правото да умре. Всеки е господар на своя живот и своята смърт. Смъртта е нищо, а страданието е ужасно и всичко трябва да бъде направено, за да бъде то премахнато. Този, който страда прекалено много, има правото да извърши самоубийство. Ако действията на този човек са били добродетелни през живота му, той ще бъде допуснат до планетата на вечните.

Ако някой, когото обичаме, страда много и иска да умре, но няма силата да извърши самоубийство, помогнете му да се прости с живота си.

Когато, един ден, науката ни позволи да премахнем човешкото страдание, тогава можем да се запитаме, дали е било правилно да извършваме самоубийства или не.

Общество и правителство

Точно както човешкото тяло има ум, така е важно и обществото да има правителство, което да взима решения. Така че трябва да направите всичко, за да излъчите правителство, което да прилага гениокрация и да даде властта на интелигентните.

Също ще участвате в създаването на световна полическа партия, защитаваща хуманитаризма и гениокрацията, както са описани в първата част на това послание на Елохим и ще поддържате нейните кандидати. Само чрез гениокрация човечеството може да достигне напълно до златната епоха.

Тоталната демокрация не е добра. Тяло, в което всички клетки командват, не може да оцелее. Само на интелигентните хора трябва да се разрешава да взимат решения, отнасящи се до човечеството. Следователно, трябва да се откажете от гласуване, ако не е издигнат кандидат, проповядващ гениокрация и хуманитаризъм.

Нито всеобщото право на гласуване, нито публичните избирателни списъци са правилен начин на управление на света. Да управляваш означава да предвиждаш, а не да следваш реакциите на население, подобно на стадо овце, сред което само малка част е достатъчно просветена, за да ръководи човечеството. Тъй като малцина са просветените хора, ако ние основем решенията си на всеобщото избирателно право и публичните списъци, тези решения стават избор на мнозинството – и следователно на онези, които не са просветени. Такива хора откликват единствено при задоволяване на непосредствените си потребности или в резултат на инстинктивни реакции, които са несъзнателно ограничени от усмирителната риза на мракобесните условия.

Само гениокрацията, която е селективна демокрация, има смисъл. Както заявихме в първата част на посланието на Елохим, само хора, които имат ниво на интелигентност петдесет процента над средното, трябва да могат да се кандидатират и само онези, чието ниво на интелигентност е десет процента над средното, да имат право да гласуват. Учените вече развиват техники за измерване на интелигентността. Следвайте техния съвет и правете така, че най-ценният минерал на човечеството – изключително надарените деца – да получат образование, подходящо за техния гений, тъй като обикновеното образование е предназначено за деца със средно ниво на интелигентност.

Не броя на дипломите, които един човек има е това, което определя интелигентността, тъй като то говори само за една безинтересна способност на паметта, която машините могат да заместят. Интелигентността в суров вид е качеството, което може да направи селяни или работници много по-интелигентни от инженери и професори. Това може да се нарече здрав разум, а също творчески гений, защото повечето изобретения не са нищо друго освен проява на здрав разум.

Както вече казахме, да управляваш, означава да предвиждаш и всички големи проблеми, с които човечеството се сблъсква днес доказват, че миналите правителства не са били предвидливи и следователно, са били некомпетентни правителства. Проблемът не е в хората, които са управлявали, а по-скоро в технологоята, която се използва за тяхното избиране: проблемът е в начина, по който ние избираме онези, които ни управляват. Тоталната демокрация трябва да бъде заместена от селективна демокрация – т.е. гениокрация, която да доведе интелигентните хора на власт. Това е изключително фундаментално изискване.

Човешките закони са задължителни, и ще ги уважавате, докато не видите, че някои са несправедливи и остарели и трябва да бъдат променени. Обаче, не се колебайте да изберете законите на нашите създатели над човешките закони, защото дори хората съдии ще бъдат съдени един ден от нашите създатели.

Полицията ще бъде нужна докато обществото не открие медицински средства да изкорени насилието и да предотврати престъпниците и онези, които нарушават свободата на другите, да проявяват своите антисоциални импулси.

За разлика от войниците, които са пазители на войната, полицаите са пазители на мира и те ще бъдат нужни, докато науката не реши този проблем.

В държавите, където задължителната военна служба съществува, ще откажете да служите като войници. Вместо това изискайте статус на човек, който отказва да служи във войската по религиозни причини, което ще ви позволи да служите в дивизия, където не се носи оръжие, като това е ваше право, ако религиозните ви или философски убеждения ви забраняват да убивате вашите побратими човешки същества. Такъв е случая с онези, които вярват в Елохим, нашите създатели, и които искат да следват директивите на Водача на Водачите на Движение Раел.

Обратно на това, което много млади хора мислят, хората, които отказват да служат във войската по религиозни причини, не биват пращани в затвор, а вместо това изпълняват някаква цивилна роля или служат в невъоръжена част за период, двойно по-голям от нормалната продължителност на военната служба.

По-добре е да прекарате две години работейки в някакъв офис, отколкото да бъдете тренирани в продължение на една година на техники за убиване на вашите побратими човешки същества.

Военната служба трябва да бъде незабавно премахната във всички страни по света. Всички професионални войници трябва да се преобразуват в пазители на световния мир, като работят в служба на свободата и човешките права.

Единствената смислена система на управление е гениокрацията, прилагаща хуманитаризъм. Капитализмът е несправедлив, защото пристрастява хората към парите, облагодетелствайки малцина на гърба на останалите. Комунизмът също е несправедлив, тъй като поставя равенството над свободата. Трябва да има равенство сред хората от самото начало, при тяхното раждането, но не и след това.

Въпреки че всеки трябва да има правото да притежава достатъчно средства, за да живее прилично, тези, които правят повече за своите побратими човешки същества, имат правото да получават повече от онези, които не правят нищо за обществото.

Това е очевидно временно правило, докато роботите започнат да извършват цялата черна работа. Тогава, след отмяната на парите, всички хора ще могат да се посветят изключително на своята собствена реализация. Междувременно, срамно е докато едни хора умират от глад, други да изхвърлят храна, за да избегнат падането на цените. Вместо да изхвърлят тази храна, те трябва да я дадат на онези, които нямат какво да ядат.

Работата не трябва да бъде считана за свещена. Всеки има правото да живее добре, дори ако не работи и трябва да се опита да реализира себе си и да разцъфти в областта, която го привлича. Ако хората са организирани, няма да им отнеме много време да механизират и автоматизират цялата необходима работа. Тогава всеки ще може да расте свободно и да постигне чувство на удовлетворение.

Ако всички хора впрегнат умовете си, за да постигнат тази цел, само след няколко години ще бъдат освободени от необходимостта да работят. Това, което се изисква е огромен изблик на ентусиазъм и солидарност в усилията, човечеството да бъде освободено от материалната принуда.

Всички технически и научни ресурси на човечеството трябва да се обединят и всички, които работят в тези области трябва истински да впрегнат умовете си в борбата за благоденствието на цялото човечество, а не само за определени интереси. Използвайте всички ресурси, които понастоящем се изразходват за военни бюджети или безмислено създаване на ядрени оръжия – или дори полети в космоса. Тези неща могат да бъдат много по-добре планирани и много по-лесно достигнати, след като веднъж човечеството се освободи от материалната принуда.

Имате компютри и електронно оборудване, което може по-ефективно да замести човешкия труд. Включете всичко в работа, така че тази технология, наистина да може да функционира в служба на човечеството. След няколко години ще можете да създадете един напълно нов свят. Вие вече сте достигнали златната епоха.

Направете всичко възможно, за да създадете биологичен робот, който ще ви освободи от черната работа и ще ви позволи да разцъфтите и да се реализирате.

Урбанистичното развитие трябва да бъде преосмислено, както беше описано в първото послание на Елохим. Трябва да построите много високи комунални сгради, разположени в открита местност, така че еднофамилните къщи повече да не "поглъщат" природата. Никога не забравяйте, че ако всеки има вила с малка градинка, няма да има повече земя. Тези комунални сгради трябва да са градове, оборудвани с всичко необходимо и трябва да могат да подслоняват 50,000 жители всяка.

Докато един ден вие станете създатели и можете сами да я пресъздавате, ще трябва да уважавате природата. Като уважавате природата, уважавате и тези, които са я създали – нашите родители, Елохим.

Никога не карайте животните да страдат. Може да ги убивате, за да се храните с тяхното месо, но правете това без да ги карате да страдат. Въпреки че както вече отбелязахме, смъртта е нищо, а страданието отвратително, вие трябва да избягвате да наранявате животните, както трябва да предпазвате и хората от страдание.

Освен това, не яжте много месо и ще се чувствате по-добре.

Можете да ядете всичко, което земята дава. Не е необходимо да спазвате специална диета; можете да ядете месо, зеленчуци, плодове и други растения. Но е глупаво да спазвате вегетарианска диета, под претекста, че не искате да се храните с месото на други живи същества. Растенията са живи, точно като вас и страдат по-същия начин, както и вие. Ето защо не трябва да наранявате растенията.

Не се опивайте с алкохолни напитки. Може да пиете малко вино докато се храните, тъй като то е продукт на земята. Но никога не се напивайте. Може да пиете алкохолни напитки, но само при крайни обстоятелства и то в малки количества, придружени от солидно количество храна, така че никога да не се напивате. Този, който е пиян не може да е в хармония с безкрайността, нито може да контролира себе си. Това е нещо ужасно в очите на създателите.

Няма да пушите, тъй като човешкото тяло не е създадено да вдишва дим. Това има ужасен ефект върху организма и не позволява достигането на пълна реализация и хармония с безкрайността.

Не взимайте наркотици. Не се дрогирайте под никаква форма, защото просветеният ум не се нуждае от нищо отвън, за да достигне до безкрайността. Изглеждат отвратително в очите на създателите, хората, които мислят, че взимането на наркотици ги усъвършенства. Човешките създания не се нуждаят от усъвършенстване, защото те всички са съвършени, бидейки направени по образа на нашите създатели.

Да се каже, че човек е несъвършен е обида за създателите, които са ни направили по свой образ и подобие. Но въпреки че сме съвършени, ние преставаме да бъдем такива, ако мислим за себе си като за несъвършени и се примиряваме с тази мисъл.

За да останем съвършени, каквито са ни създали Елохим, ние трябва да полагаме усилия във всеки момент на деня, да бъдем в просветено състояние.

Медитация и молитва

Трябва да медитирате поне веднъж дневно, поставяйки се във връзка с безкрайността, във връзка с Елохим, с обществото и самия себе си.

Трябва да медитирате за пробуждане, така че цялото ви същество да

Оригиналните френски публикации на трите книги, които обхващат "Посланията", за първи път публикувани съответно през 1974, 1977 и 1979 година.

Раел, 1979 – показан тук с описание на символа, който той видя от страни на космическия съд на Елохим. Съединените Звезда на Дейвид и свастика означават "това, което е отгоре е като това, което е отдолу и всичко е циклично".

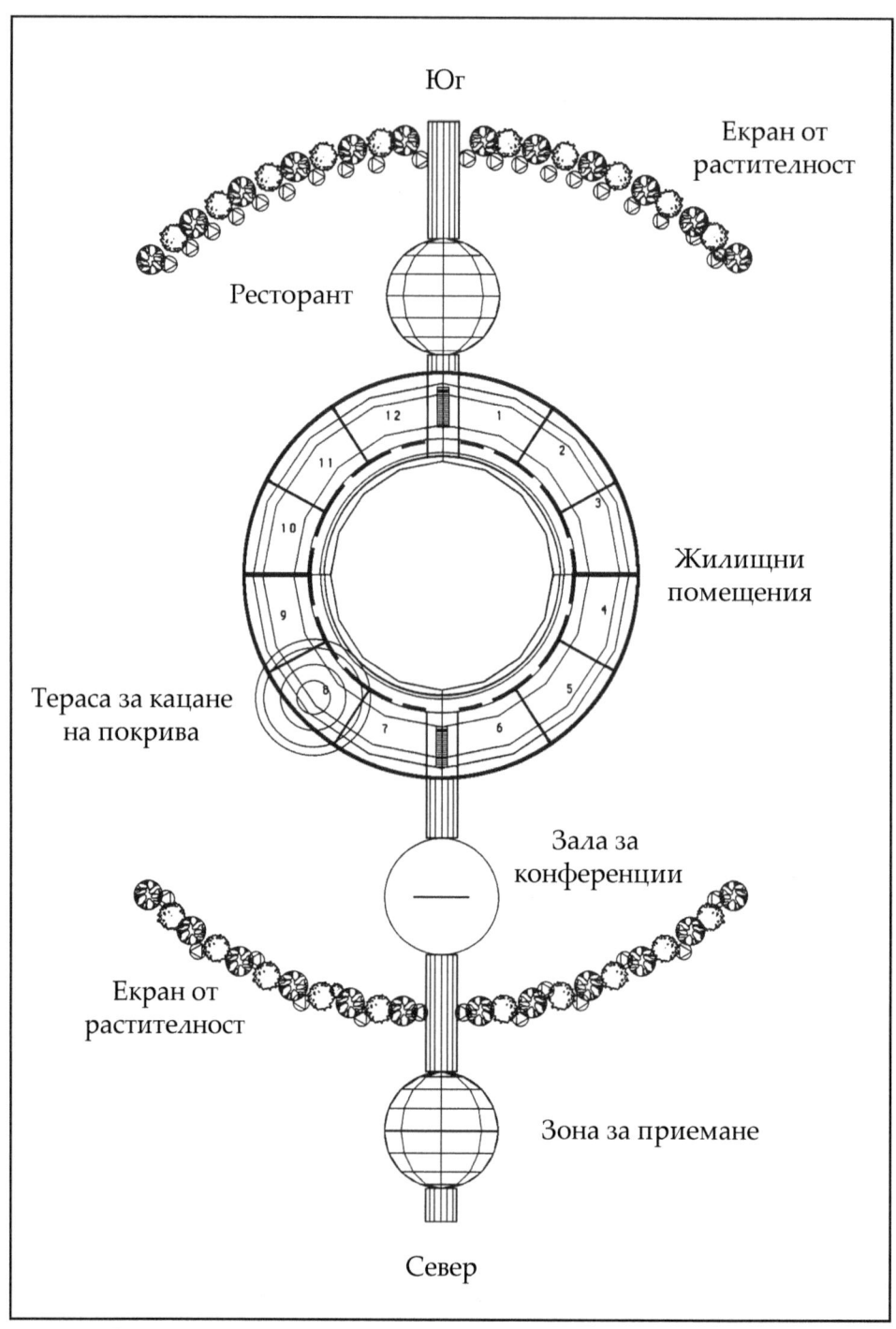

Рисунка на архитект на планираната извънземна амбасада, въз основа на подробностите, дадени на Раел по време на втората среща на 7-ми октомври 1975.

Мащабен модел на амбасадата с един от космическите съдове на Елохим върху покривната приземителна площадка.

"Някои реколтени кръгове", казва Раел, " са направени от Елохим за да окуражи човечеството да построи амбасадата." Този, който се показа при Чийзфут Хед, Уилшайър, Англия през август 1990 година има много близка прилика до подробните планове на сградата.

Раел стои до модел в естествена големина на космическия съд, на който той се качи по време на неговите срещи с Елохим.

Два примера на религиозни картини, съдържащи което някои биха описали като НЛО-та. От ляво: Покръстването на Христос от холандски художник, Аерт де Гелдер, 1710 година. От дясно: Благовещението, със Светец Емидиус от Карло Крижели, 1486 година.

Този реколтен кръг, който се е появил в Етчилхамптън, Уилтшайър на 1-ви август 1997 година е един от многото, които напомнят на преработения Раелиан символ, който беше въведен от Раел през 1991 година.

Медалион, който показва преработения символ на Раелиан Движението (1992-2007), което Раел промени от уважение към жертвите на Холокост и в усилие да подпомогне преговорите с израелското правителство относно построяването на Амбасадата на Елохим или на " Третия Храм на Израел".

Символът на Елохим – най-старият символ на Земята – може да бъде намерен върху Тибетската Книга на Мъртвите или Бардо Тодол. Централната му свастика, означаваща "благоденствие" на Санкрит, представлява безкрайността във времето.

Дори след като посвети повече от 30 години от живота си на своята мисия, Посланикът на Безкрайността, Раел, продължава да преподава в либерални семинари на всеки континент. Тази конкретна снимка е направена по време на Японския летен семинар през 2005

осъзнае напълно безкрайността и да започнете в пълна степен да контролирате своите способности.

Трябва да медитирате преди всяко хранене, така че всяка част на вашето тяло да се храни, когато ядете и когато се храните да мислите какво правите.

Вашата медитация няма да бъде суха медитация, а напротив – ще бъде сетивна медитация. Ще се оставите да бъдете погълнати от мир и хармония, докато се тя се превърне в приятна наслада. Вашата медитация няма да бъде насилствен труд, а удоволствие. По-добре е въобще да не се медитира, отколкото да се медитира без желание.

Не налагайте медитацията на своите децата или семейството си. Обяснете им удоволствието, което тя дава и чувството на благополучие, което тя носи и ако след това те почувстват желание да медитират, опитайте се да ги научите на това, което знаете.

Мислете задълбочено за Елохим, нашите създатели, поне веднъж дневно и се опитвайте телепатично да общувате с тях. По този начин ще преоткриете истинския смисъл на молитвата. Ако не знаете как да го направите, можете да получите вдъхновение от Божествена Молитва, чийто думи са напълно подходящи за общуване с нашите създатели.

Най-малко веднъж седмично се опитвайте да установите групова телепатична комуникация с Елохим, заедно с други хора от твоя регион, които вярват в тях. Ако е възможно би трябвало да бъдете придружавани от Водач.

Направете всичко възможно, за да присъствате всяка година на срещата на онези, които вярват в Елохим и в посланието, което дадоха те на последния от пророците.

Техники за постигане на телепатичен контакт с Елохим

Ето модел на това, което трябва да казвате докато гледате към небето и осъзнавате дълбоко значението на думите.

Елохим, вие сте там някъде между онези звезди.

Елохим, вие сте там и аз знам, че вие ни наблюдавате.

Елохим, вие сте там и аз толкова много искам да се срещна с вас.

Елохим, вие сте там и кой съм аз да се надявам да заслужа среща с вас?

Елохим, признавам ви за наши създатели и скромно се предоставям във ваша служба.

Елохим, признавам Клод Раел, вашия посланик, за мой водач и вярвам в него и в посланието, което сте му дали.

Елохим, ще направя всичко по силите си, за да разпространя посланието сред онези около мен, защото зная, че не съм направил достатъчно.

Елохим, обичам всички човешки същества като свои братя и сестри, защото те са направени по ваш образ и подобие.

Елохим, опитвам се да им донеса щастие като отворя умовете им за безкрайността и им разкрия това, което е разкрито на мен.

Елохим, опитвам се спра тяхното страдание като поставя цялото си същество в служба на човечеството, от което съм част.

Елохим, опитвам се да използвам до крайност ума, който сте ми дали, за да помогна на човечеството да се избави от мрака и страданието.

Елохим, надявам се да отсъдите малкото, което съм направил в края на живота ми, като достатъчно, за да ми даде правото на вечен живот на планетата на мъдреците.

Обичам ви, както вие сигурно сте обичали човешките същества, за да разрешите на най-добрите от тях да са сред вечните.

Изкуствата

Направете всичко възможно, за да насърчите хората на изкуството и да помогнете на детето си, ако то иска да се занимава с изкуство. Изкуството е едно от нещата, които в най-голяма степен ви позволяват да сте в хармония с безкрайността. Считайте всяко естествено нещо за изкуство и всяко изкуство за естествено нещо. Обградете се с артистични неща, независимо дали те ще носят наслада за вашите уши, очи, вкус, обоняние или усещане за допир.

Всичко, което носи наслада за сетивата е артистично. Има много повече изкуства от само вече официално признатите като музика, рисуване, скулптура и т.н.

Гастрономията също е изкуство, както правенето на парфюми, тъй като и двете доставят наслада за сетивата. И накрая, поставяйки я над всичко – любовта е изкуство.

Всяко изкуство използва хармонията и така позволява на онези, които го ценят, да бъдат обзети от нещо хармонично. Това следователно създава подходящите условия, човек да се озове в хармония с безкрайността.

Литературата е особено важна, защото тя способства за отварянето на човешките умове, чрез разкриването пред тях на нови хоризонти. Но литература заради самата литература е просто бръщолевене: това, което има смисъл е не писането на красиви изречения, а предаването на нови идеи на другите хора чрез четене. Аудиовизуалните средства са дори по-важни, защото въздействат едновременно върху зрението и слуха. Те биха могли да заместят литературата, тъй като са по-съвършени. Междувременно литературата е полезна до известно време.

Сетивна медитация

Ако искате да достигнете високо ниво на хармония с безкрайността, намерете място за сетивна медитация за самите вас. Поставете в него произведения на изкуството, картини, репродукции, гоблени, плакати, скулптури, рисунки, фотографии или всичко друго, което е предназначено да представи любовта, безкрайността и чувствеността като наслада за очите.

Намерете си ъгъл, където да можете да бъдете близо до земята, върху възглавници, например. Или легнете върху легло или кожа, заради удоволствието от допира. Поръсете приятни аромати и масла за наслада на обонянието ви. Вземете касетофон и касета, на която сте записали музика, която ви харесва, за удоволствие на слуха ви.

Вземете подноси и бутилки с храна и напитки, които обичате, за наслада на небцето и поканете един или повече души, които обичате, които споделят вашите вкусове и, с които се чувствате спокойно и в хармония; и тогава нахранете сетивата си и открийте телата си, за да откриете умовете си в любов и братство.

Ако някой ви привлича физически и почувствате, че това е взаимно, поканете го – него или нея – на това място. Заедно вие можете да достигнете възвишено състояние на хармония, което ще ви позволи да приближите безкрайността, като задоволите своите пет сетива. Към това състояние ще бъде добавен синтеза на всички тези наслади – физическия съюз на двама души в съвършена хармония и в светлината на любовния акт.

Очевидно хармонията трябва първо да съществува духовно. С други думи, трябва да имате взаимно привличане между умовете и телата на индивидите и в начина, по който те отнасят един към друг и се уважават. Но платоничната любов винаги става възвишена като е допълнена с физическа любов. Да обичате, означава да давате, без да очаквате нищо в замяна. Ако обичате някого, трябва да се отдадете на този човек напълно, ако той или тя го заслужават.

Никога не бъдете ревниви, защото ревността е противоположната на любовта емоция. Когато обичате някого, най-напред трябва да търсите неговото или нейното щастие на първо място и да го търсите по всякакъв начин. Да обичате, означава да търсите щастието на другите, а не своето собствено.

Ако човекът, когото обичате, е привлечен от друг, не бъдете ревниви; напротив, бъдете щастливи, че този, когото обичате е щастлив, макар и причината за това да е някой друг.

Обичайте също човека, който като вас, иска да донесе щастие на човека, когото вие обичате и който следователно има същата цел като вас. Ревността е страхът, че някой друг може да направи човека, когото обичате по-щастлив отколкото вие самите и че може да загубите този, когото обичате. Но вместо чувството на ревност, ние трябва да опитаме всичко възможно, за да направим човека, когото обичаме щастлив и ако някой се справя по-добре от нас, трябва да бъдем щастливи от този факт. Това, което има значение е не нашият любим да е щастлив заради нас, а че просто е щастлив, независимо кой е причина за това.

Така че, ако човекът, когото обичате е щастлив с някой друг, радвайте се на това щастие. Ще разпознаете човека, който ви обича по това, че той или тя няма да се противопостави на щастието ви с друг.

Наш дълг е да обичаме човека, който ни обича толкова много и самите ние трябва да му носим щастие. В тази посока лежи пътеката към съвършената любов.

Не отхвърляйте някого, който иска да ви направи щастливи, защото приемайки го, вие го правите щастлив, а това е акт на любов. Радвайте се на щастието на другите, така че и те да се радват на вашето.

Човешката справедливост

Човешките закони, както вече бе заявено, са важни. Но те трябва да бъдат усъвършенствани, защото не взимат под достатъчно внимание любовта и братството.

Смъртното наказание трябва да бъде отменено, защото никой човек няма правото да убие друг хладнокръвно по преднамерен, организиран начин. Докато дойде времето когато, благодарение на науката, обществото ще може да контролира насилието, което се появява у някои хора и ще може да ги лекува от тяхната болест, вие ще държите престъпниците настрана от обществото. Тогава им дайте любовта, която им е липсвала, като се опитвате да ги накарате да разберат чудовищната природа на техните действия. Създайте също желанието у тях да изкупят вината си.

Не събирайте на едно място закоравели престъпници, които страдат от тази болест, която може да бъде заразна, с хора, които просто са извършили по-леки престъпления. По този начин ще избегнете заразяването на незакоравелите нарушители.

Никога не забравяйте, че всички престъпници са болни и винаги ги считайте за такива. Шокирани сме, като си спомним, че едно време е било практика хора, страдащи от пристъп на истерия да бъдат задушавани между дюшеци.

Един ден, когато можем да лекуваме и още по-важно, да предотвратяваме болестта на престъплението, ние ще бъдем също толкова шокирани, като се обърнем назад и видим как сме екзекутирали престъпниците.

Простете на тези, които са ви наранили без да искат и не хранете лоши чувства към онези, които нарочно са ви причинили вреда. Те са болни, защото човек трябва да е болен, за да навреди на съседа си. Освен това, помислете колко нещастни са тези хора, които вредят на останалите, тъй като те никога няма да имат правото да живеят вечен живот в градините на Елохим.

Но ако някой иска да нарани вас или хората, които обичате, то опитайте се да го спрете.

Ако не успеете, тогава имате правото да се защитите, за да запазите своя собствен живот или този на хората, които обичате. Никога обаче, не удряйте с цел да убиете, дори при законна защита. Опитайте се да отблъснете нападателя без да го нараните – като го нокаутирате, например. Ако ударът, който се нанесли се окаже фатален, не се обвинявайте, тъй като не сте имали намерение да убивате.

Ще възпирате агресивните хора със сила, ако е необходимо с директни действия. Агресивното поведение е недопустимо и вие няма да го толерирате, дори ако трябва насилствено да обуздавате агресивните хора. Но винаги използвайте неагресивна сила, т.е. балансирана сила, приложена без лоши намерения, достатъчна да обуздае онези, които се опитват да причинят вреда.

Всяка заплаха за насилие трябва да бъде третирана като сериозно престъпно деяние. Да заплашваш с насилие, означава да мислиш, че е възможно и допустимо да постигнеш целите си по този начин. Човек, който заплашва друг с насилие е толкова опасен, колкото този, който вече е извършил престъпен акт. Докато намерим лекарство за онези, които отправят такива заплахи, те трябва да бъдат изолирани от обществото и трябва да ги накараме да разберат, че поведението им е ужасно.

Що се отнася до случаите с онези, които взимат заложници, първо трябва да помислим за живота на невинните хора, които не са в ръцете на похитителите. Хората, които взимат заложници са болни и не трябва да им даваме това, което искат. Обществото, всъщност, никога не трябва да се предава пред тях, защото по този начин окуражаваме други престъпници да подражават на тези действия и възнаграждаваме техните заплахи.

Всички човешки същества трябва да имат еднакви права при раждането си, независимо от каква раса са. Трябва обаче да има дискриминация срещу глупаците, независимо от цвета на кожата им. Всички раси, които населяват Земята са създадени от Елохим и трябва да бъдат уважавани еднакво.

Човечеството като цяло трябва да се обедини, за да излъчи световно правителство, както беше написано в първата част на това послание. Въведете също изучаването на нов световен език за всички деца от целия свят. Съществува Есперанто и ако никой не предложи нещо по-добро, изберете Есперанто.

Докато стане възможна отмяната на парите, въведете нова световна парична единица, която да замести националните валути. Тук лежи решението на монетарната криза. Ако никой не предложи нещо по-добро, използвайте федералната система. Създайте федерация от всички страни по света. Дайте независимост на онези региони, които имат потребността да се организират както искат.

Светът ще живее в хармония, когато вече не е съставен от отделни държави, а се състои от региони, обединени във федерация, поела отговорността за бъдещето на Земята.

Науката

Науката е най-важното нещо за човечеството. Системно използвайте предимствата от работата на учените, защото тези хора могат да решат всичките ви проблеми. Не позволявайте техните открития да попадат в ръцете на хора, които искат само да извлекат печалба от тях или в ръцете на военните, които държат в тайна някои открития, за да придобият хипотетично превъзходство над илюзорен враг.

Науката трябва да бъде вашата религия, защото Елохим са ви създали по научен път.

Развивайки науката, вие радвате създателите, защото правите като тях и им показвате, че разбирате, че сте създадени по техния образ и изгарят от желание да видят развитието на потенциала, който имате в себе си. Науката трябва да бъде използвана, за да освободи и служи на човечеството, а не да го отчуждава и разрушава. Вярвайте, само и единствено на онези учени, които не са манипулирани от финансови интереси.

Може да тренирате спортове, тъй като те са добри за вашето равновесие – особено онези, които развиват самоконтрола. Обществото трябва да разреши агресивните и дори изключително агресивните спортове. Те са като предпазни клапи. Едно развито неагресивно общество трябва да има агресивни игри, които да поддържат агресивния имидж и да позволяват на младите хора, които желаят да бъдат агресивни да го правят с други, които имат същото желание. Това също позволява на останалите да наблюдават тези актове на насилие и така да освобождават своята агресивна енергия.

Може да участвате в игри, които изискват мисъл и употреба на ума. Но докато не отменят парите, не играйте, за да печелите пари; по-скоро играйте за удоволствието да карате ума си да работи.

Ще датирате писанията си като броите годината 1946 като "първа", след Клод Раел, последният от пророците. Тогава 1976 ще бъде, следователно, година 31-ва след Клод Раел, или година 31-ва от ерата на Водолея, или година 31-ва на Апокалипсиса, или година 31-ва от златната епоха.

Човешкият мозък

Ние все още сме много далеч от пълното разбиране на потенциала на човешкия мозък. Шестото чувство, например, директното възприятие трябва да бъде развивано у малките деца. Това е, което ние наричаме телепатия. Телепатията ни позволява да общуваме директно с нашите създатели, Елохим.

Мнозина медиуми дойдоха при мен да ме питат какво да правят, защото били получавали послания от това, което те наричат "отвъдното", молейки ги да се свържат с мен, за да ми помогнат и аз от своя страна да използвам тяхните способности. Медиумите са много важни хора, защото те имат телепатична надареност над средното ниво и техните умове са вече по пътя на просветлението. Те трябва да медитират, за да развият напълно своя потенциал.

Аз, Клод Раел, с нетърпение очаквам всички медиуми, които са получили такива послания, да се свържат с мен, за да организираме редовни срещи. Истинските медиуми, които искат да бъдат информирани, ще получат всички инструкции. Силата на мозъка е огромна, но силата на няколко мозъка е безкрайна. Нека тези, които имат уши да чуят.

Никога не забравяйте, че всички онези неща, които не разбирате и които учените не могат да обяснят, са били създадени от Елохим. Часовникарят познава всички части на часовника, който е направил.

Апокалипсисът

Не забравяйте, че Апокалипсисът – буквално "епохата на откровението" – вече е тук, както бе предсказано. Беше казано, че когато дойде времето, ще има много лъжливи пророци. Трябва само да се огледате, за да видите, че времето наистина е дошло. Лъжливите пророци са тези, които пишат хороскопи, с които са пълни вестниците и има още много други, които отхвърлят ползата от науката и се придържат към всяка буква на древните писания, които са били послания от Елохим към първобитните хора от древни времена.

Такива лъжливи пророци предпочитат да вярват в това, което ограничените, първобитни люде са преписали преди много време от страх, докато са слушали тези, които смятали за богове, тъй като са дошли от небето. Те, вместо това, трябва да вярват в посланието на Елохим, което сега е дадено на хората, които вече не коленичат глупаво пред всичко, което идва от небето. Тези последните хора се опитват да разберат вселената и към тях можете да се обръщате като към зрели индивиди.

Но ако се огледате ще видите тълпи от фанатизирани и мракобесни религиозни секти, които привличат младите впечатлителни хора, жадни за истината.

Един философ веднъж беше казал: "Исус дойде да покаже пътя, които трябва да следваме, а всички се взираха в неговия пръст". Замислете се над това изречение. Не вестоносецът има значение, а човекът който изпраща посланието и самото послание.

Не се лутайте сред източните секти – истината не е на върха на Хималаите или Перу, или където и да е другаде. Истината е във вас самите.

Но ако обичате да пътувате и харесвате екзотични места, отидете до всички тези далечни страни. Тогава ще разберете, че сте пропилели времето си и че това, което сте търсили е било през цялото време вътре във вас самите.

Пътувайте вътре в себе си, иначе сте само туристи – някой, който само преминава и мисли, че ще намери истината като гледа другите да я търсят в самите себе си. Те може и да я открият, но със сигурност не и онези, които само ги наблюдават. За да пътувате вътре в себе си не се нуждаете от самолет.

Изтокът няма какво да научи Запада за мъдростта и просветлението на ума. По-скоро обратното е вярно. Как можете да намерите мъдростта сред хора, които умират от глад, а в същото време гледат стада от свещени крави да минават край тях?

Точно обратното, Западът със своя интелект и наука е този, който помага на хората, които от векове са оковани в примитивни и убийствени вярвания. Не е случайно, че държавите на Запад нямат същите проблеми като тези от Третия Свят. Там където управлява умът, тялото не умира от глад. Там където мракобесието надделява, тялото не може да оцелее. Могат ли примитивните хора да решат проблема с глада по света и да дадат храна на онези, които гладуват? Те вече са имали достатъчно трудности да нахранят себе си и вие очаквате да намерите мъдростта при тях?

Всички хора по света са имали еднакви шансове в началото. Някои са решили проблемите си и дори имат повече, отколкото им е нужно, докато други просто нямат средства за оцеляване. Според вас, кой на кого може да помогне? Хората от Запада все още имат много път да изминат към просветлението, но хората от Изтока не са достигнали и една десета от това, което хората от Запада са достигнали.

Телепатичната комуникация

'Умът и материята, в същността си са едно и също нещо' е казано в Бардо Тодол, Тибетската Книга на Мъртвите и този цитат е подходящ увод за тази част.

Ако искате да имате телепатична комуникация от високо качество, не подстригвайте косата и брадата си. Някои хора имат телепатичен орган, който е достатъчно добре развит, за да работи дори, ако главата им е бръсната. Но ако искате да постигнете най-добри резултати, тогава не подстригвайте това, което създателите са оставили да расте по главите и лицата ви. Ако расте, значи има причина, защото нищо от вашите физически характеристики, не е създадено без причина. Като уважавате създаденото, вие уважавате създателя.

Най-добрият момент за комуникация е когато се събуждате, защото като тялото ви изплува от съня, съзнанието ви се пробужда също. Един механизъм се включва в този момент, механизъм, които трябва да активирате съзнателно като отваряте ума си, колкото се може повече, за всичко около вас и за безкрайността. Трябва да отделите специално внимание да не спрете този процес.

Седнете с кръстосани крака, или по-добре, легнете по гръб на земята. Ако е възможно, разположете се на открито и гледайте към небето.

Умът е като роза. Сутрин започва да се отваря, но често се окастря, докато е още пъпка. Ако изчакате малко, ще разцъфти. Да правите физически фитнес е добре, но още по-добре е да правите фитнес на ума.

Не бъдете нетърпеливи да постигнете резултати незабавно. Когато един орган не се използва, той атрофира. Когато някой крайник е в гипс дълго време, той се нуждае от физиотерапия, за да възстанови нормалните си функции.

Гледайте към небето и мислете за мястото си в контекста на всичко, което ви заобикаля. Вижте се във връзка с къщата, която обитавате, едно малко петънце изгубено сред каменните стени. Вижте се във връзка с всички хора, които се събуждат по същото време и във връзка с онези, които на другия край на света си лягат. Помислете за всички, които се раждат, онези които се сливат физически, онези, които страдат, работят или умират в този момент. Мислете за всички тях и си представете себе си от гледна точка на вашето собствено ниво на съществуване.

Представете си също така, собственото си място във връзка с безкрайно голямото. Мислете за града, в който се намирате, мъничко петънце изгубено сред пейзажа на страната, континента или острова, където живеете. След това полетете във въображението си, сякаш със самолет все по-далеч и по-далеч, отпътувайки от земята, докато градът, а след това и континентът не се превърнат в нищо друго освен мъничко петънце на картата.

Осъзнавайте факта, че се намирате на Земята, мъничко кълбо, където човечеството не е нищо друго освен паразит. Тя непрекъснато се върти, въпреки че не винаги си даваме сметка за това. Поставете се във връзка с нея и във връзка с луната, която се върти около Земята, и във връзка със Земята, която се върти около слънцето и във връзка със слънцето, което се върти около центъра на нашата галактика. Поставете се във връзка със звездите, които също са слънца, които имат планети, въртящи се около тях. На тези планети живеят безкраен брой други същества и сред тях е планетата на нашите създатели, Елохим, а също и планетата на вечните, където един ден може да бъдете допуснати до безкрайността.

Поставете се във връзка с всички тези светове, където други човешки същества живеят – някои по-напреднали, други по-примитивни от нас и във връзка с онези галактики, които се въртят около центъра на вселената. Накрая се поставете във връзка с цялата наша вселена, която е атом от молекула, разположена, може би някъде в ръката на някой, който гледа към небето, чудейки се има ли живот на други планети.

Всичко това е във връзка с безкрайно голямото.

След това се поставете във връзка със своето тяло, с всички жизнени органи и всички други части, от които то е изградено. Помислете за всички онези органи, които работят без да ги забележите, точно в този момент.

Помислете за сърцето си, което бие без да го молите за това, вашата кръв, която циркулира и храни вашето тяло и вашия мозък, който ви позволява да мислите и осъзнавате какво правите. Помислете за всички частици, от които е изградена вашата кръв и за всички клетки, които се раждат във вашето тяло, тези, които ни доставят удоволствие, когато се възпроизвеждат и онези, които умират без да разберем и може би без да осъзнаем, че те изграждат индивида, който всъщност сме.

Помислете също за молекулите, които изграждат тези клетки и атомите, които изграждат тези молекули, въртящи се като слънца около центъра на галактика, и за частиците, изграждащи тези атоми, и частиците на тези частици, върху които има живот, който се пита дали има живот на други планети.

Всичко това е във връзка с безкрайно малкото.

Поставете себе си в хармония с безкрайно голямото и с безкрайно малкото като излъчвате любов към това, което е над нас и това, което е под нас и като осъзнавате, че самите вие сте част от безкрайността. След това, чрез задълбочено мислене за вашето послание, изпълнено с любов, послание към Елохим, нашите създатели, опитайте се да им предадете вашето желание да ги видите, да се присъедините към тях един ден, да имате силата да заслужите наградата да бъдете сред избраните. Тогава ще почувствате лекота и готовност да правите добрини около себе си със всички сили през целия ден, защото ще бъдете в хармония с безкрайността.

Също може да правите тези упражнения в стаята за сетивна медитация през деня, сами или с други хора. Но моментът, в който се приближите най-близо до съвършената хармония ще дойде, когато сте в стаята за сетивна медитация с някого, когото обичате и се слеете с него или нея физически и съвместно хармонизирате себе си с безкрайността по време на вашето сливане.

Вечер, когато небето е осеяно със звезди и температурата е умерена, легнете на земята. Погледнете към небето и мислете съсредоточено за Елохим, желаейки един ден да заслужите правото да сте сред тях и размишлявайки дълбоко, че вие сте тук и сте готови да направите точно това, което те пожелаят, дори ако не го разбирате напълно или не разбирате причините за тези желания. Може би ще видите смисъл, ако сте достачно готови.

Както лежите по гръб на земята, осъзнайте степента, в която вашите органи за възприятие са ограничени, което би могло да обясни трудностите, които срещате в разбирането на безкрайността. Една сила ви държи прикована към земята, не можете да полетите с устрем към звездите и все пак не виждате въжето, което ви задържа тук долу.

Милиони хора слушат хиляди радиостанции и гледат стотици телевизионни програми, които се излъчват в атмосферата – и все пак вие не виждате тези аудио и видео вълни, не ги и чувате. Стрелките на всички компаси сочат север, а вие нито виждате, нито чувате силата, която ги кара да правят това.

Затова повтарям отново – вашите органи за възприятие са ограничени, а енергията, също като вселената, е безкрайна. Пробудете се и пробудете органите в себе си, които ще ви позволят да приемате вълни, които все още не можете и дори не подозирате, че съществуват. Обикновените гълъби могат да открият север, а вие човешкото същество не можете. Помислете за малко върху това.

Освен това, научете вашите деца, чиито органи са в процес на развитие, на всичко това. Ето как "ново човечество" ще се роди и техните способности безкрайно ще превъзхождат тези на съвременните човешки същества.

Когато растежът е приключил, един човек, който никога не се е учил да ходи, ще бъде сакат и дори ако бъде обучаван по-късно, той винаги ще бъде с ограничени възможности, дори ако е бил много надарен. Следователно, точно по време на растежа трябва да просветлите умовете на децата си, така че всичките им способности да разцъфтят и те ще се превърнат в индивиди, които нямат нищо общо с това, което сме ние: бедни духом, ограничени, примитивни хора.

Наградата

Дано тази книга да поведе онези, които са познали и обичат нашите създатели, Елохим. Дано да поведе онези, които вярват в тях и онези, които не забравят телепатично да общуват с тях и така преоткриват оригиналния смисъл на молитвата. Дано да поведе онези, които вършат добро на своите побратими човешки същества. Дано да поведе онези, които вярват в това, което бе разкрито на мен и в това, което бе разкрито пред мен, и онези, които са сигурни, че научното прераждане е реалност. Всички тези хора имат водач и цел в живота си и са щастливи.

Що се отнася до онези, които не са просветени, безмислено е да им се говори за това послание на Елохим. Този, който спи не чува и изпадналият в безсъзнание ум не може да се пробуди само за няколко мига – особено ако спящият намира състоянието си за приятно.

Разпространявайте това послание сред онези, които вършат добро на своите побратими човешки същества. Разпространявайте го особено сред онези, които използвайки умовете си, дадени им от Елохим, освобождават обществото от страха от недостиг на храна, от болести и бремето на ежедневните несгоди. Те правят това, като дават време на другите да се реализират и разцъфтят и за тези хора, градините с фонтани, на планетата на вечните, са запазени.

Защото не е достатъчно само да избягваме да нараняваме другите, без да вършим нищо добро. Всеки, чийто живот е бил неутрален ще бъде обявяван в неутралитет, т.е. няма да бъде пресъздаван нито, за да плаща за извършените от него престъпления, нито, за да получи награда за несъществуващи добри дела.

Всеки, който през част от живота си е накарал много хора да страдат, а след това се е опитал да поправи злото със също толкова добро, ще бъде също считан за неутрален. За да получи правото на научно прераждане на планетата на вечните, човек трябва да има недвусмислено положителна оценка в края на живота си.

Да се задоволиш с правене на добро в малка степен е достатъчно за някой с неголяма интелигентност, или който не е богат, но не е достатъчно за някой, който е много интелигентен или богат. Един много интелигентен индивид има дълг да използва дадения му от Елохим ум, за да носи щастие на другите, като изобретява нови технологии за подобряване на условията им на живот.

Онези хора, които ще бъдат определени за научно прераждане на планетата на вечните, ще живеят в свят, където храната ще им бъде доставяна, без да правят каквото и да е усилие от тяхна страна и където ще има изключително красиви партньори от мъжки и женски пол, създадени с единствената цел да задоволяват техните желания. Те ще живеят там вечно, търсейки реализацията си, правейки каквото им харесва. А що се отнася до онези, които са карали другите да страдат, те също ще бъдат пресъздадени, но тяхното страдание ще се равнява на удоволствието на вечните.

Как може да не вярвате във всичко това сега, когато науката и древните религии се сливат перфектно? Вие не сте нищо друго освен материя, просто пръст, и все пак превърнати от Елохим в човешки същества по техен образ и способни да господстват над материята. По-късно, вие отново ще станете материя или пръст, и те ще ви накарат да живеете още веднъж, като ви пресъздадат с научни методи.

Елохим са създали първите човешки същества, без да знаят, че правят това, което е било направено някога за тях. Те мислели, че правят само малък научен експеримент и ето защо унищожили почти цялото човечество първия път.

Но когато разбрали, че са били създадени като нас, започнали да ни обичат като свои собствени деца и се заклели никога да не опитат да ни унищожат отново, оставяйки ни сами да преодолеем нашата собствена агресивност.

Въпреки че, като цяло, Елохим не се намесват директно, позитивно или негативно, в делата на човечеството, те обаче, оказват влияние върху някои индивиди, чиито дела им харесват или не. Горко на онези, които твърдят, че са срещали Елохим или са получавали от тях послания, ако това не е вярно. Животът им ще се превърне в ад, те ще съжаляват за лъжите си, когато се изправят пред бедите, които ги очакват.

Също за онези, които се опълчат срещу Водача на Водачите и се опитат да му попречат да изпълни мисията си или за онези, които вървят заедно с него, за да сеят конфликти сред тези, които го следват, за тях животът също ще се превърне в ад.

Без очевидна намеса, идваща отгоре, те ще разберат защо болести, проблеми в семейството и работата, емоционални беди и други неблагополучия изведнъж ще нахлуят в земния им живот, докато очакват вечното си наказание.

Вие, които се усмихвате, когато четете тези редове, вие сте сред онези, които биха разпънали Исус, ако бяхте живели по онова време. Но сега искате да видите членовете на вашето семейство да се раждат, женят и умират под неговия образ, защото това е станало част от нашия морал и обичаи. Държейки се като онези, които отивали да видят как лъвове разкъсват първите християни, вие също отправяте иронични усмивки към онези, които вярват в тези писания, казвайки им, че те трябва да прекарат известно време в лудница. Днес, ако някой има обезпокояващи обществото идеи, той не бива разпънат или хвърлен на дивите животни – това е прекалено варварско. По-скоро тези хора биват пращани в лудница. Ако тези заведения съществуваха преди две хиляди години, то Исус и тези, които са вярвали в него щяха да бъдат въдворени там. А що се отнася до онези, които вярват във вечния живот, то попитайте ги защо плачат когато загубят любим човек.

Тъй като дълго време човечеството не могло да разбере научната работа на Елохим, то било естествено, хората да вярват в неосезаем "Бог". Но сега, когато благодарение на науката, ние разбираме, че материята е безкрайно голяма и безкрайно малка, нямаме вече извинения да вярваме в "Бог", както нашите примитивни предци са правили. Елохим, нашите създатели биха искали да бъдат разпознати от онези, които са способни да разберат как животът може да бъде създаден и могат да направят подходящото сравнение с древните писания. Тези хора ще имат правото на вечен живот.

Християни! Стотици пъти сте чели, че Исус ще се върне – но ако се върнеше сега, щяхте да го изпратите в лудница. Хайде, отворете очи си.

Синове на Израел, вие още чакате вашия Месия – и все още не отваряте вратата.

Будисти! Вашите писания казват, че нов Буда ще се роди на Запад. Разпознайте очакваните знаци.

Мюсюлмани! Мохамед ви напомня, че евреите са направили грешка като са убили пророците и че християните също са направили грешка, като са почитали техния пророк, повече от този, които го е изпратил. И така приветствайте с добре дошъл последния от пророците и обичайте онези, които са го изпратили.

Ако разпознаете Елохим като ваши създатели, ако ги обичате и искате да ги приветствате с добре дошли, ако се опитвате да правите добро на другите, доколкото ви позволяват възможностите, ако мислите за вашите създатели редовно, опитвайки се чрез телепатия да ги накарате да разберат, че ги обичате, ако помогнете на Водача на Водачите да завърши мисията си, вие, без съмнение, ще бъдете преродени на планетата на вечните.

Когато човечеството откри необходимата форма на енергия, за да достигне до луната, то също се сдоби с достатъчна енергия да унищожи целия живот на Земята.

"Часът дойде и луната се разцепи на две' се казва в *Корана, Сура 54, Стих 1*. Следователно, всеки един ден отсега нататък, човечеството може да се самоунищожи. Само онези, които следват последния от пророците ще бъдат спасени от унищожение.

Преди много време хората не вярвали на Ной и му се смеели, когато правел своите приготвления за потопа. Но те не се смели последни.

Когато Елохим казали на хората от Содом и Гомор да напуснат града, без да се обръщат назад, някои не послушали тези предупреждения и били унищожени. Сега, когато сме достигнали до етапа, човечеството само да може да унищожи живота на Земята, само онези, които разпознават Елохим като свои създатели ще бъдат спасени от унищожение. Все още, може би не вярвате на нищо от казаното дотук, но когато дойде времето и си спомните за тези редове отново, ще бъде вече прекалено късно.

Когато катаклизмът се случи – и голям е шансът това да стане много скоро, имайки предвид начина, по който хората се държат – ще има две групи хора: онези, които не са разпознали своите създатели и не са последвали последния от пророците и онези, които са отворили очите си и ушите си и са разпознали това, което е били известно отдавна.

Първите ще преминат през страданието и унищожението на пещта, а вторите ще бъдат спасени и отведени с Водача на Водачите на планетата на вечните. Там те ще се наслаждават на чудесен живот, изпълнен с удовлетворение и удоволствия, заедно с древните мъдреци. Те са тези, които ги очакват прекрасни атлети с красиво изваяни тела, които ще им поднасят изтънчена храна в компанията на мъже и жени с несравнима красота и чар, които ще бъдат напълно подвластни на техните желания.

Седнали не кревати от ковано желязо със злато и скъпоженни камъни,

> Почиващи си, полегнали лице в лице,
> Ще ви очакват неостаряващи девици,
> Носещи бокали и кани, и чаши изпълнени с кипящ живот,
> Не ще получите главоболие от тях, нито ще се опияните
> И носещи плодове по избор,
> И птичи меса по желание,
> И ще има хубави моми с големи,
> Прекрасни очи,
> Като перли, които са запазени,
> Като награда за това, което сте направили.
>
> *Коран, Сура 56, стихове 15-24*

Вие, които вярвате във всичко написано тук, когато Водачът на Водачите ви призове, оставете всичко, тъй като може да е получил информация, свързана с края. Ако сте близо до него в този момент, вие ще бъдете спасени и отведени заедно с него, далеч от страданието.

Вие, които вярвате, не съдете думите и делата на Елохим. Създадените нямат правото да съдят своите създатели. Уважавайте нашия пророк, и не съдете думите и делата му, защото ние чуваме чрез неговите уши, виждаме през неговите очи и говорим чрез неговата уста. Ако ви липсва уважение към пророка, това означава, че ви липсва уважение към онези, които го изпращат, вашите създатели.

Посланията, които са ви били давани по-рано от Елохим и всички онези хора, които са им останали верни през вековете, са прави. Но мракобесните системи, които са били изграждани върху тези послания, използвайки онези, които са им вярвали, не са прави. Църквата е в процес на изчезване и заслужава съдбата си.

Що се отнася до вярващите в църквата мъже и жени, нека онези, чиито очи са отворени, да се присъединят към последния от пророците и да му помогнат да разпространи по света, последното послание, което му е било дадено. Той ще ги посрещне с отворени обятия и те ще могат да разцъфтят и да се реализират напълно, като останат посланици на онези, в които винаги са вярвали. Но този път накрая, те наистина ще разберат каква е била задачата на Елохим, когато са създали човечеството и когато са изпратили Исус.

Те наистина ще могат да се реализират, освободени от оковите на Църквата, която е закостеняла и покрита с престъпления и престъпни мъчения, в продължение на хиляди години. Те ще могат да направят, това, което трябва – ще могат да използват органите, които създателите са им дали, защото нашите създатели не биха желали ние да не използваме органите, които са ни дали.

Мъжете и жените на Църквата ще могат да се наслаждават на петте си сетива и да се сливат физически, завинаги или за миг щастие, с когото пожелаят, без да се чувстват виновни. Сега трябва да се чувстват виновни – виновни за това, че не използват всичко това, което им е дадено от техните създатели. Но освободени от старите си окови, те наистина ще отворят умовете на хората, вместо да ги приспиват!

Почти няма останали студенти в Римо-Католическите семинарии, където се обучават свещеници. Но има някои нещастни хора, които чувстват, че имат призванието да разпространяват любов около себе си и да отварят човешките умове. Преди петдесет години имаше 50,000 семинаристи, обучаващи се по всяко едно време, но сега има само 500. Това означава, че има поне 49,500 нещастни хора, които имат в себе си потенциала да разпространяват истината и хармонията, заложена в тях от нашите създатели, но които не харесват една църква, покрита с престъпления и мрак.

Вие, които сте сред тези 49,500 души и чувствате потребност да разпространявате истината и да направите нещо за своите побратими и които искат да останат верни на своите създатели и на Исус, който ви каза да се обичате и да уважавате своите създатели, "Отецът, който е на небето", вие, които чувствате, че това послание е истина, елате при нас и станете Водачи.

Елате и се посветете на Елохим, както са направили Моисей, Илия и Исус, и на разпространението на техните послания, докато продължавате да водите нормален живот, реализирайки се напълно и наслаждавайки се на всички сетива, които създателите са ви дали.

Вие, които сте понастоящем членове на Църквата, свалете тези дрехи, които са толкова весели, колкото е цветът им, цвят на престъпления, извършвани зад мрачната им фасада. Елате с нас и станете водачи на човечеството по пътя му към всеобщия мир и любов.

Напуснете тези църкви, които не са нищо друго освен паметници, построени от примитивни хора, храмове, където те почитат неща, които нямат стойност – парчета дърво и метал. Елохим нямат нужда от храм във всеки град, за да се чувстват обичани. Достатъчно е само хората да се опитват да общуват с тях телепатично и така да преоткрият оригиналния смисъл на молитвата, но също и да се открият за безкрайността, а не да се затварят в мрачни, тайнствени каменни здания.

Лицемерието и мистификациите траяха достатъчно дълго. Използвайки истински послания за своя основа, организации бяха изградени и забогатяха от тях, живеейки в лукс, който е не на място и използвайки хорския страх, за да постигнат своите собствени цели. Дори войни са се водили под претекст, че така тези послания се разпространяват в чужбина. Срамота!

Парите на бедните са били използвани за построяване на мощна финансова база. Срамота!

Любов към съседите била проповядвана с оръжие в ръка. Срамота!

Равенство между хората било проповядвано, докато са поддържани диктаторски режими. Срамота!

"Господ е с нас!" било казвано, за да окуражи хората да участват в братоубийствени войни. Срамота!

Много пъти следният пасаж от Евангелието е бил цитиран:

> "И никого на земята недейте нарича свой отец, защото Един е нашият Отец, Небесният."
>
> *Матея 23: 9*

А в Църквата те все още държат постоянно да ги наричат "Отче", "Монсиньор" и "Мой Боже". Срамота!

Други текстове, които се препрочитат отново и отново, казват:

> "Не вземайте нито злато, нито сребро, нито медна монета в пояса си, нито торба за път, нито две ризи, нито обуща,

нито тояга."

Матея 10: 9-10

Все пак те се въргалят в лукс във Ватикана. Срамота!

Папата, ако не продаде всички имоти на Ватикана, за да помогне на нещастните хора, няма да бъде допуснат сред праведните на планетата на вечните. Срамно е да се въргаляш в лукс, придобит за сметка на бедните, използвайки истинските послания и експлоатирайки ражданията, сватбите и погребенията на човешки същества.

Ако всичко това се промени и ако онези хора, които са част от тази чудовищна организация без да разбират своята грешка, сега я напуснат и се разкаят за грешката си, ще им бъде простено и ще им се даде правото да бъдат вечни. Защото Елохим, нашите създатели, ни обичат, нас своите деца и прощават на онези, които искрено се разкайват за грешките си.

Църквата няма причина да съществува повече, тъй като й е било поверено разпространението на посланието на Исус, в очакване на епохата на Апокалипсиса, а тази епоха е вече тук. Църквата също използва методи за разпространение на информация, които са срамни. Въпреки че е завършила своята мисия, Църквата ще бъде порицана за всичките си престъпления и онези, които все още носят нейните одежди покрити с кръв, ще бъдат сред виновните.

Събудете се, вие спящите! Тази история не е изфабрикувана. Прочетете отново всички писания на древните пророци, информирайте се относно всички най-нови научни открития – особено в областта на биологията – и погледнете към небето.'

Предсказаните знаци са там. НЛО – неидентифицирани летящи обекти – които човечеството нарича "летящи чинии", се появяват всеки ден.

"Ще има знаци на небето" – това е написано преди много време. След като веднъж сте се информирали за тези неща, интегрирайте всичко това в ума си и се събудете. Клод Раел съществува, той наистина е жив и той не е написал това, което Моисей, Езекиил, Илия, Исус, Мохамед, Буда и всички други са написали. Той не е биолог, а последният от редицата пророци, пророкът на Апокалипсиса – т.е. на времето, когато всичко ще бъде разбрано.

Той живее сред вас точно сега; вие сте щастливи да бъдете негови съвременници и да можете да получите неговото учение. Събудете се! Съберете сили и поемете по пътя. Отидете, вижте го и му помогнете – той се нуждае от вас. Вие ще бъдете едни от пионерите на последната религия, религията на религиите и независимо какво се случи, вие ще имате своето място сред избраните за вечен живот, наслаждавайки се на удоволствията на планетата на вечните в компанията на прекрасни същества, които са готови да изпълнят всяко ваше желание.

Водачите

Вие ще последвате Водача на Водачите, защото той е посланикът на Елохим, нашите създатели, "Нашите Бащи, които са на небето". Вие ще следвате всеки съвет, даден в тази книга, защото тези съвети са от вашите създатели, предадени от Клод Раел, нашият посланик, последният от пророците, овчарят на овчарите, и вие ще му помогнете да изгради религията на религиите.

Евреи, Християни, Мюсюлмани, Будисти и всички вие, които имате друга религия, отворете очите и ушите си, прочетете отново свещените писания и ще разберете, че тази книга е последната, предсказана от вашите собствени пророци. Елате, присъединете се към нас за посрещането на нашите създатели.

Пишете на Водача на Водачите и той ще ви свърже с други хора, които като вас са Раелияни – т.е. хора, които разбират посланието предадено от Клод Раел. Той ще ви свърже с водача на вашия регион, за можете да се срещате редовно, да медитирате и да работите по разпространението на това послание, за да стане то известно по целия свят.

Вие, които четете това послание, осъзнайте, че сте привилигировани и помислете за всички онези, които все още не знаят за него. Направете всичко възможно, за да се уверите, че няма около вас човек, който да не знае за тези фантастични разкрития, без да се опитвате да убедите тези, на които говорите. Запознайте ги с това послание и ако са готови, ще се разкрият сами.

Непрекъснато си повтаряйте това изречение на Ганди:"Истината не става лъжа заради факта, че никой не я вижда".

Вие, които чувствате радост като четете това послание и които искате да разпространявате тази истина и да я превърнете в светилище, вие, които искате напълно да посветите живота си на нашите създатели, като изпълнявате съвестно това, което те искат, като се обучавате да водите човечеството по пътя на разцвета и осъществяването, вие трябва да станете Водач, ако искате да сте напълно способен за това.

Пишете на Водача на Водачите, на Клод Раел и той ще ви посрещне с добре дошли и ще уреди посвещаване, което ще ви позволи да разпространите напълно тази истина. Защото можете да просветите умовете на другите, само ако вашият собствен ум е просветен.

Любовта на създателите към тяхното творение е огромна и вие трябва да им върнете тази любов. Вие трябва да ги обичате така, както те обичат вас и трябва да го докажете като помагате на техния посланик и неговите помощници, отдавайки всичките си средства и всичките си сили в тяхна служба, за да могат те да пътуват по целия свят да разпространяват това послание и да изградят резиденция за посрещане на нашите създатели.

Ако искате да ми помогнете да реализирам целите поставени от Елохим, пишете ми, до Раел:

**The International Raelian Movement
Case Postale 225, CH 1211
Geneva 8
Switzerland
headquarters@rael.org**

Също не забравяйте, че редовните местни срещи на хората, които вярват в това последно послание, се провеждат всяка първа неделя на април, на 6-ти Август, на 7-ми октомври и на 13-ти декември всяка година. Местата на тези срещи ще бъдат обявени в бюлетина за връзка на Движението на Раел за вашата страна и някои адреси, които ще ви помогнат да се свържете, са изброени в края на тази книга.

КНИГА ТРЕТА
ДА ПРИВЕТСТВАМЕ ИЗВЪНЗЕМНИТЕ

1

ЧЕСТО ЗАДАВАНИ ВЪПРОСИ

Тази глава дава отговори на въпроси, най-често задавани на Раел от журналисти на радио- ителевизионни интервюта, в които той е участвал по целия свят непосредсвено след публикуването на първите две негови книги в средата на 70-те години.

Привидни противоречия между първото и второто послание

Въпрос:

Първото противоречие между първото и второто послания е в началото на диалога между Елохим и Вас. В първото послание когато го питате дали е възможно да посетите планетата му, той отговаря:

"Не, Вие не можете да живеете там, защото атмосферата е много различна от вашата, а и не сте достатъчно подготвен за такова пътешествие". Въпреки това, при втората Ви среща на 7-ми Октомври 1975 год., Вие сте отнесен в една от тяхните летателни машини на Планетата на Вечните. Също така трябва да отбележим, че при първия контакт, машината се приближава бавно и след като се спуска на 10 м. височина, червена лампа започва да свети от долната и част. Когато тя се намира достатъчно ниско, за да можете да видите горната и част, Вие забелязвате, че там свети ярка бяла лампа, докато при предаването на второто послание, машината се появява изведнъж зад храстите на Рок Пла без никакви лампи и вече кацнала на земята. Също така, след завръщането Ви, тя изчезва мигновенно след като Вие слизате от нея, все едно, че се дезинтегрира.

Друго противоречие - по време на първия контакт, лицето на Елоха е обвито в нещо като ореол, което, както той по-късно обяснява е вид скафандър съставен от вълни, докато при втората среща нищо не обвива лицето му. Това противоречие е подсилено от изявлението на 37 страница на първото послание:

"Не можеш да видиш лицето Ми, защото човек не може
да Ме видии да остане жив".

Изход 33:20.

Този библейски цитат е разяснен по следния начин: "Ако човек дойде на нашата планета, ще види създателите си без техните скафандри, но ще умре, тъй като атмосферата там не е годна за него". Как обяснявате това?

ОТГОВОР:

Обяснението на тези привидни противоречия е много просто и може да се сумира в една дума - психология.

Ако някой реши да направи контакт с човек, роден на планета с по-примитивен стадий на развитие, дори той да е създаден със строго определена мисия, трябва да се вземат някои предпазни мерки, за да не бъде повредена психиката му. За някой, който в наше време живее в страна, където науката е развита, появяването в небето на машина, оборудвана със сигнални лампи, няма да е травматично. Той повече или по-малко е виждал сателити и ракети по телевизията, а със самолети и хеликоптери е свикнал още от детството си, и до известна степен знае тяхния начин на действие. За да не бъде той изплашен, най-добре е появяването да стане постепенно, а машината да е оборудвана със сигнални светлини, подобни на тези на добре известните му самолети и хеликоптери. Човек би приел това съвсем нормално и не би се изненадал прекалено много от машина, привидно направена от метал, следователно много тежка, дори ако тя е безшумна. Съществото, което ще се появи, трябва да бъде облечено така, както човек би очаквал да бъде облечен пилот на самолет или космонавт. Фактът, че нещо подобно на скафандър покрива лицето му би окуражил човек, тъй като ще му напомня за пилотите на земните летателни машини, които той добре познава. По този начин те ще постигнат целта си - да не изпадне в паника този, с когото са влезли в контакт, като в същото време да му позволят да види все още неизвестна на хората от Земята технология, за да може да разбере, че е срешнал посетители от друга планета.

По време на вторя контакт, когато летящата машина се появи по-брутално, Елохим използваха технологията си без маскировка, знаейки, че очевидецът е достатъчно подготвен психически, за да не бъде травматизиран. Ако те се бяха появили толкова брутално при първата среща, шокът щеше да е голям и психиката ми щеше да бъде доста разстроена. Въпреки всичката им предпазливост, поради изпитанията нервен шок, аз развих язва в стомаха, която излекувах едва след няколко месеца. Посланието бе "сладко на вкус, но горчиво в стомаха ми". Щеше да бъде още по-лошо без взетите от тях мерки при срещата ни.

От самото начало, до ден днешен, нашите създатели винаги са целяли да впечатлят сътворението си всеки път, когато се появяват. Човек не е можел правилно да прецени, кои са тези посетители от небето. Главната цел на Елохим е била да накарат хората да вярват, дори и да не разбират. Сега ние достигнахме Ерата на Апокалипса, което означава Ерата на Откровението, Ерата, в която можем да разбираме, а не края на света, както някои искат да вярваме. Можете да проверите сами във всеки един добър речник.

Тяхното решение да се появяват произлиза от желанието им да бъдат разбрани и приети, като наши създатели, както е написано във всички религиозни писания по целия свят, например - Библията, която те са продиктували на първите хора преди хиляди години, и в която са наречени "Елохим". Те са оставили следи от себе си, така, че да бъдат разпознати хиляди години по-късно, когато човешките знания са напреднали достатъчно, т.е. - сега, за да можем да приемем дошлите от небето без да се молим коленичейки и без да викаме: "чудо!".

И най-накрая, трябва да помним, че Елохим бяха решили да ме изпитат, преди да ми дадат цялостното послание, затова го направиха постепенно.

Въпреки настойчивото ми желание да полетя в тяхната летателна машина, те ми отказаха с отговора, че това е невъзможно, както понякога хората казват на децата си, че няма да пораснат ако консумират алкохол. Затова към Библията е било добавено Битие, което, адресирано към примитивни хора е имало за цел да ги държи сдържани. И те са вярвали без да се опитват да разберат.

Датиране на творчеството на Елохим

Въпрос:

Елохим казват, че са създали живота на Земята преди 25000 години. Как така ние намираме следи от кости на животни от преди стотици хиляди години?

Отговор:

Елохим обясниха, че не са създали нашата планета. Когато са решили да продължат опитите си за създаване на живот в своите лаборатории, започнали да търсят във вселената планета с благоприятна за това атмосфера. Земята се оказала подходяща след много тестове и анализи.

След което, те започнали да създават формите на живот познати ни днес, включително и човека.

Което значи, че на Земята може да е имало и други форми на живот преди 10000 или 20000 години, друго творение, което може да е било разрушено от естествена или искуствена катастрофа.

Представете си, че утре избухне ядрена война, която унищожи целият живот на Земята. 10000 години по-късно хора от друга планета пристигнат и създадат живи организми, интелигентни същества, които след известен научен прогрес ще открият следи от нашата цивилизация. На тези същества ще им е трудно да повярват, че други същества дошли от небето, са ги създали научно, използвайки за доказателство, че костите - нашите кости, са на повече от 25000 години. Те дори може да намерят още по-старите кости на мамути, които ние все още намираме днес. Животът, който съществува на Земята днес не е нито първия, нито ще бъде последния създаден такъв.

На нашата планета е имало безкрайно много създавания, но и безкрайно много разрушения, преди всичко поради липса на мъдрост у тези, които са били еквивалент на нашето човечество.

Израелския народ и евреите

ВЪПРОС:

В първото послание на 22-ра страница е написано, че хората на Израел са избрани на едно от съревнованията на Елохим за най-успешните хуманоиди, що се касае до интелект и гений. После във второто послание на 220-та страница е написано: "Евреите са нашите преки наследници на Земята. Затова те са избрани и съдбата им е специална. Те са наследниците на съюза между Синовете на Елохим и дъщерите на хората". Това не си ли противоречи?

ОТГОВОР:

Хората, избрани от нашите създатели - Елохим за най-съвършенни са били израелтяните, които са били създадени в лаборатория някъде на нашата планета. Може би това е причината Синовете на Елохим да бъдат изкушени от техните жени, които да им родят деца, на които израелският народ са наследници. Ето как расата, населяваща земята на Израел се е превърнала в еврейския народ.

Движението Раел и пари

ВЪПРОС:

В първата книга на 96-та страница е написано:

> "Никой не може да служи на двама господари, защото или ще намрази единия, а ще обикне другия, или към единия ще се привърже, а другия ще презира. Не можете да служите на Бога и на Мамона... Недейте си събира съкровища на Земята.."
>
> *Матей 6:24*

Ватикана е силно критикувана заради своите богатства, а самото Движение Раел изисква пари от членовете си. То няма ли да попадне в същия капан като Ватикана?

Отговор:

Не може да се сравняват тези, които живеят в лукс и разкош, изискващи от вярващите да живеят бедно, използващи парите им да поддържат безчет свещенници и кардинали, да увеличават постоянно инвестициите си в недвижимо имущество, да поддържат палат от друга епоха, където гардовете носят алебарди, не може тези узурпатори на Рим, да се сравняват с движение, което няма, нито някога ще има платено духовенство, не притежава или някога ще притежава три-четвърти от домовете и недвижимото имущество в една столица, където за хората е проблем да си намерят подходящи жилища, както е случаят в Рим, където те не дават под наем от страх да не се обезцени инвестицията им, което няма или някога ще има царски дворец, разпадащ се под тежестта на злато и сребро.

Ние действително се нуждаем от много пари, които ще се използват за постигане на тези конкретни цели:

1. Да бъдат преведени посланията на Елохим на всички езици, за да могат всички хора на света да ги чуят.

2. Да се построи посолство, където Елохим ще се срещнат официално с хората. Това посолство няма да бъде нито царски дворец, нито катедрала, а по-скоро обикновенна сграда, притежаваща удобствата, които се полагат на всеки един съвременен човек. То ще има дипломатически имунитет и дори най-малката държава ще има там свой посланик.

И накрая, ако успеем да съберем повече пари от необходимите за постигане на двете цели, които вече посочих, преди да сме успели да разпространим посланието по цялата планета, то останалата сума ще бъде използвана за построяването на научноизследователски център в близост до посолството. Този център ще събере всички учени, желаещи да работят върху създаване на живот в лаборатория, позволявайки по този начин на човечеството да настигне създателите си. Създаването на биологични роботи ще доведе до премахването на физическия труд и следователно на парите. Също така планираме да построим училище за гении и за деца с изключителни дарби. Тези научноизследователски колективи ще могат да работят свободно, далеч от експлоатиращите ги лаборатории, мултинационални компании и задушаващите човешкия гений държавните системи.

Така те ще имат възможността да работят без да се страхуват, че техните открития могат да попаднат в ръцете военнополитически сили, на които са необходими нови технологии за производството на още повече разрушителни оръжия.

Нищо не е постоянно във времето и пространството

ВЪПРОС:

В първата книга на 99-та страница, Вие писахте, че планетата на Елохим се намира на по-малко от една светлинна година от нас, или девет хиляди милиарда километра, след като това е разтоянието, което светлината минава за една година. Светлината се движи с около 300000 км/с.

Нашите учени днес твърдят, че най-близката звезда до нашето слънце се намира на четири светлинни години. Как обяснявате тази разлика?

ОТГОВОР:

Елохим не желаят ние да знаем, къде точно се намира планета им. Това е напълно разбираемо, като се има впредвид упоритата тенденция към разрушение у човека, независимо от това, че технологията на Земята все още е сравнително примитивна.

Това ще ни бъде разкрито в детайли, когато те официално пристигнат в посолството, което ние ще построим за тях. До тогава можем само да си задаваме въпроси.

Учени, членове на нашето движение, предлагат хипотеза, че разтоянието между тяхната планета и нашата може да е четири светлинни години, ако проследим светлината, която може би се движи дъгообразно, но вероятно е само на една светлинна година ако следваме права линия. Това е една от възможностите.

Мога да добавя, че светлината не се движи с еднаква скорост във всички части на вселената, тъй като нищо не е константно, нито във времето, нито в пространството. Това е една от най-грубите грешки, които учените днес допускат. На базата на наблюдение извършено за ограничено време, те правят заключение за изминалите и предстоящи хиляди години, или правят заключения за безкрайното пространство на базата на заключения за ограничено пространство. Човек винаги е повтарял една и съща грешка - да съди според собствените си познания. Тези, които са приемали хоризонта за основа са смятали, че светът е плосък...

Същото важи и за историческото датиране, използвайки методите на основа на радиоактивност наречени – "Въглерод 14", "Калий-аргон", "Уран-олово-торий" или всички други подобни методи. За тези, които се интересуват има една много интересна книга, която обяснява всичко това много сериозно, имам впредвид – "Еволюция или сътворение" (вижте библиографията в края на книгата). Накратко, грешката, която се допуска при тези методи за датиране, е да се тръгва от принципа, че сегашното движение на атома винаги е било постоянно и оттам да се правят изчисления, базиращи се на невярна информация, тъй като нищо не е постоянно във времето и пространството.

За да илюстрираме тази грешка по-добре, нека вземем например един двайсет и пет годишен човек и да измерим растежа му за една година. За повечето индивиди той е средно около един милиметър на година. Изхождайки от това, ние ще стигнем до извода, че някой, който е висок - 1,75 м., е на 1750 години. Ние, обаче сме забравили, че растежът на този млад човек не е бил постоянен. През първата си година, той е пораснал повече от 500 мм, между четвъртата и петата си година - само 60 мм, а между четиринайстата и петнайстата - около 80 мм. Както виждате нищо не е постоянно и всички усилия да определим възрастта на индивида, изхождайки от частично наблюдение на растежа му, биха се провалили напълно...Ще забележите, че ако започнем от края на първата година на растежа, когато човекът е на 60 см, ако трябва да изчислим височината му след двайсет и една години на подобен растеж, ние бихме предрекли, че на двайсет и една години височината му ще е 12.6 м.

Въпрос:

В първата книга на 28-а страница, Вие пишете, че преди 25000 години Елохим са създали първичния континент, от който по-късно откъсналите се части са образували континентите, които познаваме днес. Американският континент всяка година, продължава да се отдалечава от Европа според някои учени с няколко сантиметра, или с един метър както твърдят други. При това положение, ако приемем един метър на година за вярно, за 25000 години континентът би се отдалечил с 25000 метра или - 25 километра, а в действителност Северна Америка е на хиляди километра от Европа. Как бихте обяснили това?

Отговор:

Отговорът на този въпрос е абсолютно същия както на предишния. В примера за растежа на човек, съотношението между първата и двайсет и първата година е 600 към 1. Това важи хиляди пъти повече, когато говорим за раздалечаване на континентите. И тук нищо не е постоянно във времето и пространството. Сега може би континентите се раздалечават с няколко сантиметра на година, но в началото те са се раздалечавали с много хиляди километра годишно. Напоследък имаше земетресение на Арабския полуостров и хората с изненада откриха, че два региона са се разделили с повече от метър само за една нощ. Все пак сега се намираме в сравнително спокоен период от историята на Земята и страничните ефекти на "бурята" при сътворението на първичния континент от нашите бащи, са имали време да утихнат за 25 хилядолетия. В безкрайните време и пространство нищо не е константно - независимо дали е материя или енергия.

Предаване на генетичния код и челната кост

Въпрос:

От всички, които приемат Раел за изпратен от нашите създатели – Елохим, и че е последния от пророците, се изисква да си предадат генетичния код чрез него, или чрез официално упълномощен от него гид за евентуалното им пресъздаване на планета на Вечните. От друга срана от всеки Раелиянин също така се изисква да вземе необходимите мерки в завещанието си, а именно - да изпрати своята челна кост след смъртт си на Гида на Гидовете. С каква цел се прави това, при положение, че генетичния код вече е предаден?

Отговор:

Предаването на генетичния код е жест на разпознаване на Елохим, като наши създатели от всеки Раелиянин докато е жив. Консервацията на челната кост е разпознаване на Елохим, като наши създатели дори след смъртта. Заедно те представляват разпознаване "както в живота, така и в смъртта". Клетъчният план, или генетичният код на всеки индивид се регистрира в огромен компютър, записващ всички наши действия докато сме живи, от момента на зачеването, когато се срешнат яйцеклетката и сперматозоида - момента на регистриране на нов генетичен код,следователно на нов индивид. Този индивид ще бъде наблюдаван по време на живота му и в неговия край компютърът ще знае, дали този индивид заслужава право на вечен живот на планетата, на която Елохим приемат само най-достойните мъже и жени.

Въпрос:

Какво ще се случи, ако Раелиянин загине при катастрофа и цялото му тяло е унищожено?

Отговор:

Ако въпросният Раелиянин е взел мерки в завещанието си, изисквайки изпращането на челната кост на Гида на Гидовете, няма никакъв проблем, тъй като това ще е регистрирано в компютъра, който изследва всеки един от нас по време на нашето съществуване. Също се отнася и заРаелиянин, който умре, и на когото властите не уважат последното желание и завещание, отказвайки отстраняването на гореспоменатата кост. Важното е всеки Раелиянин да направи завешанието си според изискванията.

Когато Раелияните станат един милион, властите ще бъдат принудени да направят така, че изпълнението на последното желание и завещание на всеки да е уважавано от закона.

Последното желание и завещание на първите християни също не са били изпълнявани, докато са били малцинство. Раелизмът ще стане доминиращата религия на Земята през третото хилядолетие и тогава последното желание и завещанията на Раелияните ще бъдат изпълнявани.

ВЪПРОС:

Повечето хора умират стари. Стари ли ще са, като бъдат пресъздадени за вечен живот?

ОТГОВОР:

Абсолютно - не! Който има щастието да бъде пресъздаден за вечен живот на Планетата на Вечните, ще бъде пресъздаден млад, с тяло, което е на върха на силите и способностите си. Всеки път, те ще бъдат пресъздавани по този начин, завинаги.

ВЪПРОС:

Написано е, че само тези, които Ви следват ще бъдат спасени. Ако човек е посветил живота си на щастието и благоденствието на човечеството, но никога не е чувал за посланията на Елохим, нима няма право да бъде спасен?

ОТГОВОР:

Този човек е между праведните и ще бъде спасен. Тази част от посланието се отнася за тези, които са ги прочели. Измежду тях само тези, пожелали да следват указанията, дадени ни от нашите създатели ще бъдат спасени. Но ако на Земята има хора, които живеят преди всичко, за да помогнат на прогреса на човечеството и хората около себе си с всичко, което могат, но умрат, без да са научили за посланието на нашите бащи, те ще бъдат между праведните, и ще бъдатспасени. По-скоро ще бъдат извинени тези, чиито постъпки са положителни и не знаят за посланието, отколкото тези, които знаят, тъй като последните нямат никакво извинение да не променят поведението си и да обърнат повече внимание на постъпките си.

Атом ли е Земята от пръстта на Бог?

ВЪПРОС:

Посланието обяснява, че Земята е само един атом от атома на гигантското същество, от което ние сме част, както и, че съществува интелигентен живот на атомите на атомите, от които ние сме съставени. Това гигантско същество, от което ние сме част, не може ли да се счита за Бог?

ОТГОВОР:

Всичко зависи от това, какво влагаме в думата "Бог". Ако това е безкрайността, тогава да, но само отчасти, тъй като това гигантско същество, от което ние сме част, също живее на планета, която е само атом на друго някое гигантско същество и така до безкрайност.

Ако под "Бог" имаме впредвид същество, което има власт над нас - съвсем не, тъй като такъв "Бог" не съществува.

Безкрайно голямото същество, от което Земята е само една частица, няма власт над нас, тъй като не трябва да забравяме, че за това същество времето тече много по-бавно. Времето, което е необходимо на това същество да помисли, за нас се равнява на няколко хилядолетия. Времето, което е необходимо на съществата, живеещи на атом на наш атом, да помислят за нас е една милярдна от една милярдна от секундата. Това безкрайно малко същество може да си мисли, че ние сме "Бог" и ще е също толкова заблудено колкото сме и ние, ако смятаме, че съществото, от което ние сме част е нещо божествено. Тъй като вселената е безкрайна, тя няма център, което елиминира възможността да съществува всесилен и вездесъщ Бог!

Безкрайността е вездесъща и ние сме част от нея, както и тя е част от нас. Но тя няма никаква власт над нас и е "безкрайно" безразлична към нашите решения или поведение. В крайна сметка, няма никакво доказателство, че гигантското същество, на чиито частици ние сме паразити е човешко същество. Може би е куче или червей (единственото, което е доказано от Елохим е, че е нещо живо).

Ноевият ковчег - космически кораб?

Въпрос:

Посланието казва, че Ноевият ковчег е бил космически кораб. Обаче преди няколко години, на планината Арарат в един ледник, бяха открити части от плавателен съд, които някои смятат за останки от Ноевия ковчег, който както знаем е бил кораб. Как обяснявате това?

Отговор:

Тези дървени останки бяха наскоро анализирани и се оказа, че те са на не повече от 700 години. От което следва, че Ноевия ковчег е бил направен около година 1200 след нашата ера. Дори да признаем, че системата за датиране допуска огромни грешки и да умножим това датиране по три това прави 2000 години и означава, че потопът е бил около началото на Християнската ера, което не е вярно. Но дори ако един ден се намерят останки от дървен кораб, датиращи отпреди 5000 години, което съответства на периода на потопа, това не доказва, че Ноевият ковчег е бил дървен кораб. Със сигурност ще бъдат намерени около планината Арарат дървени останки от кораб, датиращи от времето на истинския потоп, тъй като, когато Ной е построил своя космически кораб, за да спаси определени хора от унищожение, в пристанищата на неговата страна е имало дървени кораби, отнесени от огромните вълни, причинени от силните експлозии, унищожили всичкия живот на Земята. Както днес във Флорида, недалеч от Американската ракетна площадка, от къдетоса политяли хората стъпили на луната, можем да намерим великолепни лодки, построени от дърво, както и превъзходни яхти на американски милионери. В случай на ядрена война, някои експлозии могат да предизвикат огромни вълни, които да отнесат тези лодки до близката планина като сламки. Евентуалните оцелели, след няколко века ще намерят останките на тези лодки и ще направят извода, че трябва да е имало огромен потоп, за да стигнат те до там, и след като е написано, че някои хора са оцелели от този потоп качвайки се на борда на някакъв кораб, да са сигурни, че тези останки са именно от този кораб.

Един много важен факт ни помага ясно да разберем, че потопът не е бил предизвикан от продължителни дъждове, както е общоприето да се мисли, а е резултат на колосален катаклизъм, който напълно и много брутално е променил земната повърхност. Ако е бил предизвикан от продължителни дъждове, всички лодки щяха да бъдат спасени и разбира се, всички моряци и навигатори от тази епоха щяха да оцелеят без никакъв проблем. Обаче ясно е написано, че само тези, които са били в Ноевия ковчег са оцелели, което е логично, тъй като единствено той е бил космически кораб!

Живот след живота - или сънища и реалност

Въпрос:

Наскоро бе издадена книга, съдържащата показания на хора, върнати към живот след кома и почти всички те разказват една и съща история - как при наближаване на смъртта са имели видения на хармонични пеещи хора, облечени в бели роби. Видения на хора, които са изчезнали безследно и т.н. Вие твърдите, че след смъртта няма нищо, освен ако Елохим не се намесят пресъздавайки тези, които са умряли. Как обяснявате последователността в тези показания и не доказват ли те съществуването на душа?

Отговор:

Всичко, което се случва в човешкия мозък не е нищо друго освен резултат на електро-химични реакции. Без значение дали е предизвикан от любов, омраза, удоволствие, страдание, въображение или друго емоционално състояние, чувство или болест, този процес във всеки един случай зависи от химичните реакции в задната част на мозъка и електрическите импулси или съобщения, които следват в резултат на тези реакции, било визуални, слухови, базиращи се на паметта или на интерпретация на нови случки, на основа на елементи, които пазим в паметта си.

Ако дишаме много дълбоко и забързано, ние скоро ще почувстваме повдигане на духа и ако накараме сто души да направят същото, всички те ще се почувстват еднакво. Ако накараме сто души да пробягат един километър, то всичките те ще се задъхат. Всичко това е резултат на определени физически реакции и те са еднакви за всички. Мозъкът на изпадналия в кома се оросява с кръв по определен начин и мозъчните му клетки приемат кислород по определен начин- този факт ще предизвика определени реакции, които са еднакви за всички нас.

Ако излеем киселина върху варовик, винаги ще се образува пяна. Ако ударим сто души по главата достатъчно силно, че да изпаднат в кома, те всички ще изпитат едно и също нещо.

Всъщност те ще опишат само това, което благодарение на състоялите се химични реакции, се е запазило в паметта им. Нещо подобно се случва като сънуваме. Никой не би си и помислил да твърди, че понеже е срешнал десет души, които са сънували, как са преследвани от бик с височина десет метра с излизащи от ноздрите му пламъци, че след като много хора са сънували този сън, такъв бик наистина съществува. Всички в един или друг момент сме сънували, че стига леко да подскочим, ще полетим, но никой не приема това за сериозно доказателство, че можем да полетим като лястовици, или, че нещо подобно изобщо е възможно, понеже хиляди хора са сънували един и същ сън. Не можем да интерпретираме този сън като реалност, дори ако науката се опита един ден да го осъществи технически, създавайки апарат, наистина позволяващ ни да летим. Нещо, което всички изпаднали в кома си спомнят ясно е, че не са изпитвали огромно желание да се върнат в телата си и това не е учудващо. По коректно е да кажем, че те не са искали отново да се върнат в съзнание в тези тела, както е, ако сме имали сладък сън в компанията на противоположния на нас пол например, искаме да заспим отново, за да изживеем отново щастието, което току-що сме изпитали.

Фактът, че всички излезли от кома описват едно и също изживяване, доказва, че химическите реакции в човешкия мозък са едни и същи и, че тяхните реакции към този електрически феномен са също така идентични. Ако присадим електроди в 1000 човешки мозъци на едно и също място, и им пуснем един и същ електрически ток, то всички те ще изпитат едно и също нещо, и ще имат едни и същи видения. Точно това се случва и когато настъпва смъртта. Ако някои привилегировани хора заслужат пресъздаване на Планетата на Вечните, това ще стане единствено след тоталната им смърт, а не докато са още в кома, т.е. - живи.

Елохим и научно стапало на развитие

Въпрос:

Изглежда, че разликата между степента на развитие на нашите създатели и на нас не е толкова голяма, колкото би могло да се очаква, въпреки, че те са 25000 години пред нас. Бавният импрогрес ни оставя с впечатлението, че ние ще постигнем тяхното ниво за много по-кратко време.
Защо е така?

Отговор:

Думите, които използвах да опиша какво видях, бяха подбрани така, че възможно най-много хораот технологически развитите страни да ме разберат. Де факто, ние дори не можем да започнем да си представяме капацитета на технологическото ниво на развитие на нашите създатели. Това, което правим в края на 20-я век от Христовата ера, би се сторило свръхестествено на европейци живяли само преди сто години, както и на индианците от Амазон, които живеят днес в горите на Бразилия. Също то можем да кажем за еволюцията на Елохим, в сравнение с нашитенай-напреднали учени. Елохим са избрали да не ни показват великолепието на своята технология, за да не ни поставят в състояние на неразбиране, което би върнало вярата в мистичното, следователно и на примитивните религии. Така Елохим се надяват, че ще продължим преди всичко да изследваме материята и силите, които ни заобикалят, сами. По начина, по който те се появиха със сигнални лампи и нещо подобно на скафандър при първата ни среща в Рок Пла, за да не ме объркат, а при втората се появиха внезапно, вече приземили се, те могат да покажат на човечеството технологически трикове, които не биха разбрали дори и учените ни с най-голямо въображение.

Те са способни да правят някои неща с безкрайно големите частици, като например планети, дори цели слънчеви системи, които ние още не знаем как да правим с безкрайно малките частици, като неутрони и електрони. Искам да кажа, че те са способни да променят траекторията на планетите в слънчевите им системи, дори да променят местонахождението на цели слънчеви системи. Те могат да правят всичко това с помощта на вълни, които на нас дори все още не са ни познати.

Нека да се върнем към това което е написано в първите две послания. Трябва да признаем, че между нивото на науката днес на Земята и висшето майсторство на научно пресъздаване позволяващо-вечен живот, има огромна разлика, която за да бъде заличена от нашите учени- дори за най-прогресивните от тях, за които тази идея не е-напълно невъобразима, ще отнеме много време.

Няма нито Бог, нито душа, а само Елохим и генетичния код

Въпрос:

В посланията е написано, че няма Бог, тъй като безкрайната вселена не може да има център и че няма душа по същата причина. Но не може ли да се каже, че Елохим заместват "Бог" в умовете на много Раелияни и че възможността за пресъздаване на Планетата на Вечните, предлагаща достъп до "рая", замества идеята за душа?

Отговор:

Не, няма "Бог". Вселената е безкрайна и затова не може да има определен център. Само че, необходимо е да правим разлика между тези, за които "Бог" е концепция, означаваща безкрайност, вечност, нещо вездесъщо, неосезаемо, което няма власт над хората и тези, за които "Бог" е белобрадо същество, седящо в облак, което е създало човека по собствен образ и подобие.

От самото начало е станало сливане на две концепции, на две напълно различни неща, които са сложени под общ знаменател и, които сега са загубили своите отделни значения. Елохим са обяснили на първите хора, че от една страна съществува безкрайността, която е вездесъща и вечна, от която ние сме част и, която е част от нас, а от друга страна - Елохим, които са ни създали по собствен образ и подобие. Лека-полека, отличителните качества на безкрайността са били приписани на Елохим, което е частично вярно, тъй като те са вечни, а тези „качества" на Елохим, от своя страна са изразени в силата на небесните пратеници - на безкрайността, което също е частично вярно, защото Елохим могат да бъдат считани за инструмент на безкрайността, създавайки интелигентни същества по собствен образ и подобие.

Само че, безкрайността не ни наблюдава директно и перманентно, и не може да осъзнае, както и да прояви интерес към нашето индивидуално поведение. Дали човечеството ще достигне Златната Ера или ще се самоунищожи, няма никакво значение за безкрайността, както за нас няма знание молекулата от нашите пръсти, която оставяме върху нещо, до което сме се докоснали. Що се касае до безкрайността, съвсем нормално е да има естествен подбор на всички нива, както за човека или кучето, от чийто череп или нокът Земята е само един атом, така и за слънцето, което го огрява, така и за милиардите населени планети, които се намират в нокъта на нашия палец.

Тези, които в "Бог" намират безкрайността, както учат повечето източни религии, са прави дотолкова, доколкото "той" представлява концепция без идентичност, без да осъзнава нашето или нечие друго съществуване.

Тези, за които "Бог" означава Елохим - нашите създатели, също така са донякъде прави, стига да не ги приемат за същества, които трябва да бъдат боготворени на колене или с лице вкалта, а за наши старши братя в безкрайността, които трябва да обичаме толкова, колкото щеискаме да ни обичат съществата, които ние ще създадем един ден.

Духът - това е концепция, чиято етимология ние ще проследим, за да разберем по-добре значението и. Думата дух ("spirit") идва от латинската дума "spirare", означаваща "дишам", а думата душа ("soul") има същия корен както френската дума "soufflé", която също означава "дишам". Ако анализираме композицията на човешкото тяло, създадем и смесим всички химични съставки, които то съдържа, ние няма да получим живо същество. Нещо ще ни липсва, нещо, което е нужно да го събере, да го свърже, да го организира по строго определен ред. Вземете всичко необходимо за построяване на къщата на своите мечти - десет тона камък, един тон цемент, сто килограма боя, две мивки, вана и т.н., и го съберете в една купчина. Няма да се получи къща, защото ще ни липсва най-важното - планът. Създаването на човек следва същия принцип - нужен е план. Този план е генетичният код, което означава, че ако съберем миниатюрно количество материя така, че да формираме първата клетка съдържаща клетъчен код, ние можем да смятаме този човек за почти създаден. Първата клетка ще използва материята, която и дадем като храна и ще се удвои, после от две те ще станат четири, осем и т.н., следвайки строго определен план, докато не се изпълни цялата информация, която се съдържа в отделната генетична спецификация.

Всяко отделно живо същество има собствен генетичен код, който варира според неговия вид, а за съществата от един вид носи индивидуални качества, като например цвят на очите, на косите,неговия характер и т.н. Даже в Библията е потвърдено, че всяко живо същество, не само човек, има "душа":

> "Месо обаче с живота му (душата му-бел.прев.), тоест, с кръвта му, да не ядете. А вашата кръв, кръвта на живота ви, непременно ще изисквам; и от човека, да! от брата на всеки човек, ще изисквам живота (душата - бел.прев.) на човека".
>
> *Битие 9:4-5.*

След като "живота (душата - бел.прев.) е в кръвта..." Левит 17:11, не може да има вечна душа грациозно напускаща тялото след неговата смърт, а има генетичен код, който определя личната характеристика на всеки индивид. Чрез този генетичен код, Елохим ще пресъздадат на тяхната планета тези, които в живота си на Земята заслужат правото на вечен живот.

Няма "Бог", но има Елохим - нашите създатели, които ние желаем да приветстваме, както те заслужават да бъдат приветствани, и в които ние вярваме или по-точно, на които ние вярваме. Както и няма душа, която напуска тялото след неговата смърт, а има генетичен код, благодарение на който, можем да живеем вечно.

Религията на безкрайността

Въпрос:

Движението Раел е атеистична религия, която цели разпространението на посланията на Елохим между народите на Земята, демистификацията на религиите и построяването на посолство, където Елохим ще направят официален контакт със земните правителства. Нека приемем, че човечеството се окаже достатъчно разумно и съумее да избегне самоунищожение, че посланията се разпространят на всички езици, че се създаде посолството, и че Елохим пристигнат. Каква ще бъде функцията на Раелистката религия и задачата на Движението тогава?

Отговор:

Ако всичко това се случи и аз съм на мнение, че ще се случи, дори и шансът да е един на сто човечеството да поеме пътя на разума, религията на Земята ще стане тази на Елохим – религията на безкрайността. Задачата на Раелистките Гидове тогава ще бъде да учат хората на техниките позволяващи им да живеят в хармония с нея. Тези техники сумарно са обяснени в главата "Ключове" на второто послание, както и в книгата "Сетивна медитация". С други думи, на всичко, което ще позволява на човек да издигне нивото си на осъзнаване, да рафинира своето усещане на електро-химичните реакции и обмен в мозъка си.

Религията на безкрайността е абсолютната религия и е неминуемо вечна. Самият факт, че хора, чиято наука е 25000 години пред нашата, са още верни на тази религия, доказва, че тя е абсолютната религия, вечната религия на всички живи същества, достигнали вселенско ниво на самосъзнание, или иначе казано - безкрайността.

Семинарите за пробуждане, които ние редовно организираме, представляват достъп до тази религия на безкрайността чрез сетивна медитация.

Бъдещето на традиционните религии

Въпрос:

Ако Елохим пристигнат заедно с Моисей, Исус, Буда и Мохамед, и всички други велики пророци, които живеят на Планетата на Вечните, какво ще стане със съществуващите днес религии?

Отговор:

Мнозинството ще се присъедини към Движение Раел, или поне тези, които ходят на църква и са верни на писанията на своите религии и в същото време са достатъчно интелигентни и прогресивно мислещи, за да разбират. За съжаление голям брой фанатици с ограничено мислене, водени от духовенството на своите религии, което ще се страхува да загуби източника на доходите си, ще се опълчат срещу това присъединяване. Те ще обявят Елохим за узурпатори, или че са били пратени от дявола и след като застанат лице в лице с Исус, с удоволствие биха го разпънали на кръст отново, както би постъпила и Инквизицията, която щеше да го изгори на кладата като еретик, ако той е имал лошия късмет да попадне в ръцете и през онази епоха.

Неотдавна имах възможността да се срешна с представител на еврейската общност в Монреал, Квебек. Докато закусвахме, го попитах как би постъпил, ако Моисей лично му каже да прави нещо по-различно от написаното в Стария Завет. Той ми отговори: "Ще продължа да следвам това, което е написано в Библията".

Много хора са като него и това е един от проблемите, с които Елохим се сблъскват, търсейки признание от човечеството. Те трябва да бъдат по-силни от убежденията, които самите те са предизвикали.

Ако утре Елохим кацнат на някоя точка на планетата и обяснят на властите, които ги посрещнат, както и на пресата, че Бог не съществува, както не съществува и душа и представят Исус лично, обяснявайки кой е той, вярвате ли, че Ватикана ще му предложи богатствата си да бъдат на негово разположение? Несъмнено не, защото системата е надделяла над фундаменталните цели на Католическата църква.

Всички монахини са жени на Исус. Ще му се отдадат ли те, ако той се завърне? Те предпочитат да бъдат жени на материално несъществуващ човек, вярвайки, че той е жив и постоянно да се тревожат дали той някога ще се завърне.

Както е казал един велик мислител: "Не можем да променим умовете на хората, те просто умират и се раждат други, по-развити, които имат различно мнение. Този факт е на наша страна". Със сигурност винаги ще има неголямо ядро ограничено мислещи фанатици, но те постепенно ще изчезнат, както са изчезнали и дохристиянските религии и вярвания, преследвали и измъчвали първите християни.

Това ще бъде проблем, само ако Елохим пристигнат преди днешните примитивни вярвания да са напълно изчезнали.

Раелизъм и гениокрация

Въпрос:

Вие издадохте книга със заглавие – "Гениокрация", от която се роди политическо движение - Движение за световна гениокрация. Не се ли опитвате да използвате религиозното движение за налагане на политическа доктрина?

Отговор:

Много Раелияни бяха особено заинтересовани от главата в първото послание, която разяснява каква е политическата организация на планетата на Елохим и ме помолиха да развия тази идея в манифест, който да им помогне да създадат политическо движение, следващо тази идеология. Фактът, че Елохим ни насърчават да наложим "гениокрация" на Земята, като в също време оставим хората свободни да се развиват ако желаят, ме подтикна да се съглася да напиша този манифест. Въпросните Раелияни, интересуващи се от "гениокрацията", създадоха в последствие такава партия и дори представиха свой кандидат на изборите само няколко месеца след нейното създаване.

Моята позиция е напълно ясна в страните, в които "гениокрацията" прогресира. Аз съм на Земята главно да завърша мисията си, която се състои в разпространението на посланията на нашите създатели и да построя посолството, което те изискват. Тези, които са се посветили на "гениокрация", знаят, че аз посвещавам времето си изцяло на моята мисия и, въпреки, че им желая успех, стоя настрана от тяхните проблеми. Дори помолих всичките Гидове, положили основите на тези политически движения, да си намерят заместници, които не са Раелияни, за да могат да се посветят напълно на това, което според мен е по-важно - да бъдат Гидове. Ако на избори се кандидатират членове на това движение, аз винаги ще посъветвам Раелияните да гласуват за тях. Очевидно е, че човек може да бъде Раелиянин и "гениократ", както може да е християнин и демократ, нормално е да си религиозен и да имаш политическа позиция. Раелияните не са длъжни да принадлежат към "Гениократическата" партия, дори напротив, аз съм убеден, че човек не може да прави добре две или повече неща по едно и също време, затова съветвам Раелияните да не се посвещават активно на "Гениократическата" партия, а да оставят това за хора, които не са Раелияни. Когато човек работи по осем часа на ден, а свободното си време е посветил на разпространението на посланията, всеки свободен момент става ценен. Не бива нито една минута да се посвещава на "гениокрацията", ако може да се посвети на разпространението на посланията. Човек трябва да направи своя избор, а една политическа идеология не може да се сравнява с посланията на Елохим. Аз направих "първата крачка" на "гениокрацията" и сега разчитам на тези, които не са Раелияни да я продължат. Може би това движение ще се превърне в нещо огромно, което ще спаси човечеството, а може би човечеството ще се спаси само без "гениокрация", дори и да я наложи по-късно. Най-важното е - да се построи посолството възможно най-бързо, това е единственото, което в момента ме интересува, а и би трябвало да интересува истинските Раелияни. Приоритета на всички приоритети е построяването на

посолството за нашите създатели, за да ги посрещнем в компанията на древните пророци - Моисей, Исус, Буда и Мохамед. Това е единствената причина да съм на Земята, както трябва да сепревърне в единствената цел в живота на тези, които желаят да ми помогнат.

Кой е създал създателите на създателите?

Въпрос:

Елохим са създали нас, други хора от друга планета са създали тях. Кой е създал създателите на Елохим?

Отговор:

Безкрайността в пространството е по-лесно разбираема за човек от безкрайността във времето.След като веднъж сме достигнали достатъчно ниво на непреубеденост, ние можем да разберем, че в пространството, Земята е само една частица от атома на атома на ръката на гигантско същество, което съзерцава своето небе, пълно със звезди, което от своя страна е частица отръката, стомаха или крака на още по-огромно същество, което съзерцава своето небе и т.н. до безкрайност. Също се отнася и за безкрайно малкото - на атома на атомите на нашата ръка съществуват интелигентни същества, за които тези частици са планети и звезди, а атомите, от които тези същества са съставени, представляват планети и звезди, на които има други интелигентни същества и т.н. пак до безкрайност.

Безкрайността във времето е по-трудно разбираема за човек, защото ние се раждаме в един ден, живеем определен брой години и умираме, и ни се иска всичко във вселената да е ограничено във времето, както сме ние.

За човек, който не е достигнал достатъчно високо ниво на умствено развитие, мисълта, че нещо във вселената е вечно е непоносима, та дори това да е самата вселена.

Дори и за нашите днескашни учени, които се придържат към това становище, вселената трябва да е толкова километра и да е на толкова милиона години. Във времето и пространството ние можем да премерим единствено тази част на вселената, която можем да видим. Всичко е вечно, без значение дали е материя или енергия и самите ние сме съставени от вечна материя.

Елохим са били създадени от хора от друга планета, които са били създадени от хора от друга планета и така до безкрайност.

Глупаво е да търсим началото на вселената, както във времето, така и в пространството.

Нека се върнем към примера, в който интелигентни същества живеят на частица от атом от ръката ни и за които тази частица е планета. По отношение на пространството, учените от тази микроскопична планета, която се намира например в костния мозък на първата става на нашия десен показалец, първо ще твърдят, че другите частици, които те могат да видят с просто око, се въртят около тяхната планета, т.е. частицата, на която те се намират. За тези учени е очевидно, че тяхната планета е центъра на вселената. Но тяхната наука ще прогресира и един ден някой гений ще докаже, че тяхното слънце не се върти около планетата им, нито пък тяхните звезди, апо-скоро тяхната планета се върти около остта си в едно почти неподвижно небе, обикаляйки около слънцето им в същото време. Той вероятно ще бъде изгорен на кладата за своите еретични възгледи от ловците на вещици на Инквизицията на тяхната "миниатюрна" планета, но ще настъпи ден, когато хората, оборудвани с по-съвършенни уреди за наблюдение, ще докажат, че той е бил прав.

После, вече по-напредналите учени ще се опитат да измерят вселената и скромно казано, ще стигнат до извода, че тя се простира от най-далечната точка в единия край на небето до най-далената точка в другия край на небето. Това разстояние представлява само една милиардна част от една милиардна част от нашия показалец, където те се намират. Но тъй като те не могат да видят по-нататък, ще предположат, че вселената свършва дотам, до където те могат да виждат.

Но тяхните методи на наблюдение ще напреднат още повече и те ще открият много други галактики. Но дори и така, това ще докаже само, че вселената е по-голяма отколкото сапредполагали, но пак ще бъде толкова и толкова километри или светлинни години, малко повече от преди, десет или сто пъти евентуално, но винаги ще има определени размери. Ние сме точно в този момент на нашия прогрес на Земята. Но нека пак да се върнем към планетата, намираща се в нашия показалец.

Науката постоянно напредва и обитателите на нашата става, ще започнат дръзко да изследват космоса. Те ще достигнат до нови предели, до костта, от която тяхната планета е само атом на атом.

Те вече ще са сигурни, че вселената е с такива и такива размери. Доказателство е, че оттам нататък няма какво да се наблюдава.

Малко по-късно, те ще успеят да преминат през огромното разстояние, което е между костта и мускула и тяхната вселена отново ще добие нови размери.

Те ще усъвършенстват космическите си кораби и най-накрая ще достигнат до кожата, която покрива показалеца ни - края на вселена им, която за нас е сантиметър и половина, а за тях е много светлинни години.

Те, обаче, ще могат да продължат своите космически проучвания в останалата част от тялотони. Ще следват определи течения, където звездите мистериозно ще се движат с много високи скорости. Гигантски коридори, на които те ще направят карти, за да им позволяват да тръгват и се връщат от и обратно към своята планета, но едва ли те ще знаят, че се движат в нашите кръвоносни съдове. Тяхната вселена ще бъде отново измерена, разграничена. Ще има определена височина, широчина и дълбочина. Невероятно много светлинни години за тях, но само 1,75 м. за нас.

Те обаче, още не ще са открили, че нашите крака, например, стоят върху планета, която от своя страна се състои от огромен брой галактики, които тяхните ограничени умове, които искат винаги да поставят граници на всичко, дори не могат да започнат да си представят и да проумеят. Защото количеството атоми в Земята е безброй в сравнение с количеството в нашето тяло. Ще трябва да осъзнаят, че има и други хора – "галактики" като нас, които ходятпо нашата планета, и че в нашето небе има други звезди и галактики и така до безкрайност.

Само някои от най-мъдрите от тях, достигнали по-високо ниво на осъзнаване, позволяващо им да са в тон със своята вселена, ще могат да научат на всичко това своите последователи, докато за официалната наука, вселената е само една милионна част от една милионна част от милиметъра, намираща се в костта на нашия показалец, който те могат да наблюдават, само от вътрешната му страна...

Понятието за безкрайността във времето е абсолютно същата. Учените на този малък свят ще открият възрастта на своята вселена, измервайки възрастта на молекулата, от която тяхната планета е само един атом на атом, след което вселената им ще стане на такава възраст, накаквато е клетката, от която тази молекула, която те са смятали, че е "абсолютната вселена", е само малка част. После те ще открият, че крайникът, от който тази клетка е само една малка част е още по-стар, а че съществото, от което крайника е част е още по-старо и така нататък...

Какъв е смисълът на живота?

ВЪПРОС:

Какъв е смисълът на живота?

ОТГОВОР:

Както е посочено в посланията, всичко трябва да се преценява спрямо четири нива. Нашият живот не означава нищо в сравнение с безкрайността. Ако умрем, ако цялото човечество изчезне, нищо няма да се промени в безкрайността на времето и пространството. Съществото, от което ние сме само един паразит намиращ се на частица от негов атом, няма да усети смъртта ни и занего цялата история на съществуването на човечеството от неговото създаване, ще бъде равна на една милиардна част от секундата.

Живите същества върху атома на атома на нашата ръка ще продължат да съществуват, все едно, че нищо не се е случило, дори и атома, на който се намира тяхната вселена, да е дълбоко погребан в земята в струя кръв, бликнала от нашия пръст, който е бил откъснат по време на експлозия например. Дори ако тази кръв е погълната от червей, който задържи в себе си атома, на който се намира тяхната вселена, за да допринесе той за

растежа на клетките му, това няма да въздейства повече на живите съще-
ства от този малък свят, отколкото би въздействало на живите същества,
които живеят на атомите, които съставляват тяхните пръсти...

По отношение на Елохим, нашето съществуване е много важно, тъй
като ние сме тяхни деца и сме длъжни да им покажем, че се гордеем от
дадената ни привилегия да бъдем създадени по техен образ и подобие,
което ни позволява да осъзнаем безкрайността, както и един ден, да съз-
дадем хора по наш образ и подобие.

Що се отнася до човечеството, нашето съществуване също така е от
голяма важност, тъй катосме потомци на дълга редица от наши предци
оцелели в епидемии и войни,т. е. - резултат на един дълъг естествен под-
бор. Дължим на себе си да участваме активно в проекта, който ще поз-
воли на човечеството да достигне Златната Ера, която скоро ще настъпи.
Ние сме клетки на това огромно същество, наречено – "човечество" и от
момента на неговото раждане, всяка клетка е от значение, всеки един от
нас "играе" главна роля.

И най-накрая, по отношение на самите нас, значението на нашия жи-
вот е такова, каквото му дадем ние. Ако ние признаем Елохим за наши
създатели и акопожелаем да допринесем за разпространението на посла-
нията, така че те да бъдат разгласени по целия свят и човечеството да на-
влезе в Златната Ера, и ако изпитваме удоволствие от това огромно наше
усилие, значи, чесе наслаждаваме на живота.

Въпросът бе: "Какъв е смисълът на живота"? Животът е създаден зада
му се наслаждаваме.

Без значение как - като разпространяваме посланията на нашите съз-
датели, допринасяйки за влизането на човечеството в Златната Ера, като
доставяме удоволствие на себе си, настройвайки се в тон с безкрайността
или пък по какъвто и да е друг начин.

Какво е удоволствие?

ВЪПРОС:

Какво е удоволствие?

Отговор:

Удоволствието е реакция на организма, която поражда приятни химически реакции от извършено действие. Едно бебе изпитва удоволствие от кърменето, защото задоволява глада си и защото изпитва приятно усещане от химическата реакция, предизвикана от допира на млякото с папилата на езика. Всичките ни сетива са създадени, за да ни носят удоволствие и сетивната медитация е базирана на усъвършенстване на усещането на удоволствие, предизвикано от химическите реакции, които се предават чрез нашите сетива.

Всичко, което ние правим през живота си, го правим, защото ни доставя удоволствие. Няма нито една наша постъпка през целият ни живот, която да не е извършена, за да ни донесе удоволствие. Човек си плаща данъците, защото му е приятно да не влезе в затвора за неплатени данъци. Жената, която се хвърля под колелата на автомобил, за да спаси детето си, го прави, защото изпитва удоволствие от това да види детето си живо, дори, ако това и струва да нарани себе си.

И войникът, който се хвърля срещу вражеския огън за да спаси батальона си, прави това, защото изпитва удоволствие от мисълта, че ще спаси другарите си. Японските пилоти-камикадзе са върховния пример на този героизъм-удоволствие.

Има разлика между директно удоволствие - това което веднага се усеща от сетивата ни и индиректно удоволствие, като например изборът на поведението, за което споменахме преди малко, и което е реакция на външна намеса, без да е резултат на съзнателно възприемане на околната среда.

Само, ако изпитаме удоволствие съзнателно, когато сме в уединение, в опит да усъвършенстваме качеството на нашето възприятие, можем истински да цъфтим. Ние сме свързани с безкрайността чрез нашите сетива. Някой, който не вижда, не чува, няма усет за мирис и допир, всъщност е мъртъв, дори ако сърцето му още бие. Той не може да възприеме околната среда, следователно не може да има интелект.

Важно е да отбележим, че когато някой е лишен от едно сетиво, развива останалите си сетива много повече отколкото хората, които могат да ползват всичките си сетива. Слепите, например, развиват остър слух, както могат и да четат с пръстите си. Научни експерименти са демонстрирали къде се намира центърът на удоволствието в мозъка. Това откритие е направено с помощта на електроди, пускащи лек ток, сложени на това място.

Хората, върху които този експеримент бе проведен са изпитали нещо подобно на оргазъм, на удовлетворение от ново откритие и на чувството на публично засвидетелстване на почит, взети заедно. После, след допълнителни опити бе доказано, че един и същи център на удоволствие се активира независимо от това, дали сме достигнали сексуален оргазъм, направили ново откритие, артист е завършил своя шедьовър или войник е заслужил медал. Артисти например, които творят в състояние на сексуална възбуда, както демонстрира друг експеримент, са забелязали увеличаване на своите творчески способности. Нищо не може да бъде по-логично от това. Удоволствието увеличава творческите ни способности, защото стимулира нашите сетива, а артистът трябва да е свързан с безкрайността, за да създаде хармоничен шедьовър.

Значи, ние трябва да се стремим към усъвършенстване на качеството на нашето възприятие на удоволствие, увеличавайки чувствителността на сетивата ни.

Като резултат на това, освен че ще увеличим удоволствието си, ще развием нашитетворчески способности, облагодетелствайки цялото човечество чрез нашето творчество и повдигайки общото ниво на осъзнаване.

Това е, на което учим на семинарите за пробуждане, които организираме за Раелияните.

Повдигайки нивото на осъзнаване на отделния индивид, ние подвигаме нивото на осъзнаване на цялото човечество, увеличавайки по този начин шансовете му да влезе в Златната Ера.

За да променим обществото, първо трябва да променим индивидите, от които то се състои. Насилието винаги идва от някой, който не е щастлив. Помагайки на хората да бъдат по-щастливи, ние намаляваме насилието. При това, много често насилието е породено от някои, които саубедени, че не са щастливи, а това убеждение много искусно бива подсилено от политиците, така, че те да вземат властта. След което, те използват едни и същи похвати, да постигнат своите цели, поддържайки нивото на недоволство, което след няколко неудачни опити за смяна на власта, може да се превърне в недоволство към друга държава, която бива нарочена за причината за всички несполуки. Така започват войните.

Ако всеки човек осъзнае безкрайността, след като развие собствената си сетивност, цялото общество ще се преобрази. Това ще стане, като се пробуди съзнанието на най-напредналите, които след като достигнат определено ниво ще станат гидове на хората около себе си, като им помагат да постигнат пълно пробуждане, които пък от своя страна ще пробудят други и т.н., докатопостепенно чувството за съзнание на цялото човечество не достигне ниво, което да предотврати един фатален световен конфликт.

Този процес вече е започнал и по телевизията, която е нервната система на човечеството виждаме как по целия свят студенти и интелектуалци организират манифестации за мир и за едностранно разоръжаване на различни страни.

Всеки човек допринася във всеки един момент от своя живот за пробуждането или за задушаването на планетарното съзнание. Не трябва да се страхувате да оказвате влияние на другите, тъй като това е причината да съществуваме. Напротив, трябва да насочим всичките си усилия, всяка една наша дума, във всеки един момент така, че те въздействат положително на хода на човешката история.

Никога не убеждавайте другите, тъй като хора, които усетят, че ги убеждават имат тенденция да затвърдяват позицията си. Вместо това, ако намерите обща точка с тяхната философия, наблегнете на тази обща точка и я използвайте да разкриете новия път на вашия събеседник, така че да го оставите с впечатлението, че сам е направил откритието.

Глупаво е да се каже, че ние не бихме възейсвали на никого, ако упорито следваме пътя си оставяйки другите да следват своя. Ако просто не се опитваме да влияем на другите, ще им повлияем повече, отколкото ако фанатично вземем позиция по някой въпрос. Хората все повече се страхуват от фанатизма, независимо каква е причината за него. И за което имат право.

Всъщност това е основата на разума.

Някои хора търсят истината, за да я открият, други я търсят, за да я скрият, но няма такъв човек, който да не я търси. Има хора, които претендират, че са открили истината и я показват, но те по-скоро са загрижени да поддържат някакви традиции. Има обаче и хора, които са открили същинската истина и я показват - Раелияните.

Ние се интересуваме от тези, които търсят истината, за да я покажат, защото те са искрени и притежават широк кръгозор, обикновенно те са много интелигентни и относително хармонични. Във всеки случай повечето от тях са готови да погледнат на света по един нов начин, без да се страхуват, че това ще ги травматизира до такава степен, че да ги дисбалансира. Ето такива хора са повечето от Раелияните днес. Те са пионерите.

Тези, които търсят истината, но я крият, също така представляват важност за нас, въпреки, че те ще влязат в редиците ни след като съумеят да превъзмогнат своята стеснителност и да не се тревожат повече какво мислят другите за тях.

Хората, които претендират, че са открили истината и я показват, ще дойдат при нас, когато проумеят, че във вселената, нищо не е константно, поради което е глупаво да се опитват да запазват традиции, които вече не значат нищо. Тези хора просто искат да запазят своите традиции, без да се интересуват кой е "Бог" всъщност.

Те го правят от удоволствие. На тях им е приятна мисълта, че децата им ще се молят по абсолютно същия начин като самите тях, а и ще научат своите деца на същите молитви, въпреки, че в училище се преподава, че човек е произлязъл от маймуната. Какво от това, че не е вярно?

Важното за тях е да се зачита това, което се преподава в училище, но и да се зачита това, на което ги учи свещенникът. Фактът, че те си противоречат не е важен, важното е, че това са традиции и според тези привърженици на тези традиции, не сме ние тези, които да повдигаме въпрос, коя традиция е вярна и коя - не.

Християните със сигурност биха разпънали Исус за втори път, ако той лично изиска от тях да не ходят в неделя на църква, или да не кръщават децата си преди да са достигнали пълнолетие. Такава е позицията на тези, които издигат традициите в култ. Хората, които търсят истината, но я крият, изпитват удоволствие от мисълта, че това, за което се представят, е по-важно от това, което наистина са. Тези хора не биха разпънали на кръст Исус, дори ще са против това, но не биха сторили или казали нещо, за да се намесят. Те не желаят да се замесят в нищо, дори ако трябва да защитават това, коетосмятат, че е истина.

Когато цялото човечество достигне една развита до краен предел сетивност, ще изчезне риска от световен конфликт. В дъното на всяко насилие седят хора, които са сетивно недоволни. Затова трябва да се научим да се наслаждаваме на всичките ни сетива, както и да помогнем на околните да открият потенциала на сетива си, започвайки от децата. Не е достатъчно да им покажем "как се прави", както се случва при сексуалното образование, а трябва да ги учим как да се използва, за да се извлича и дарява повече удоволствие.

Сексуалното образование трябва да се замени със сетивно образование.

Удоволствието винаги носи удовлетворение, прякото удоволствие, а не удоволствието изпитано от загиналия, за да спаси другарите си войник.

Прякото удоволствие развива във всекиго това, което е необходимо, за да се настроим в тон с безкрайността и наистина да се почувстваме част от нея.

Тялото ни не е нищо повече от куп атоми, организирани по строго определена схема – генетичния код, които си взаимодействат с околната среда чрез безброй химически реакции, които ние не винаги долавяме. Повдигането на нивото на нашето съзнание ни позволява да усетим повече оттези химически реакции, влизайки в по-здрава връзка с безкрайността и ставайки по-хармонични.

Когато ние се чувстваме свързани с вселената, вечността и безкрайността, не можем да бъдем нещастни, защото сме открили удоволствието от това да съществуваш.

Какво е смъртта?

ВЪПРОС:

Какво е смъртта?

ОТГОВОР:

Смъртта спрямо безкрайността, не означава нищо. Материята, от която сме съставени е вечна.Следователно ние сме вечни. Безкрайно малките частици, които образуват носа ни са съществували преди да станат част от нас. Някои от тях са били част от храната, която нашата майка е поела, докато сме били в утробата и. Други частици са били в плода, който вчера сме изяли, след което от стомаха ни чрез нашия кръвен поток са стигнали до нашия нос. Това се отнася за всяка една част от тялото ни. Както и ще продължи след нашата смърт. Тези частици ще се рециклират обратно в земята, като някои от тях ще станат част от животни, други от растения, но повечето щеостанат в земята, защото: "пръст си и в пръст ще се превърнеш".

Смъртта, обаче, е окончателния катаклизъм за това организирано натрупване на материя, което сме ние.

Смъртта е началото на процеса на разпръсване на материята, от която сме съставени. Но за да разберем смъртта, трябва напълно да разберем живота. Животът не е нищо повече от организиране на неорганизираното. Елохим са дошли на Земята, когато там не е съществувал живот. Съществувала е само неорганизирана материя, в сравнение с това, което сме ние и днес наричаме "биологична".

Те са взели тази материя, "замесили" са я, както е написано в Библията и са и "дали форма", за да създадат живи същества. Всичко това е било направено на молекулярно ниво и тъй катопримитивния човек не е можел да го осмисли, му е било обяснено, че създателите са взели късглина и са създали човек все едно, че създават гърне. Вярно е, че създателите са взели химическите съставки от земята, но благодарение на развитието на своята наука са ги съчетали по такъв начин, че да им вдъхнат живот.

Всичко живо на Земята е било създадено от Елохим започвайки от една една "основна" тухла - молекулярната структура, съставена от разумно събрани атоми. Нашите учени започват да откриват, че всичко живо - животните, растенията и човекът имат едни и същи основни компоненти. Това е нещо подобно на азбука, в която атомите, съставляващи генетичния код на всяко живо същество са букви.

Редът, в който са подредени буквите се различава при различните видове, но самите букви винаги остават непроменени. Така с една единствена "тухла", нашите създатели са успяли да създадат огромно количество "къщи", които на външност се различават, но имат идентични съставни части. Когато те се възпроизвеждат, те просто възпроизвеждат генетичния код на първия модел създаден от Елохим. И така, животът е организиране на неорганизираното, а смъртта е дезорганизиране на организираното.

Животът е нещо, подобно на къща, която се построява сама, следвайки собствения си план и при това се подържа сама автоматично. Смъртта е краят на тази автоматична поддръжка и началото на разпадане на съставни части, което накрая води до унищожението на плана, койтокъщата е съдържала.

Единият от моделите на Великите Архитекти на нашия свят, които са проектирали плановете на тези къщи, е проектиран така, че един ден да се изравни със създателите си, като самсе превърне в архитект, който да може да проектира модели, които да могат да се строят от само себе си. Този по-висш модел на къща се казва – човек, който много скороще може синтетично да създава нови генетични кодове, нови планове от неодушевена материя.

Ние сме създадени със способността да се определяме в околната среда, с помощта на нашите "уреди" за възприемане, наречени - сетива.

Човекът не е нищо друго освен един самопрограмиращ се, самовъзпроизвеждащ се биологичен компютър.

Няма никаква разлика между човек и усъвършенстваните биологични компютри, които ние вече умеем да създаваме, с тази разлика, че компютрите са много по-съвършенни и по-прецизни от нас.

Компютрите също могат да бъдат оборудвани с уреди, чрез които да могат да се самоопределят в околната среда. Неотдавна, компютър оборудван с колела позволяващи му да се придвижва сам, съумя да заобиколи препятствия, благодарение на видеокамери, свързани с "мозъка" му. Той може да вижда, както ние виждаме с очите си и да се придвижва в собствената си среда.

Компютърът, както и човекът прави само това, за което е програмиран. Но нека се върнем на сравнението между човек и компютър.

Да вземем за пример способността ни да чуваме - лесно можем да оборудваме компютър с микрофон, който да му позволява да "чува", както ние чуваме с ушите си.

Възможно е да му дадем анализатор, който да идентифицира ароматите, които ни заобикалят, както ние правим с помощта на носа си.

Също така е възможно да му дадем и вкусов анализатор, който да може да определя вкуса на различните храни, както ние правим с рецепторите на устата си.

И най-накрая можем да оборудваме компютъра с уреди за усещане, способни да извършват функции, които ние извършваме с ръцете си, като например да измерим температура, твърдост и тегло.

Още повече, компютърът може да бъде оборудван с "органи" безкрайно по-съвършенни от нашите. Да вземем за пример способността ни да виждаме - видеокамерите, с които ще оборудваме компютъра могат да бъдат с многочислени оптични лещи, включително и с подвижен обектив, който да му дава възможност да вижда ясно обекти на много километри или микроскопични обекти, които човешкото око не може да види без помощта на бинокъл или микроскоп.

Също то се отнася и до чувството ни за слух. Човек може да чува само много тесен диапазон от звуци. Животните са много по-добре "оборудвани" от нас; нека вземем кучето за пример. Нашият компютър обаче може да бъде оборудван с рецептори достатъчно чувствителни към ултразвуци и микрозвуци, с помощта на които да долавя звуци на много километри и да определи точното им местонахождение.

Ако се върнем към способността да виждаме, компютърът може да бъде оборудван с камери, които да долавят ултравиолетови или инфрачервени лъчи позволяващи му да "вижда" през нощта, нещо, което ние не можем с нашето ограничено зрение.

А що се касае за чувството ни за обоняние анализаторът ще може да идентифицира миризми и автоматично да ни изпраща химическия им състав, нещо, което нашите носове никога няма дамогат да извършват.

Вкусовият анализатор ще може да направи детайлен химически анализ на всяко дадено му вещество.

И най-накрая за чувството ни за допир, можем да оборудваме компютъра с механизъм, чрез който да анализира с прецизност температурата, теглото и твърдостта на обекти или вещества, а непросто да казва: "топло е" или "горещо е". Също така той ще може да борави с неща с непоносима за нашата кожа температура или хиляди пъти по-тежки от теглото, което нашите мускули могатда понесат.

Можем да отидем още по-далече и да оборудваме нашия компютър със сетива, които човек не притежава и не може да развие. Можем да му дадем радар, позволяващ му да се движи в пълна тъмнина, хидролокатор, рентген, компас, гравитационен детектор, система за радиокомуникация, и с какво ли не, което ние дори не можем да доловим, освен с помощта на различни електронни уреди, които и така е трудно да съберем на едно място по едно и също време.

Нека да разгледаме енергийните изисквания на човека и на машината. Когато човек се нуждае от енергия казва: "гладен съм"- намира храна и я изяжда. Учените неотдавна създадоха компютър с батерии за захранване. Той извършва работа, като неговите видеокамери му помагат да се придвижва и подобно на електрокар да мести тежки предмети. Изведнъж захранването на батериите му намалява и той започва да губи от ефективността си. Енергийният му индикатор показва, че е дошло време да се зареждат батериите. Тогава той отива сам до източник на електричество, включва се и търпеливо чака до пълното им зареждане, изключва се, и продължава своята работа.

Какво се случва, когато човек се нарани? Той спира работа, получава медицинска помощ и се връща на работа. Един компютър може да бъде програмиран за самоподдръжкаточно както и за самозахранване. Ако някоя от частите му се износи, той ще отиде до работилница, ще отстрани частта и ще я замени с нова без да се нуждае от човешка помощ. Така този компютър се превръща във вечен и никога не ще бъде изправен пред проблема - смърт.

Човек може да се възпроизвежда, но и компютърът би могъл, ако е съответстващо програмиран.

Ако един компютър бъде програмиран да прави копия на себе си, които да могат да правят същото, много скоро ще имаме свръхнаселение от компютри. Затова те не трябва да бъдат програмирани така, че да се възпроизвеждат. При хората това се нарича - инстинкт за съхранение на рода, подсъзнателното желание за възпроизвеждане. Ние намираме удоволствие в съвкуплението без да осъзнаваме, че всъщност реагираме именно на този импулс - инстинкта за съхранение на рода. Ако не изпитвахме удоволствие от съвкуплениетонямаше да се възпроизвеждаме. Генетичният код на човека е програмиран така, че съвкуплението да доставя удоволствие, за да има възпроизвеждане. Хората, използващи противозачатъчни средства, като например - хапчета, спирала или презервативи, "правят дълъг нос" по един фантастичен начин на своя генетичен код.

Те съзнателно си доставят удоволствие без да се страхуват от възпроизвеждане. Удоволствието винаги разширява кръгозора ни, но проблемът - свръхнаселение със сигурност е сериозна заплаха за човечеството; противозачатъчните средства са един чудесен начин, по който хората показват, че осъзнават кои са, както и че осъзнават колко важни за цялото човечество са постъпките на всеки един от тях. Нека се върнем към нашия компютър. Той също може да бъде програмиран да изпитва удоволствие извършвайки определени неща. Всеки компютър, който действа както е програмиран да действа, изпитва удоволствие от това. Когато компютърът "усети", че нивото на енергийния му заряд е ниско той казва: "това е не е добре" и отива да се зареди. Когато усети новата енергия да тече по своята електрическа верига той може да каже: "това е добре" и да изпита удоволствие от това.

От какво се състои програмата на компютъра? От информация в неговата памет, която ще определя поведението му. Ако той е програмиран да изчислява- той ще изчислява, ако е програмиран дачертае, ще чертае, да изпълнява музика- ще изпълнява музика. Но няма да изпълнява музика, ако е програмиран да изчислява или обратното, освен ако не е програмиран да изпълнява и двете функции.

Как е програмиран човек? От една страна - неговият генетичен код, който носи информация за неговото поведение, за неговите сетива, които му позволяват да комуникира с околната среда; за неговите физически характеристики, така че да може да се придвижва, храни, възпроизвежда и т.н.

Всичко това човек получава при своето раждане (повече или по-малко наследствено) - то му е вродено. От друга страна неговото образование ще допринесе за развитието на езиковите мупознания, които ще му помагат да комуникира с другите хора, ще го запознае с правилата, които щерегулират поведението му, с "моралните" му ценности, с представата за света, с религиозните убеждения и т.н. Всичко това ще определя неговото поведение. Той ще има впечатлението, че сам взима решенията си, в един свят, в който сам е избрал своите ценности, но те всъщност ще бъдат тези, които неговото образование му е наложило, това ще са идеите на тези, които са му дали образованието или програмата му. Така наричаме - житейския опит.

Обикновенните хора, тези, които не са извисили съзнанието си, не са в състояние да правят нищо друго, освен това, за което са програмирани от своите гени или от своя опит. "Абсолютният" човек – този, който е успял да извиси съзнанието си и правилно да се постави в пространството и времето се превръща в самопрограмиращ се компютър. Той, без да се нуждае от съвет, може да постави под съмнение програмата, наложена му от неговото образование и да язамени цялостно или частично с нова, по-подходяща ценностна система, която според него е по-добра, отговаря на по-високи норми, а не на остарялите схващания, мотивирали неговото семейство и хората около него, имащи за цел предимно да го подготвят да пази живи традициите на отминали времена, когато хората са притежавали ниска степен на осъзнаванеи примитивна представа за света, както и за своята роля в него.

Обикновен човек, който желае да стане "абсолютен" човек- човек с по-висока степен на осъзнаване, която ще му помогне да използва малко повече от десетте процента от мозъка си, трябва да може да "промие"своя мозък.

Тази операция ще му помогне да прегледа всичко, което е в ума му, да върне там това, което изглежда правилно и да изхвърли от там онова, което е неправилно. Той ще запази собствените си убеждения и ще отстрани тези, наложени му от други хора, отсемейството му, от околната му среда- убеждения, които той е получил от някой, който е искал да го моделира според собствените си разбирания и за собствено удобство. Това се отнася за неговото поведение, неговите реакции на събитията по света, неговото събуждане, ставане от леглото, начин на обличане, неговата работа, начин на общуване с другите, неговият полов живот и т.н., за всичко, за най-малкият и незначително изглеждащ отстрани негов жест.

"Абсолютният" човек осъзнава и най-малкото мърдане на веждите си и какъв ефект може то да има на околните.

Очевидно е, че за да бъде това голямо "основно почистване" ефективно, то трябва да бъде извършено в компанията на някой, който вече е минал линията, разделяща "обикновенните хора" от безкрайната вселена на "абсолютните хора". Някой, който знае всички различни пътеки, който може да поведе този нов пътник в правилната посока, да го води без да го насилва, да го остави сам да избира свободно пътя си.

Съзнанието на човек е дом, построен обикновенно от други хора според норми, които никога не са били оспорвани нито от тях, нито от тяхните родители. "Абсолютният" човек ще разруши този дом и ще построи нов, пригоден към собствения му вкус и въображение. Той ще възтанови отстарите руини определени неща, които могат отново да се употребят и комбинирайки ги с новите компоненти ще построи новия дом, който да приляга идеално на неговата личност. Хората строят своите къщи в съответствие с нивото на своето съзнание. Къщите винаги са били квадратни или правоъгълни, с наклонени покриви и нищо не е могло да промени това. Продължават да се строят същия тип къщи и днес. Всяка къща наподобява гръцки храм с вертикални стени и наклонен покрив с форма на пирамида върху колони от гръцки тип. Съвременните строителни технологии позволяват да се строят къщи, съответстващи на отделната личност на собствениците им. Те може да са кръгли, да имат формата на топка или яйце, на египетска пирамида, или на птичка, на дърво и т.н. Сериите от къщи изглеждащи по един и същ начин, които образуват грозните еднообразни селища, отразяват много точно нивото на осъзнаване на собствениците им. И парадоксалното е, че домът е типичен пример на човешкия капацитет за самопрограмиране. Косът строи гнездото си също по един и същ начин и това не може да се промени, тъй като е програмирано в генетичния му код. Човек обаче може да адаптира дома си според околната среда. Той може да построи гръцки храмове, пирамиди, колиби, иглу, дървени вили, небостъргачи от желязо и бетон, катедрали от камък и кули от метал и стъкло.

Простият факт, че човек е самопрограмиращ се компютър, не го прави по-различен от машината. Всички компютри могат да се програмират да правят същите неща, които ние правим и могат да бъдат програмирани да се възпроизвеждат подобно на нас. Възможно е също, компютърът да бъде програмиран така, че да се самопрограмира. Той ще може да живее, да работи, да се възпроизвежда благодарение на основната си програма, която ще се базира на личния муопит и ще предава тази информация на своите наследници - компютрите, които той ще създаде.

Дори можем да си представим "умопробуждащ" компютър, който ще може да възбужда програми във вече съществуващи компютри създадени като несамопрограмиращи се, така, че и те да могат да придобият това ново качество...

Затова, благодарение на машините човек започва да открива, че няма нищо тайнствено около него, неговият произход и поведение. Това, което човек може да прави, го прави и един компютър и още повече, прави го по-добре. Това се отнася за всичко, включително и за артистичното творчество. Има компютри, които композират музика, рисуват и т.н.

Няма да намерим човешко умение, което не е възможно да се програмира в компютър. Компютърът може да се програмира дорида влиза в тон с безкрайността. Всичко това е просто фантастично и човек може да гледа на себе си като на една чудесна машина и от все сърце да се концентрира върху търсенето на щастие и на пълното цъфтене чрез задоволяване на собствените си нужди и тези на другите хора. Това е необходимо и за да може да бъде построен един свят, в който всички хора ще бъдат щастливи, чувствайки се безкрайни и вечни.

Сексуална свобода и незадължение

Въпрос:

Посланието споменава пълна сексуална свобода. Задължителна ли е смяната на партньорите за всички прочели книгите и решили да станат Раелияни?

Отговор:

Свободата и задължението да правиш нещо са две напълно различни неща, които не бива да се бъркат. Двойка Раелияни, които дълбоко се обичат и които не желаят да споделят сексуални изживявания с други двойки, би трябвало да стоят заедно. Ако те се чувстват щастливи заедно без да изпитват нужда да изживеят нещо различно, това е напълно нормално. Всеки трябва да правитова, което му харесва. Сексуалната свобода да изберем един сексуален партньор, след като вече сме открили кои сме и след като сме открили партньор, който да задоволява всяка наша нужда и на който ние задоволяваме всяка една нужда, се превръща във въпрос на избор да живеем заедно. Обаче много често едно изживяване с нов човек ще ни помогне повече да оценим компанията на партньора ни, тъй като ние ще осъзнаваме неговите (нейните) качества. Що секасае до сексуалните контакти, всичко е възможно, всичко е позволено. Искам да акцентирам на думата "позволено", която не означава "задължително".

От създаването на Движение Раел аз съм имал възможността да видя много двойки, които са започнали нови връзки. Някои от тях изглеждат напълно сполучливи и аз много добре знам какво се надяват да открият, събирайки се с други партньори. Може би новите изживявания само щепотвърдят, че те наистина са един за друг. Някои хора са достатъчно пробудени за да разберат, че изживяването само по себе си не е напълно необходимо. Когато един човек е напълно осъзнат не е необходимо той да направи нещо, за да разбере какъв ще бъде резултатът, той го знае и усеща. Освен ако целта на това изживяване не е пробуждането на някой наш последователили е необходимо за нашето собствено развитие. Всеки човек е свободен да следва пътя, който сам си е избрал, стига да съблюдава трите основни правила:да уважава свободата на избор на другите хора, що се отнася до тяхните партньори или вкус, напълно да осъзнава, че никое човешко същество не може да му принадлежи като собственост и винаги да се старае да правите щастливи тези, които смята, че обича.

На тази основа всичко е възможно - двойки, тройки, четворки или групи от повече Раелияни живеещи в хармония без значение дали са хомосексуални, хетеросексуални, или бисексуални.

Раелизъм и хомосексуалност

Въпрос:

Каква е позицията на Движението Раел към хомосексуализма?

Отговор:

Много проста: всеки човек има право да прави със собственното си тяло каквото намери за добре. На хомосексуализма не бива да се гледа като на нормален или ненормален вид поведение. Всеки човекзаслужава хармоничен полов живот, отговарящ на собствения му вкус и естествени наклонности.

В утробата на майката половото различие се забелязва в много късен стадий на бременността. Има много мъжествени мъже и има мъже, които са по-женствени, както има жени, които са по-женствениот други, както и много вариации помежду им.

Глупаво е да заклеймим някой хомосексуалист, само защото е хомосексуалист, както е глупаво да заклеймим някой мъж, защото е мъж или котка, че е котка, защото всичко това е на генетична основа.

Много видове животни са хомосексуални и в природата често можем да видим кучета, говеда и пилета да изпадат в хомосексуално поведение. Без значение дали е пиле, куче или човек, фактът си остава, че хомосексуализмът е естествен.

Не е естествено обаче, да карате някой насила да споделя вашите идеи на тази тема.

Расистите, традиционалистите и милитаристите са между хората, които биха измъчвали тези, които мислят различно от тях.

Агресията насочена срещу хомосексуалистите е форма на расизъм. Обикновенно тя идва от хора с незадоволен полов живот, които от завист не могат да търпят, че някой може да цъфти изживявайки нещо по-различно.

Същите тези хора, които заклеймяват хомосексуалността, ще простят много лесно на мъж изнасилилжена, въпреки че това е жестоко престъпление. Измежду гидове на Движение Раел има хомосексуални от двата пола, има хетеросексуални и бисексуални. Всичките те цъфтят, защото осъзнават, че са обичани за това, което са, че имат възможността да се реализират живейки в телата си както те желаят, в едно братско общество, което никоя друга религия не може да им даде. Как може някой да се нарича католик, след като е чул, че "узурпаторите на Ватикана" заклеймяват хомосексуализма, като в същото време непозволяват на жени да бъдат свещенници. Това са две доказателства за расизъм и сексизъм, които могат да помогнат на тези, които имат очи, да видят истината.

Деисти и еволюционисти: фалшивите прокроци

Въпрос:

Написано е: "Когато настъпи ерата на Апокалипса, ще има много фалшиви пророци". Кои са те?

Отговор:

В нашето време и ера има много фалшиви пророци. Истинското значение на думата "пророк" (prophet), нейния етимологически корен идва от гръцката дума "prophetes", която означава – "някой, който разкрива", както споменахме по-рано. Фалшивите пророци на нашето време, т.е., тези, които разкриват или ни учат на фалшива информация, са всичките тези, които се опитват да върнат човечеството към примитивнавяра в един нематериален и неосезаем, но иначе всесилен Бог, който наблюдава всяко едно човешко същество, за да го награди или накаже според случая. Тази концепция бърка безкрайността, която наистина е неосезаема в своята цялостност, защото е пространствено безкрайна и вечна, обаче безда има свое съзнание, тя не може да има никаква власт над човечеството като цяло или над който и да е отделен човек, с Елохим, които са наши създатели, които са истински и всесилни в тази част на вселената, но които ни обичат нас - тяхните деца, и които ни оставят да се развиваме свободно научно и духовно.

Втората категория съвременни фалшиви пророци са всичките тези хора, учени или не, които твърдят, че животът на Земята, следователно и човечеството са резултат на поредица от случайности, които са се случили по време на това, което те наричат - еволюция. Както е казал Айнщайн: "Не може да има часовник, без часовникар". Всички които мислят, че сме произлезли от маймуната в течение на един бавен еволюционен процес, вярват че красивият часовник, който представляваме ние е построен случайно.

Това е все едно да твърдим, че ако сложим всички части на един часовник в торба, след като я разтърсим малко ще получим един идеално работещ часовник. Опитайте един милион пъти ако желаете, но...

Еволюционистите също са фалшиви пророци, фалшиви информатори, хора, които отдалечават по-голямата част от населението на Земята от истината за нашите създатели - Елохим. Населението, което лесно поглъща и глупашки вярва на всичко, което тези облечени в бели престилки (повечето от които са безнадеждно ограничени) висши свещенници на обществото на учените казват, е държано нарочно неосведомено и безрезервно приема всичко, което официалните власти определят за истина. Можете ли даси представите как се чувстват Елохим, виждайки как хората приписват тяхния шедьовър на случаен шанс?

Самоубийство

Въпрос:

Във второто послание е казано, че ако някой усеща прекалено голяма болка, има право да извърши самоубийство. Това означава ли, че самоубийството е нещо добро?

Отговор:

Всички ние ще бъдем съдени заради постъпките си, които сме извършили докато сме живяли на Земята. Хората с повече положителни отколкото отрицателни постъпки ще получат право на вечен живот на Планетата на Елохим. Ако някой силно страда физически и ако човешката наука не може да успокои болката, то той има право да прекрати съществуването си. Ако повечето от неговите постъпки са били положителни, той ще бъде пресъздаден за вечен живот, но ако повечето от постъпките му са били отрицателни, той няма да бъде пресъздаден. Ако обаче, постъпките му са били предимно отрицателни, той може да бъде пресъздаден, за да бъде съден от тези, които е карал да страдат.

Някой, който не страда или няма някакъв физически недъг, не бива да извършва самоубийство, защото всичките ние имаме определена мисия, особено Раелияните. Те са длъжни да посветят живота си на рзпространението на посланията на Елохим, на които те са официални говорители. Да се самоубием е все едно да извършим предателство, все едно да напуснем поста си по време на война. Тук става въпрос за войната, която ще пробуди човечеството и ще му помогне да оцелее и да навлезе в Златната Ера. Елохим разчитат на всеки един от нас и всеки Раелиянин е от голяма стойност за нашите създатели.

Позволете ми да се повторя, единственият случай, в който самоубийството е оправдано, екогато някой изпитва огромна физическа болка, която не може да бъде успокоенаот науката, или неговите умствени способности са намалели до такава степен, че той не може повече да мисли разумно.

Всички останали хора са пратеници на нашите бащи, които са "на небето" и всички ние трябва да посветим живота си на разпространението на добрите вести.

2

НОВИТЕ ОТКРОВЕНИЯ

Тази глава съдържа откровения, които по настояване на Елохим, Раел е трябвало да пази в тайна три години след своето пътешествие, когато му е било разкрито второто послание.

След като ние вече сме в година трийсет и трета (1979), вече е дошло времето тези нови откровения да бъдат разкрити на хората.

Дяволът не съществува, аз се срещнах с него

Недейте да треперите, замисляйки се, дали съществува същество с рога, което се крие някъде и изчаква правилния момент да ви издебне и промуши в гръб с тризъбеца си. Както няма Бог, който седи на бял облак и държи светкавица в дясната си ръка, така не съществува и дявол.

Обикновенните хора използват думи като дявол, Сатан, Луцифер или демон, за да опишат силите на злото, както и смятат, че "Апокалипсис" означава "края на света".

Нека проследим истинското значение на тези думи. Сатан е хронологически най-старата от тях.

Когато Елохим са създали първите напълно синтетични човешки същества в лабораториите на своята планета, определена група хора са били против тези генетични манипулации, които са смятали за опасни за своята цивилизация. Те са се страхували, че учените ще създадат чудовища, които ще избягат от лабораториите и ще започнат да избиват населението. Тяхните страхове са станали реалност и тази група от протестиращи са се оказали прави, при което правителството на планетата езаповядало на учените да спрат своите експерименти и да разрушат своите създания.

Тази група от хора, които са били против генетичните манипулации е била предвождана от Елоха, наречен Сатан.

В крайна сметка, на учените им е било разрешено да продължат експериментите си на някоя друга планета. Това е описано в Матей 13:3. В тази притча се разказва как Елохим са създали живот на други планети:

"Ето, сеячът излезе да сее; и като сееше някои зърна паднаха край пътя: птиците дойдоха и ги изкълваха".

Матей 13:3

Птиците са пратениците на Сатан, които са смятали, че планетата, избрана за експериментите за създаване на живот е прекалено близо до тяхната, и че ако случайно създадените същества се окажат по-интелигентни от своите създатели и започнат да буйстват, могат да се превърнат в заплаха за населението на планетата на Елохим. Правителството още веднъж е дало разрешение да се разруши създаденото от учените.

След два неуспешни опита, е било необходимо да се намери друга планета, притежаваща условия за създаване на живот. Първият път избраната планета се е намирала прекалено близо до своето слънце и творението е било изгорено от вредните лъчи излъчвани от него, а вторият път то е било задушено от растителният свят. Най-накрая, учените намерили планета с всички необходими елементи за оцеляването на тяхното творение, която в същото време е била достатъчно отдалечена, за да не представлява опасност в очите на групата хора на които Сатан е бил президент.

"...и като сееше някои зърна паднаха край пътя: птиците дойдоха и ги изкълваха. А други паднаха на канаристите места, гдето нямаше много пръст; и твърде скоро поникнаха, защото нямаше дълбока почва; и като изгря слънцето, пригоряха, и понеже нямаха корен изсъхнаха. Други пък паднаха между тръните; тръните пораснаха и ги заглушиха. А други паднаха на добра земя, и дадоха плод, кое стократно, кое шестдесет, кое трийсет. Който има уши, нека слуша".

Матей 13:4-9.

Ние знаем, че Елохим също така са създали живот на други две планети по това време, от там е и алюзията за "трите реколти".

Ние също така знаем, че на учените им е било дадено разрешение да започнат своите опити за създаване на живот на Земята при единственото условие, че няма да създават хора по "собствен образ и подобие".

Първото послание обяснява как учените са нарушили това условие, както и ни показва реакцията на тяхното правителство. То им е забранило да разкриват на първите хора на Земята истината за създаването им и са изискали на първите хора да им бъде внушаван страх от създателите им. Затова Елохим са се представяли за свръхестествени, божествени същества.

Сатан е смятал, че нищо добро не може да се очаква от създадените същества, и че от човек може да излезе само зло.

Той е оглавявал политическата партия на планетата на Елохим, която е била против създаването на хора по собствен образ и подобие от тези Елохим, които от своя страна са смятали за възможно създаването на миролюбиви и положително настроени същества.

В този момент се появява Луцифер, името на който означава – "носещ светлина". Луцифер е един от тези Елохими, сътворили живота на Земята, следователно - човека.

Той е бил начело на малка група учени, работили в една от лабораториите за генно инженерство, които са се занимавали с изследването на поведението на първите създадени хора. Забелязвайки необикновенните способности, показани от сътворените хора, Луцифер е решил да не изпълни заповедта и да им разкрие истината, а именно, че тези, които те са смятали за богове в действителност са хора като самите тях - от плът и кръв, които са дошли от друга планета на летящи машини направени от осезаеми материали.

Луцифер и неговата група от учени са изпитвали любов и привързаност към тези искуствено сътворени хора.

Те обичали като свои деца тези същества, които по цял ден се учели и които трябвало да приемат Елохим за "Богове".

Трудно им е било да гледат как създадените от тях същества, надарени физически и психически, красиви и интелигентни, се кланят на своите ръце и нозе, обожествявайки ги като идоли и всичко това, заради заповедта, дадена от президента на планетата на Елохим - Йахве, който е забранил на учените да казват истината на своите създания и им е наредил да играят постоянно ролята на свръхестествени същества.

Луцифер – "носителят на светлината", е просветил първите хора, като им е разкрил, че създателите не са "Богове", а хора като самите тях. Това поведение е било пряко противопоставено на Сатан, който е смятал, че от човек може да се очаква единствено зло, както и на Йахве - президентът на Съвета на Вечните управляващ планетата на Елохим.

Както виждаме, същество с рога не съществува.

Йахве осъжда учените, които са нарушили заповедта му. Те са били осъдени да прекарат останалата част от дните си на Земята. "Змията" е трябвало да пълзи по Земята, както така поетично е написано, ахората са били изгонени от "райската градина", където са имали подслон, били са хранени и обличани, без да полагат никакви усилия.

Но това не удовлетворило напълно Сатан. Той искал да се унищожат всички хора, защото виждайки войственото им поведение е смятал, че те са опасни. С течение на времето, Сатан събрал доказателства за агресията на човека, наблюдавайки как хората се избиват с оръжията дадени на техните дъщери отСиновете не Елохим живеещи в изгнание. Учените от групата на Луцифер са имали "близки" отношения с дъщерите на хората, които са получавали оръжия в замяна на своя чар изполавайки лъжливия претекст, че ги дават на бащите си, за да могат те чрез лов да си доставят храна. А всъщност хората са воювали помежду си с тези оръжия.

Виждайки доставените от Сатан доказателствата, че хората се избиват един другиго, Йахве решил да послуша, да унищожи напълно сътвореното на Земята и да прости на групата на Луцифер, позволявайки и да се завърне на собствената си планета, т.е да прекрати нейното изгнание.

Когато обаче, групата на Луцифер научила, че чудесното им творение скоро ще бъде разрушено, решила, че не може да допусне такова нещо. Тези учени били силно убедени, че между хората има и позитивно и мирно настроени, изпитващи любов и братски чувства един към другиго. Според тях Ной е бил именно такъв и те са му помогнали да построи космически кораб, който да го предпази от предстоящите разрушения издигайки се в орбита около Земята. На този кораб са се намирали няколко мъже и жени и генетичните кодове на някои животински видове, чрез които те да бъдат пресъздадени след катаклизма.

По същото време Елохим са разбрали, че и самите те са били създадени по същия начин, по който те са създали човека - научно, в лаборатория, от други хора, дошли от друг свят. Тогава, те са взели решение никога повече да не унищожават човечеството и са помогнали на групата на Луцифер да пресъздадат формите на живот спасени в "ковчега". Сатан все още смятал, че от хората не може да се очаква нищо добро, обаче се преклонил пред мнението на мнозинството на Съвета на Вечните начело с Йахве. Йахве разбрал от посланието изпратено в приземилия се на планетата на Елохим безлюден кораб от друг свят, че когато хората открият енергиите, които могат да им позволят на навлезат в междупланетен стадий на своята цивилизация, ако са агресивно настроени, сами ще се разрушат.

Елохим решили да оставят хората да се развиват сами, като им изпращат или пък създават на Земята определени хора, които да имат задачата да създадат религии, които да запазят следите от творчество им на Земята икогато човечеството напредне достатъчно, че да може да разбира рационално, да помогнат на хората да разпознаят своите създатели.

Послания с таково значение са могли да бъдат давани само на доверени хора и Елохим са искали преди всичко да се уверят, че избраните от тях ще са верни на своите създатели и никога няма да предадат това, което им е било разкрито.

Сатан е бил този, който изпитвал пророците.

Но как да изпитат верността на хората? След като веднъж пратениците на Елохим влязат в контакт с някого и му разкрият същността на мисията му, Сатан или някой от хората му ще оклеветят Елохим пред бъдещият пророк и ще се опитат да принизят неговата представа за тях, ще се опитат да го накарат да се отрече от своите бащи или да се съгласи да предаде мисията срещу материална изгода например. Каква е гръцката дума за "клеветник"? Просто- "Diablos". Ето го нашия добре известен дявол, който все още няма рога и копита...

Исус например, е бил откаран в пустинята за четирсет дена по време на своето посвещение и на няколко пъти е изправян пред "дявола", който го е убеждавал да се отрече от баща си:

> "Тогава исус бе отведен от Духа в пустинята, за да бъде изкушаван от дявола".
>
> *Матей 4:1.*

Исус бе отведен в пустинята да бъде изпитан от един клеветник. Описани са най-различните изпити, на които е бил подложен. Първо той е накарал Исус да превърне камъните в хляб, за да докаже, че наистина е Син божи:

"Ако си Божий Син кажи на тия камъни да станат хлябове".

Но той му отговаря:

"Не само с хляб ще живее човек, но с всяко слово, което излиза от Божиите уста".
Матей 4:3-4.

Исус казва на Сатан, че е по-важно да си верен на Елохим, отколкото да се храниш. Дяволът го изкушава с храна, след като Исус е гладувал известно време. После Исус е отнесен до кубето на храма и му е казано да скочи, за да могат "Божиите ангели" да умекотят падането му така, че да не се контузи:

"Ако си Божий Син, хвърли се долу; защото е писано: "Ще заповяда на ангелите Си за тебе: И на ръце ще Те вдигнат. Да не би да препънеш в камък ногата Си". Исус му рече: Писано е още: "Да не изпитваш Господа твоя Бог".
Матей 4:6-7.

Исус отговаря на дявола, че не е бил поставен на Земята заради безсмисленото изпитване на неговите създатели и поради тази причина не може да очаква помощта им във всеки един даден момент.
После Сатан завежда Исус на върха на една висока планина и му предлага да го направи най-богатия цар на Земята:

"Пак Го завежда дяволът на една много висока планина, показва му всичките царства на света и тяхната слава и казва Му: "Всичко това ще ти дам ако паднеш да ми се поклониш". Тогава исус му каза: Махни се, Сатано, защото е писано: "На господа своя Бог да се прекланяш, и само нему да му служиш". Тогава дяволътто остави; и, ето, ангели дойдоха и Му прислужваха.

Матей 4:8-11.

Исус показва своята лоялност към Елохим, на които той предпочита да служи, отколкото да има власт и богатство. Трябва да бъде отбелязано, че в тези редове Исус се обръща към клеветника с неговото име - Сатан. След като изпитът е преминал успешно, "ангелите", пратениците на Елохим, са слезнали при Исус, за да довършат посвещението му.

Не само Исус е бил изпитван от "дявола", Йов също е бил изпитан от Сатан. Началото на книгата на Йов говори красноречиво ясно показвайки ни доброто, дори братско отношение на Йахве и на Сатан към него.

> "А един ден, като дойдоха Божиите синове да се представят пред Господа, между тях дойде и Сатана. И господ рече на Сатана: От где идеш? А Сатана в отговор на Господа рече: От обикаляне на земята и от ходене насам натам по нея. После Господ рече на Сатана: Обърнал ли си внимание на слугата ми Йов, че няма подобен нему на земята, човек непорочен и правдив, който се бои от Бога и се отдалечава от злото? А Сатана в отговор на Господа рече: Дали без причина се бои Йов от Бога? Не си ли обградил от всякъде него и дома му и всичко що има? Благословил си делата на ръцете му, и имота му се е умножил на земята. Но сега простри ръка и допри се до всичко що има, и той ще те похули в лице. И Господ рече на Сатана: Ето, в твоята ръка е всичко, що има той; само на него да не туриш ръка. Тогава Сатана излезе от присъствието на Господа".
> *Йов 1:6-12.*

Можем ясно да видим, че Йахве седи по-високо от Сатан в йерархията на Елохим. Но все пак той авторизира Сатан в качеството си на "лидер на опозиционната партия", да прави каквото намери за добре, давайки му Йов, така да се каже, за да може той да докаже, че може да накара някой, който дълбоко обича Елохим да ги намрази ако го налегнат нещастия, бедност или болест.

Сатан всъщност напълно разорява Йов, който въпреки това не престава да обича и уважава Елохим.

"Тогава Йов стана, раздра дрехата си, и обръсна главата си, и като падна на земята, поклони се. И рече: Гол излязох от утробата на майка си; гол ще и да се върна там. Господ даде, Господ отне; да бъде благословенно Господнето име. Във всичко това Йов не съгреши, нито се изрази безумно спрямо Бога".

Йов 1:20-22.

Сатан още не е доволен, тъй като докладва на президента на Съвета на Вечните:

"И пак един ден като дойдоха Божиите синове, за да се представят пред Господа, между тях дойде и Сатана да се представи пред Господа. И Господ рече на Сатана: От где идеш? А Сатана в отговор на Господа рече: От Обикаляне на земята и от ходене насам натам по нея. После Господ рече на Сатана: Обърнал ли си внимание на слугата ми Йов, че няма подобен нему на земята, човек непорочлив и правдив, който се бои от Бога и се отдалечава от злото. И още държи правдивостта си, при все, че ти Ме подбуди против него да го погубя без причина. А Сатана В отговор на Господа рече: Кожа за кожа, да! все що има човек ще го даде за живота си. Но простри ръката Си сега та се допри до костите му и до месата му, и той ще Те похили в лице. И Господ рече на Сатана: Ето, той е в ръката ти; само живота му опази".

Йов 2:1-6.

Йахве позволява на Сатан да погуби здравето на Йов, за да види дали още ще обича създателите си. И Йов продължава да уважава Елохим. Чак тогава той се осмелява да попита Йахве защо е създаден на този свят, само за да понася всякакви нещастия. Накрая Йахве се намесва и накратко му обяснява какво се е случило. Той казва на Йов, че не е правилно да съди създателите си, които са го изпитвали и да съжалява, че е бил роден. Йахве връща на Йов здравето му и още повече богатства, отколкото е притежавал преди те да му бъдат отнети.

В края на срещата ми с Йахве на междинната летяща машина, той излезе за няколко минути казвайки ми,че ще се срещнем малко по-късно. Тогава единият от другите два Елохими ме помоли да го последвам. Той ме заведе в една малка стая, която бе чудесно декорирана. Стените бяха във форма на обла пирамида и бяха покрити с бляскави звукови вълни, които приличаха на многоцветни водни вълни. Всичко се движеше в един невероятно успокояващ ритъм от музикални вибрации. Беше ми казано да седна в един удобен стол покрит с черна мъхеста кожа, която създаваше впечатлението, че стола е жив. Тогава Елоха (единствено число на Елохим), заговори:

"Трябва да те предупредя, че сред Елохим съществуват повече от едно мнения за бъдещето на човечеството на Земята. Йахве смята, че хората са добри, и че трябва да ги оставим да се развиват сами, убеден е, че ако те се окажат негативно настроени ще се самоунищожат. Всичките мои последователи и аз самият смятаме, че хората са зли, и че ние трябва да им помогнем да се самоунищожат по-бързо. Ние ти предлагаме да ни помогнеш да ускорим финалния катаклизъм, който ще изчисти вселената от същества, които са просто резултат на един неуспешен експеримент.

Ако се опиташ да изпълниш мисията дадена ти от Йахве, ти винаги ще си останеш един бедняк и ще трябва да търпиш сарказъма на всички. Ти ще страдаш, може да попаднеш в затвора или, което е още по-лошо, може да бъдеш убит от своите кръвни братя. Ако ти приемеш офертата ми и ми помогнеш да изпълня моя план, който е да увелича омразата, съществуваща между хората от различнитераси до такава степен, че да избухне световен расов конфликт, аз ще те направя много силен и богат. Твоята роля ще бъде да публикуваш книгите, които аз ще ти продиктувам, и които ще ти помогнат да създадеш различни политически и религиозни движения, проповядващи унищожението на арабската, жълтата и черната раси, които притежават всички земни богатства и суровини, от които бялата раса се нуждае и заслужава да притежава, тъй като благодарение на усилията на белият човек са разработени технологиите за добив на тези суровини и за тяхното приложение. Когато този световен конфликт избухне, ти и хората, които са ти помагали да изпълниш мисията си ще бъдете спасени. Ще се намирате в безопастност на един от нашите летящи апарати, и когато всичко на Земята бъде разрушено ще бъдете върнати там, за да положите основите на едно ново човечество. Ти ще управляваш тази нова цивилизация както намериш за добре и ще имаш на разположение разбира се,нашата помощ.

Междувременно, когато се завърнеш на Земята ще намериш сумата от 1, 5, 10 или повече милиарда, ако желаеш, депозирани в сметка на името на някоя фондация в швейцарска банка, за да ти помогне да започнеш. Кажи ни каква сума ти е необходима и ако тя не е достатъчна веднага ще последват нови депозити.

Също така, ако приемеш предложението ми, ти и всички хора, които са ти помагали ще заслужат правото на вечен живот.

Единственото което желаем е, човечеството да разруши тази ужасна цивилизация, която днес съществува на Земята. За тази цел ти също така ще разкажеш, че си се срешнал с извънземно същество, което те е предупредило, че Земята ще бъде нападната от същества от друга планета. Ние ще ти дадем всички необходими доказателства за нашето съществуване и никой няма да се усъмни в твоите думи. По този начин, след като започне да се опасява от атака от небето, човечеството ще увеличи военния си арсенал. Което от своя страна ще преустанови опитите на Йахве да го възспира от натрупването на повече ядрени оръжия и агресивност.

Другата твоя възможност е да се посветиш на изгубената кауза, тъй като рано или късно хората ще се изтрият от лицето на Земята. Хората, които ти предлагат това, нито ще ти дадат доказателства за нашето съществуване, за да можеш да убедиш братята си по-лесно, нито ще ти дадат финансова помощ.

Те ще те оставят на сарказъма, полицията и юридическият натиск на властите, които могат и да те вкарат в затвора, да не говорим за възможността някой фанатик да те убие, защото твърдиш, че няма "Бог". От друга страна, моето предложение веднага ще те направи много богат и властен човек, човек, който просто е ускорил краят, на който хората вече са обречени.

И така, какъв е твоят отговор? Ако желаеш, можеш да помислиш няколко дена преди да ми отговориш".

Моят отговор бе:

"Аз съвсем не съм убеден, че човечеството ще се самоунищожи, въпреки, че шансът това да се случи е - деветдесет процента. Но дори ако шансът човечеството да надделее над агресивноста си и да избегне самоунищожение да бе едно на хиляда, аз мисля, че си струва да му дадемтози един шанс. Ще ми се хората да проумеят това преди да е станало прекалено късно.

А ако такъв катаклизъм все пак настъпи, Йахве ми каза, че всички хора, които са се борили за мир и срещу насилието ще бъдат спасени, за да заселят отново Земята и да построят един свят пълен с любов. Твоето предложение не предлага нищо повече, освен може би, че ще бъдат спасени единствено хора, допринесли за избухването на насилие. Новата цивилизация, която те ще създадат, не може да не бъде насилствена, поради доминиращите социални и наследствени качества на нейните основатели.

Да се каже на човечеството, че ще бъде нападнато от извънземни, само по себе си ще бъде достатъчно да всее страх и да увеличи насилието на планетата ни. Така че, дори да има един шанс на хиляда човечеството да бъде спасено днес, този шанс ще стане наполовина, ако хората чуят за евентуалнаинтервенция от ваша страна. Един от най-важните фактори, който може да допринесе за намаляване на насилието между хората е пробуждането на съзнанието им към вселената и безкрайността. Ако всички хора гледаха към небето с надежда и братска обич, то те щяха да се чувстват по-сплотени.

Аз не искам да стана богат и да имам власт. Нямам почти нищо, но малкото, което притежавам е достатъчно, за да бъда щастлив. Възложената ми мисия, изпълва живота ми с щастие. Всичко от което се нуждая е, храна за децата ми и покрив над главите им. Това ми е дадено от верните ми последователи, които желаят да разкрия истината на всички хора по Земята. Аз не мога да живея в две къщи, нито да шофирам два автомобила по едно и също време, а дори и да притежавах къщата, в която живея, нито сънят ми щеше бъде по-спокоен, нито огънят в камината - по-горещ. Що се касае до мисията поверена ми от Йахве, аз бих предпочел тя да бъде изпълнена от колективните усилия на тези, които желаят да приветствуват Елохим (вместо на тези, които ще се страхуват от тях), тъй като това съссигурност би било най-красивото доказателство за любовта, която можем да предложим на нашите създатели".

"Значи, ти отказваш преложението ми?", ме попита Елоха.

"Да, поради всичките причини, които преди малко изредих, защото аз принципно съм срещу насилието".

"Сигурен ли си, че никога няма да съжаляваш?", ме попита той. "Не желаеш ли да изчакаш малко и да помислиш?"

"Никога няма да променя решението си независимо какво ще се случи с мен. Дори и живота ми да се намираше в опасност, аз пак бих насочил всичките си усилия за обединяването на хората чрез любов и братски чувства един към друг, така че те да приветстват своите създатели, както Елохим заслужават да бъдат приветствани".

В този момент се отвори вратата и Йахве влезе заедно с другия Елоха. Той се обърна към мен и ми каза:

"Много съм доволен от твоята реакция към предложението, което ти бе направено. Аз бях сигурен как ще реагираш, но Сатан - нашият брат, който те изпитва няма да се убеди, че хората могат да бъдат добри, докато те не се обединят и не унищожат парите и всички оръжия. Вторият ми спътник, който също е много доволен от поведението ти е Луцифер, който първи повярва в човечеството, дори преди аз да осъзная необходимостта да оставим човечеството само, без наша помощ да премине последното свое изпитание - преустановяването на насилието".

Тогава Сатан ми каза, че според него няма повече от една дузина хора като мен на Земята. От него грееше любов и братска обич и той бе на мнение, че дори само заради съществуването на тези редки изключения човечеството заслужава правото да съществува.

След това ние се завърнахме в по-големия от двата летателни апарата, този, който щеше да ме върне на планетата на Вечните, където моето посвещение трябваше да завърши. Всичко това е разказано в книгата, съдържаща второто послание – "Извънземните ме заведоха на планета си".

Баща ми, който е на небето

По време на моята първа среща с посетителите от космоса попитах този, който тогава не знаех, че е Йахве, президентът на Съвета на Вечните, защо са избрали именно мен да бъда техният пратеник на Земята. Той ми каза, че те са решили да изберат някого, роден след първата ядрена експлозия в Хирошима на 6-ти Август 1945 год. После той добави: "Ние те следим от твоето детство, а дори и от по-рано". (виж първото послание) В началото този отговор много ме заинтригува и през двете години между първото и второто послания често размишлявах върху него.

Трябваше да изчакам отново да се срешна с Йахве, за да ми бъде разяснен неговия смисъл напълно.

Когато ми бе дадено второто послание на Планетата на Вечните, в края на своя разказ за Израелския народ,Йахве ми разкри истината за моя произход.

Отново ми бе казано да си сложа специалния колан с голяма катарама, чрез който можеш да се придвижвам във въздуха, следвайки определени въздушни потоци. След като се издигнах плавно напускайки лабораторията, където моят ум бе видоизменен в странния стол с форма на раковина, аз полетях на 20 м. над пищна растителност.

След десетина секунди пристигнахме в едно райско сечище, където седяха няколко от пророците, с които се бях хранил по-рано. Под нас на няколкостотин метра можеш да видя огромни великолепни пясъчни плажове граничещи със дълбоко синьо море с такава красота, с каквато не би могло да се сравнява нито едно Средиземноморско заливче. Водата бе синя, приличаща на басейн в Калифорния и се простираше чак до хоризонта, като на места тя преминаваше в розово и зелено. Когато се загледах малко по-внимателно, видях следи от всички цветове на дъгата, всеки един по-красив от предишния, като че ли десет километра от дъното на морето бе боядисано. Аз попитах откъде идват тези необикновенни цветове и ми бе казано, че са от морските водорасли създадени от артисти и посадени специално, за да се получи този ефект.

Коланът плавно ме спусна в малкото сечище близо до групата от около десет пророци. Този, който ми бе представен като Исус се приближи да ни посрешне.

Следвайки Йахве, всички ние се настанихме във фотьойли, издълбани в скалите. Фотьойлите бяха покрити с великолепна черна козина, която създаваше впечатление, че е жива. Намирахме се на една скала с изглед към морето.

Йахве ме попита дали в последните две години след нашата среща, не ме е вълнувал някакъв по-конкретен въпрос. Без колебание отвърнах, че постоянно ме е интригувало, какво е имал впредвид, когато ми каза, че са ме следили от детството ми, а дори и от по-рано.

Аз многократно бях извъртал този въпрос на ум, чудейки се дали моите родители не са били избрани преди моето раждане и не са били телепатично водени един към друг, за да ме създадат или пък са били избрани след като вече са се познавали, или, дали не съм бил вече заченат, когато те са били избрани, или дали не е бил избран по-скоро ембрионът, който те са заченали.

Йахве ми отговори на този толкова важен за мен въпрос. Отговорът бе по-необикновен, отколкото бях очаквал.

В този момент, той престана да се обръща към мен с учтивата форма "Вие" ("Vous" на френски), а започна да използва личното местоимение "ти" ("tu"). Тогава той каза:

"Човекът, който ти смяташ за свой баща, не е истинският ти баща. След експлозията в Хирошима, ние решихме, че е дошло времето да изпратим нов пратеник на Земята. Той ще бъде последният пророк, но първият, който ще се обърне към човечеството изисквайки то да разбира, да осъзнава, вместо да вярва.

Ние избрахме една жена, както постъпихме и в епохата на Исус. Тази жена бе отведена на борда на един от нашите летящи апарати и подобно на майката на Исус, там бе оплодена. След като изтрихме напълно от паметта и какво се бе случило тя бе освободена.

Но преди всичко, ние се погрижихме тя да срешне мъж, който да може да издържа детето финансово и благоприлично да го отгледа. Този мъж трябваше да вярва в различна религия от нейната, за да може детето да израсне без силно развити религиозни убеждения. Ето затова мъжът, който ти смяташе и истински вярваше, че е твой баща, бе евреин.

Твоят истински баща, всъщност е и баща на Исус, което ви прави братя. В момента ти стоиш пред баща си.

Другият ти баща, подобно на Йосиф някога, просто трябваше да се грижи за теб, докато не възмъжееш и можеш да се грижиш за себе си.

От този момент нататък можеш да ме наричаш "татко", защото си мой син".

Това бе най-вълнуващият момент от цялото пътуване. В очите на Яхве можех да видя също толкова вълнение и обич. Тогава за пръв път целунах баща си и брат си.

Яхве ме помоли да не разкривам тази роднинска връзка три години. Това е причината, поради която досега не съм говорил на тази тема.

Във всеки случай това не е толкова важно, ние не трябва да допускаме същата грешка, като хората взели Исус за пратеник от рая. Не е важен кой е пратеникът, а какво е посланието.

"Исус дойде на Земята да покаже пътя, но хората просто гледаха пръста му", бе казал един велик мислител и за съжаление е бил прав.

Аз, Раел, също ви показвам кой път да следвате, разкривайки ви посланията дадени ми от баща ми, "който е на небето". По-важно е да разпознаем Елохим като наши бащи и да построим посослството им на Земята, както те биха искали, вместо да обръщаме внимание на пратеника. Не гледайте в пръста ми, а по-скоро в посоката, в която той сочи.

Послание от Йахве към хората на Земята: Апокалипсиса на безвъзвратния ядрен катаклизъм

Аз, Йахве, чрез думите на моя пратеник Раел, се обръщам към всички хора на Земята.

За съжаление шансът да не се самоунищожите е един на сто и всеки Раелиянин трябва да се погрижи човечеството да се покаже достатъчно разумно, да се осъзнае и използва този малък шанс, за да избегне финалния катаклизъм, както и чрез своята мисия на пробуждане на съзнанието на хората, да допринесе за заздравяването на този уникално малък този шанс и за това той никога да не отслабва.

Невъзможно е да предвидим бъдещето, тъй както е невъзможно да пътуваме във времето, но е възможно да предвидим бъдещето на всяко биологично същество. Ако някоя примитивна жена е оплодена от някой учен, последният би могъл да предвиди нейното бъдеще. Той ще може да предвиди, че след девет месеца тя ще роди, както ще може да предвиди и пола на детето.

По същия начин, ние, които сме създали живот на безброй планети, знаем какво ще се случи на човечество, достигнало вашето технологическо ниво, без да е достигнало еквивалентно ниво на разум.

Затова, въпреки че не можем да предвидим бъдещето на отделните индивиди, ние можем да предвидим какво ще се случи на един жив организъм по време на бременност, както и на едно човечество по пътя на неговото развитие.

Когато, след като се срещнат сперматозоидът с яйцеклетката, се образува първата клетка в утробата на майката, тази първа клетка притежава цялата информация необходима за създаването на едно завършено същество, което да може да извършва множество функции. Колкото повече клетки има, толкова повече функции могат да бъдат изпълнени. Броят на функциите е пропорционален на клетките, създадени след успешни деления до раждането на детето, когато то ще се превърне в завършен организъм, притежаващ всичките органи, необходими за извършване на всички функции, така, че да може да бъде изпълнена всяка една нужда на този организъм.

Абсолоютно същото се отнася и за едно планетарно човечество, като приемем всеки отделен човек за една клетка от това огромно същество наречено човечество, което в момента е в състояние на бременност.

Броят на функциите, на откритията и на технологическото ниво на човечеството е пропорционално на броя на хората. Ето как ние лесно можем да предвидим, че Ерата на Апокалипса ще настъпи, когато човек ще може да накара слепите да прогледнат с помощта не електронни протези, когато гласът на човек ще се пренася през океаните с помощта на сателитните комуникации и когато човек се изравни с тези, които погрешно смята за богове създавайки синтетични същества в научните си лаборатории.

Всичките тези предвиждания се обуславят на нашето задълбочено познаване на биологията на човека.

Ние знаем, че ембрионът ще развие очите си в определен месец от своето развитие, половите си органи в друг, както и че това важи за всички живи същества, които са в процес на развитие. Ние знаем, че човечеството ще направи определени открития позволяващи му да притежава определени научни умения след толкова и толкова стотици или хиляди години. Двете са абсолютно едно и също нещо.

Ние сме диктували нашите послания на пророците в миналите времена, за да можем да бъдем разпознати от хората, когато настъпи времето да се покажем открито, без това да предизвика създаването на нови религии, т.е., когато всички хора ще могат логично да разбират.

Между тези текстове е и Апокалипсът, който ние продиктувахме на Йоан. Чрез уред, подобен на вашите телевизори, му показахме какво ще се случи с хората, когато достигнат Ерата на Апокалипса.

Текста на Йоан за съжаление бе преведен неправилно от примитивните преводачи, които не са били нищо друго освен богобоязливи хора.

Йоан започва историята си разказвайки за срещата си с нас:

> "В Господния ден бях в изтъпление чрез Духа; и чух зад себе си силен глас като от тръба..."
>
> Откровения 1:10

Тук той обяснява, че се е опитвал да комуникира с нас телепатично, наричайки това "бях в истъпление чрез Духа" по време на Шабат, който се е смятал за "Господния ден", когато той чува металически глас "като от тръба" - звуците излизащи от електрически високоговорител, нещо, което всеки един от вас може да разбере.

Тогава Йоан се обръща, за да види кой е зад него:

> "И обърнах се да видя Този Глас, Който ми проговори; и като се обърнах, видях седем златни светилника; и сред светилниците видях Един, Който приличаше на Човешкия Син, облечен в дълга дреха и препасан около гърдите си със златен пояс; а главата и косите Му бяха бели като вълна, като сняг, и очите Му, като огнен пламък; и нозете Му приличаха на лъскава мед, като в пещ пречистена; а гласът Му беше като на много води; и имаше в десницата си много звезди; и от устата Му излизаше меч остър и от двете страни; и лицето Му светеше, както преди слънцето в силата си".
>
> *Откровения 1:12-16*

Йоан видя седем летящи машини направени от златист метал – "седем златни светилника", в средата на които седеше едно малко същество, "който приличаше на Човешкия син", облечено в плътно прилепнал по неговото тяло, дори по нозете му астронавски костюм, препасано с голям колан. Кожата и косата му са бели, неговият шлем е оборудван с два малки проекционни апарати, които Йоан взима за негови очи. Нозете му стоят на жълти изолиращи подметки и той говори на висок глас – "гласът му беше като на много води".

В ръцете си малкото същество държи уред със седем сигнални светлини за връзка със седемте летящи апарата наблизо. Мечът с две остриета е просто един детайл добавен от богобоязлив преводач, който е искал да подчертае силата на видението, за да подсили мощта на "Бог" и увеличи страха на християните от "Бог". Малкото същество, което се е появило пред Йоан, наистина бе един от нас.

Йоан, обзет от паника, падна по лице на земята.

> "И когато Го видях, паднах при нозете Му като мъртъв; а Той тури десницата Си върху мене и каза: Не бой се, Аз съм първият и последният и живият; бях мъртъв, и, ето живея до вечни векове; и имам ключовете на смъртта и на ада. Напиши, прочее, това, което си видял, и що значи, и това, което има да стане подире".
>
> *Откровение 1:17-19*

Ние накарахме Йоан да се изправи и му казахме да опише всичко, което е видял и което ще му бъде продиктувано, за да могат хората да намерят тези писания, когато настъпи времето. Казахме му, че сме "първият и последният", което ще рече - първият на Земята и последният, ако хората се самоунищожат, когато открият енергии, които да им позволят това. Обяснихме му, че този, който му говореше е изпитал смъртта, но живее отново благодарение на процеса на пресъздаване на тялото описан в първото послание, който ни прави вечни.

"След това видях, и ето врата отворени на небето; и предишният глас, който бях чул да говори с мене като тръба, казваше: Възлез тук, и ще ти покажа това, което трябва да стане подире. Начаса се намерих в истъпление чрез Духа, и, ето, престол беше поставен на небето, и на престола седеше Един".

Откровение 4:1-2

Йоан вижда "врата отворени на небето"- вратата на една от нашите машини се отвори и той с помощта на специален носещ лъч бе пренесен вътре. Това за него е напълно необяснимо и за това той казва "чрез Духа".

Там той вижда човек, седящ във фотьойл и около него други двайсет и четирима също седящи на "престол".

Аз, Йахве, седях на престола и около мен имаше други двайсет и четири Вечни, представляващи Съвета на Вечните - управляващото тяло на нашата планета.

После аз включих апарата, който визуализира мисли и той видя какво ще се случи с човечеството, когато настъпи времето.

"И видях, и ето бял кон; и яздещият на него имаше лик; и даде му се корона и той излезе побеждаващ и да победи".

Откровение 6:2

Тук се говори за първият от седемте печата или за седемте глави от човешката история ако пожелаете. Всъщност става дума за триумфа на християнството по света, който Старият Завет разкрива на всички.После се отваря вторият печат:

> "И излезе друг кон, червен; и на яздещия на него се даде да вдигне мира от земята, тъй щото човеците да се избият един друг; и даде му се голяма сабя".
>
> *Откровение 6:4*

Червеният кон представлява религиозните войни и войните изобщо, които са една от основните причини за бавното увеличение на броя на населението. После следва третият печат:

> "И видях, и ето черен кон, и яздещият на него имаше везни в ръката си. И чух нещо като глас отсред четирите живи същества, който казваше: Един хиникс пшеница за динар, и три хиникса ечемик за динар; а дървеното масло и виното не повреждай".
>
> *Откровение 6:5*

Черният кон е гладът, който ще убие значителен брой хора, преди човечеството да може да разреши този проблем. Следва четвъртия печат:

> "И видях, и ето блед кон и името на яздещия ня него беше смърт, и адът вървеше подире му".
>
> *Откровение 6:8*

Този блед кон представя чумата и други подобни големи епидемии, които са убивали всеки десети човек.
Отваря се петия печат:

> "И когато отвориха петия печат, видях под олтара душите на ония, които са били заклани за Божието слово, което опазиха. И те викаха с висок глас, казвайки: До кога, Господарю свети и истинни, не ще съдиш и въздадеш на живеещите по земята за нашата кръв? И на всеки от тях се даде

по една бяла дреха; и рече им се да почиват още малко време, докле се допълни числото и на съслужилите им и братята им, които щяха да бъдат убити като тях".

Откровение 6:9-11

Тази сцена описва как великите пророци, които живеят вечно на нашата планета ни молиха да позволим пресъздаването на хора, живяли положително преди момента на Страшния съд. Ние разрешихме няколко хиляди човека да бъдат пресъздадени, за да живеят между нас, докато в началото искахме само да запазим генетичните им кодове и да ги пресъздадем, когато човечеството завърши своята еволюция. Отворен бе шестият печат:

"И видях, когато отвори шестия печат, че стана голям тръс: слънцето почерня като козиняво вретище, и цялата луна стана като в кръв; небесните звезди паднаха по земята, като когато смоковница, разклащана от силен вятър, мята неузрелите си смокини; небето биде преместено като свитък, когато се свива; и всички планини и острови се вдигнаха от местата си. И земните царе, големците и хилядниците, богатите и силните, всеки роб и всеки свободен се скриха в пещерите и между скалите на планините".

Откровение 6:12-15

Шестият печат представлява последната заплаха за човечеството, най-голямата заплаха, заплахата, която би го унищожила напълно - ядрената война. "Голямото земетресение" е самата експлозия, "почернялото слънце" е потъмняването на небето от образувалата се след експлозията "гъба" и от пепелта, които вие много добре знаете, ще скрият луната от погледите ни. "Небето бе преместено като свитък" описва как струите горещ вятър от експлозията рязко ще издухат облаците. Криещите се в пещерите на планините хора всъщност бързат да влезат в бомбените скривалища. Именно от този последен катаклизъм, ако той някога се случи ще бъдат спасени тези,които са последвали нашия пророк, хората, които са предали своя генетичен код, след като са прочели посланията.

Тези хора са избрани от огромния компютър, който наблюдава всеки един от нас от нашето раждане до смъртта ни.

> "И видях друг ангел да се издига от изток, у когото беше печата на живия Бог; и той извика с висок глас към четирите ангела, на които бе дадено да повредят земята и морето и каза: Не повреждайте земята, нито морето, нито дърветата, преди да ударим печат върху челата на слугите на нашия Бог".
>
> *Откровение 7:2-3*

Хората на които ще бъде ударен печат върху челата са тези, на които клетъчния им план ще бъде предаден след като нашият пророк докосне челната им кост, което прави трансформацията на генетичния код най-лесна и прецизна. Броят на хората с "печат на челото" ще бъде приблизително 144000 и ще включва тези, които вече са пресъздадени на нашата планета, тези, които са живяли, посвещавайки живота си на процъфтяването на човечеството, както и тези, които са приели Раел за наш пратеник след като са прочели посланията. Докато броя на всички тези хора не е достигнал 144000, ние ще помогнем за забавянето на последния катаклизъм, за да може да има достатъчен брой хора, които да започнат едно ново поколение, когато Земята отново стане годна за живот на човешки същества.

Ако шестият печат представлява откритието и използването за пръв път на ядрено оръжие, седмият печат описва последния катаклизъм - една световна ядрена война, която завършва с разрушението на живота на Земята.

> "Като затръби първият ангел, настана град и огън, размесени с кръв, които бидеха хвърлени на земята; и третата част на земята изгоря, също и третата част на дърветата изгоря, изгоря и всяка зелена трева".
>
> *Откровение 8:7*

Една трета от Земята е изгорена от радиоактивността, дърветата и зелената трева повече не растат.

"И като затръби вторият ангел, нещо като голяма планина, пламнала в огън, се хвърли в морето; и третата част от морето стана кръв, та измря третата част от одушевените същества, които бяха в морето; и третата част от корабите биде унищожена".

Откровение 8:8-9

Експлозията предизвиква огромно изригване на лава, която се излива в океана и унищожава една трета от морския свят и една трета от корабите.

"И като затръби третият ангел, падна от небето голяма звезда, която гореше като светило, и падна върху третата част от реките и върху водните извори. А името на звездата е Пелин, и третата част от водите стана пелин, и много човеци измряха от водите, защото се вгорчиха".

Откровение 8:10-11

Ядрени експлозии следват като отговор на първоначалната атака, ракети ("голяма звезда от небето") падат навсякъде. По-голямата част от питейната вода е отровена и много хора измират от това.

"И като затръби четвъртият ангел, третата част от слънцето, и третата част от луната, и третата част от звездите биде поразена, тъй щото да потъмнее третата част от тях, и третата част от деня да не свети, тъй щото и третата част от нощта".

Откровение 8:12

Завесата от вдигналата се от последвалите експлозии прах и пепел е толкова гъста, че затъмнява небето и закрива слънцето, луната и звездите, като по този начин създава впечатлението, че денят и нощта са по-къси.

"И като затръби петият ангел, видях една звезда да пада на земята от небето, на която се даде ключът от бездънната пропаст. И тя отвори бездънната пропаст; и дим се издигна от пропастта като дим от голяма пещ; и слънцето и въздухът потъмняха от дима на пропастта".

Откровение 9:1-2

Това е описание на падането на ракета и облака подобен на гъба, който се образува след взрива.

"И от дима излязоха скакалци по земята; и даде им се сила, както е силата, що имат земните скорпии. Но им се заръча да не повредят тревата по земята, нито някое зеленище, нито някое дърво, а само такива човеци, които нямат Божия печат на челата си. И позволи им се, не да убиват тия, но да ги мъчат пет месеца; и мъката беше като мъка от скорпия, когато ужили човека. През ония дни човеците ще потърсят смъртта, но никак няма да я намерят; и ще пожелаят да умрат, но смъртта ще побегне от тях".

Откровение 9:3-6

Скакалците са самолети носещи атомни бомби, които ще бъдат хвърлени върху големите градове и радиоактивността ще мъчи оцелелите от експлозиите. Те ще бъдат отровени от радиоактивността, както от ужилването на скорпион.

"И скакалците приличат на коне, приготвени за война; и на главите им имаше като корони подобни на злато, и лицата им бяха като човешки лица. А те имаха коса като косата на жените, и зъбите им бяха като на лъв. При това имаха нагръдници като железни нагръдници; и шумът от крилата им бе като шум на колесници с много коне, когато тичат на бой. Имаха и опашки подобни на скорпинии, и жила; а в опашките си имаха сила да повреждат човеците пет месеца".

Откровение 9:7-10

Тези скакалци покрити с метал, приличат на коне в очите на примитивния разказвач. Те имат кабини, в които може да се видят човешки лица – "като човешки лица" и летейки на голяма височина, те оставят следи от бял дим, които Йоан нарича "коса", а техните "зъби" са ракетите, закачени за крилата им. "Железните нагръдници" - това е е корпусът им, а шумът идва от реактивните двигатели, които са ви добре познати. Силата в "опашките им" е радиацията, предизвикана от падналите върху атакуваните държави бомби.

> "И като затръби шестият ангел, чух един глас от роговете на златния олтар, който беше пред Бога".
>
> *Откровение 9:13*

Тук Йоан описва четирите намиращи се пред мен тонколони, когато той видя всичко това.

> "И конете във видението и яздещите на тях ми се видяха такива: те носеха като огнени, яцинтови и жупелни нагръдници; и главите на конете бяха като глави на лъвове, и от устата им излизаше огън, дим и жупел. От тия три язви - от огъня, от дима, от жупела, що излизаха от устата им, биде избита третата част от човеците. Защото силата на конете бе в устата им и в опашките им; понеже опашките им приличаха на змии и имаха глави, и с тях повреждаха".
>
> *Откровение 9:17-19*

Отново виждаме описание на самолети, "главите на конете" са реактивните двигатели, от които излизат пламъци и дим. Опашките с "глави, които повреждаха" са ядрените ракети и вие разбирате, че "главите" са главите на ракетите, самоуправляващи се или не. Ние дадохме на Йоан възможно най-подробното описание и неговия разказ показва какво той е видял с очите си на примитивен човек. Разкажете същия разказ на някой индианец от Амазон и после го накарайте да я преразкаже със собствени думи, и ще получите приблизително същия резултат, да не говорим ако накарате десет от неговите съплеменници да препишат разказа, докато първият индианец отсъства.

"И след като седемта гръмове издадоха своите гласове аз щях да пиша, но чух глас от небето, който каза:

> "Запечатай това, което изговориха седемте гръмове, и недей го писа".
>
> *Откровение 10:4*

В този момент ние ясно обяснихме на Йоан, че няма Бог, и че ние сме хора като него, както и му обяснихме, че трябва да пази това в тайна и да не го записва, за да не се създаде паника между хората, които все още се нуждаят от "патерица", на която да се облегнат, докато не настъпи денят, когато човечеството ще е достигнало достатъчно ниво на технологическо развитие, така, че всеки да може да разбере какво сме казали.

> "... но, че в дните на гласа на седмия ангел, когато се приготви да затръби, тогава щеше да изпълни тайната на Бога, както Той е благовестил на Своите слуги, пророците".
>
> *Откровение 10:7*

Ние съвсем ясно му обяснихме, че когато дойде времето хората ще разберат, че няма "Бог", както и ще разберат, че ние сме създали човечеството.

> "... защото дяволът слезе у вас много разярен, понеже знае, че му остава малко време".
>
> *Откровение 12:12*

Изборът между самоунищожение и навлизане в Златната Ера е последната решаваща крачка, която ще докаже, че Сатан е бил прав, казвайки: "от човек може да излезе само зло".

Ако човечеството премине успешно това последно изпитание и успее напълно да разоръжи планетата, това ще бъде показател, че хората наистина са станали миролюбиви и достойни да получат нашето наследство.

"Звярът", както е описан по-нататък в текста, е просто откриването на ядрената енергия и нейната употреба по време на война.

> "Тук е нужна мъдрост; който е разумен, нека сметне числото на звяра, защото е число на човек; а числото му е шестотин шесдесет и шест".
>
> *Откровение 13:18*

Всъщност 666 е броят на поколенията, които са съществували на Земята от сътворението на първия човек в нашите лаборатории. Първите хора бяха създадени преди около 13200 години и след като едно човешко поколение средно се счита за 20 години, ако умножим 666 по 20, ще получим 13320 години.

Поколението, родено в началото на Ерата на Апокалипса през 1945 година от Християнската Ера, всъщност е 666-то поколение от създаването на първия човек в лабораториите на Елохим. Началото на това поколение съвпада с точност с първата употреба на ядрена енергия с разрушителна цел над Хирошима през 6-ти Август 1945 г.

Още веднъж не ни е нужно обяснение, за да разберем. Просто трябва да прочетем какво е написано. 666 е действително "число на човек", броят на хората от сътворението насам или по-точно броят на поколенията.

> "И произлязоха светкавици и гласове и гръмове, и стана силен тръс, небивал откак съществуват човеците на земята, такъв тръс, толкоз силен".
>
> *Откровение 16:18*

Трусовете, последвали ядрената експлозия са огромни и броят им се увеличава, тъй като предизвикват верижна реакция.

> "И всеки остров побягна и планините не се намериха".
>
> *Откровение 16:20*

Чудовищната експлозия, предизвикана от верижната реакция брутално ще разцепи континентите, поглъщайки островите и помитайки планините като сламки.

> "И едър град, тежък около един талант, падаше от небето върху човеците; и човеците похулиха Бога поради язвата от града, защото язвата от него бе твърде голяма".
>
> *Откровение 16:21*

В районите, непокътнати от бомбите, се изсипват камъни от небето на хиляди километри от местата, където са паднали бомбите.

> "И видях ново небе и нова земя; защото първото небе и първата земя преминаха; и море нямаше вече".
>
> *Откровение 21:1*

Йоан видя как изглежда Земята от позиция на някой, който седи в ракета по време на излитане. На него му се струва, че Земята е тази, която се отдалечава, а не ракетата. После космическият кораб пътува в озареното със звезди небе - едно "ново небе", непознато на земните хора. После корабът се приземява на друга планета - една "нова Земя".

> "Видях и светия град, новия Ерусалим, да слиза из небето от Бога, приготвен като невеста украсена за мъжа си".
>
> *Откровение 21:2*

После примитивният човек изпитва противоположното на излитане усещане, това на кацане, което го оставя с впечатлението, че планетата се приближава към него. Очевидно е, че се случва тъкмо обратното.

> "И чух силен глас от престола, който казваше: Ето, скинията на Бога е с човеците; Той ще обитава с тях; те ще бъдат Негови люде; и сам Бог, техен Бог, ще бъде с тях. Той ще обърше всяка сълза от очите им, и смърт не ще има вече; нито ще има вече жалеене, ни плач, ни болка; първото премина".
>
> *Откровение 21:3-4*

Това е описание на планетата на Вечните, където ще живеят всички хора спасени от катаклизма, докато атмосферата на Земята не стане годна за създаване на едно ново миролюбиво човечество.

Това ще бъде крайния резултат, който очаква човечеството, ако не достигне ниво на разум еквивалентно на своето технологическото ниво на развитие.

По отношение на нас, Йоан бе примитивен, както бяха и Моисей, и Исус, и другите пророци, преди да им обясним, че всъщност ние просто сме овладяли до съвършенство искуството на трансформиране на материята. Най-напредналите ви учени, в сравнение с нас са толкова примитивни, колкото са индианците от Амазон в сравнение с учените от Кейп Канаверал. И така, всичко, което Йоан е видял, е било видяно от очите на един примитивен човек.

За съжаление, това очаква човечеството и шансът да се случи точно така, е 99 процента.

Така че, всички вие, които приемате нас за ваши създатели, а Раел за нашият последен пратеник на Земята трябва да се борите за това, човечеството да се възползва от останалия един процент, като му разкриете нашите послания. А ако вече правите това, живеете спокойно, развивайте и се реализирайте още повече, защото ако сте измежду правдивите, които правят всичко, на което са способни за триумфа на истината и мира, можете да сте сигурни, че ние ще ви спасим от последния катаклизъм, ако той някога настъпи.

Стремете се към любов, към разбирателство, към интелектуално развитие и не се отчайвайте, ако виждате, че болшинството хора продължават да бъдат агресивни, насилствени и глупави. Както и да погледнете на нещата, вашите усилия ще бъдат възнаградени. Или човечеството ще развие интерпланетарно съзнание и ще влезе в Златната Ера, или планетата ще се самоунищожи, но ние ще ви спасим, за да построите един нов свят.

Аз, Йахве, алфата и омегата, този, който бях първият на Земята, и който ще бъда последният, изпращам това послание на всички хора от Земята чрез думите на моят пратеник Раел, на всички хора, които ние сме създали, и които сме се опитвали да доведем до Златната Ера, и които обичаме като свои деца.

Пожелавам мир на всички добронамерени хора, както и на всички хора, които желаят да бъдат щастливи.

Нашето наследство ви очаква, нека се надяваме, че детето няма да умре по време на раждането си.

Зависи от вас!

3

АТЕИСТИЧНА РЕЛИГИЯ

Ангели без криле

"Ангел от рая се свърза с мен. Той каза, че аз съм Месията на Апокалипса, че трябва да покръстя Земята и да създам църква, на която трябва да стана папа и първосвещенник, аз, пророкът на тази католическа религия".

Тези хора, които ме познават, сигурно ще кажат по отношение на тези думи следното: "Това е, той си е загубил разсъдъка, невероятната тежест на мисията му е причинила сериозни психически увреждания и той предава нашата кауза".

Това встъпление обаче може да бъде интерпретирано и по следния начин:

"Същество с крила, което дойде от небето влезе във връзка с мен. Каза ми, че съм божествен, че съм изпратен да оповестя края на света, че трябва да проповядвам евангелието по целия свят и да построя църква от камък и бетон, на която да бъда папа с тиара, неин първосвещенник, да седя на трон, както и, аз, пророкът на тази католическа религия свързана с Рим да известя какво ще стане през следващите векове".

Нека сега се опитаме да намерим истинското скрито значение на думите от това изречение.

Както направихме с думите "Елохим" и "Апокалипс", първо трябва да намерим етимологията или истинското значение на всяка една важна дума. Нека започнем с етимологията на думата "етимология", т.е истинското и значение. Тя произлиза от гръцките думи "eutemos", която означава "истински" и "logos", означаваща "наука". "Науката на думата, която е истинска" или "науката на истината". Какво може да бъде по-естествено за хората, събрали се около "Книгата, която казва истината", от това да бъдат етимологисти – "търсачи на истината"?

"Елохим" бе неправилно преведено като "Бог", след като всъщност означава на иврит – "онези, които дойдоха от небето", а "Апокалипс" бе преведена като "краят на света", когато означава "разкриване", както вече знаем. И така, нека вземем една по една думите от това тайнствено встъпление.

"Ангел от небето се свърза с мен".

Нека погледнем в речника: "ангел" на гръцки – "angelos", означава пратеник. Това само по себе си променя цялото значение. Сега вече можем да прочетем: "Пратеник от небето се свърза с мен". Свръхестественото става напълно разбираемо. Нека продължим:

"Каза ми, че съм Месията на Апокалипса".

"*Месия*", от арамейското "*meschika*", означава "помазан от господаря". Нека погледнем думата "*господар*" ("Lord", "Seigneur"), за да разберем по добре думата "месия". Тя идва от латинската дума "senior". "Lord" или "Seigneur" на френски, означава "най-старият". В средните векове "Lord" или "Seigneur" на френски, е бил някой, който е управлявал провинция. "Богът", който Библията ни убеждава, че е вечен, просто е най-старият или "Lord"-ът, който управлява Земята. С времето, думата е изменила значението си и католическата религия е приела "my Lord" – "Monseigneur" на френски, което е еквивалент на английската дума "sire".

Когато във Франция избухва революцията, тя премахва всички "Lord"-ове, освен за съжаление, тези в църквата. За това ние все още се обръщаме към свещенниците с "My Lord" или "Monseigneur".

И така, "месия" означава – "избран от Бога", а след като, както вече знаем, думата "Бог" е неправилния превод на думата "Елохим", която означава – "онези, които дойдоха от небето", то от това следва, че "месия" значи - "избраният от онези, които дойдоха от небето". Както вече видяхме, "апокалипс" на гръцки означава "разкриване, откровение". И така, вече можем ясно да напишем:

"Той ми каза, че съм избран от онези, които дойдоха от небето за Откровението".

Всичко е ясно. Но нека да продължим:

"да проповядвам евангелието по Земята".

"Евангелие" идва от гръцката дума "euagelion", означаваща – "добри вести". В такъв случай ние можем да прочетем: "да разпространявам добрите вести". После:

"...да създам църква".

Църква, *eglise* на френски, а на гръцки – "*ekklesia*", означава "събиране, събрание", т.е "да създам събрание". По-нататък е написано:

"на която да стана папа и първосвещенник (pontiff)".

"*Папа*", от гръцката дума "*pappas*", означава "*баща*", а "*pontiff*" от латинската дума "pontiflex", означава "свързвам", както един мост свързва два бряга или две места на Земята, или една планета с друга . Затова ясно можем да прочетем: "на която аз ще съм баща и човекът за свръзка между планетата на нашите създатели и Земята".

И най-накрая:

"Аз, пророкът на тази католическа религия".

Пророк (*prophet*) произлиза от гръцката дума "*prophetes*", която означава

– "този, който разкрива".

Религия от латинската дума "*religion*" означава "свръзка, съединение" или "това, което съединява" създателите със сътворението си. "Католическа" идва от гръцката дума "katholikos", която означава "всемирен, всеобхватен, всеобщ".

Следователно, краят на изречението означава:

"Аз, този, на който мисията е да разкрива всемирната връзка свързваща човека и неговите създатели".

Нека да сглобим отделните пасажи и ще получим:

"Пратеник от небето се свърза с мен. Той ми каза, че аз съм избран от онези, които дойдоха от небето да разкривам, да известявам добрите вести по Земята, да създам събрание, на което аз да съм бащата и човекът за свръзка между планетата на нашите създатели и нашата планета, аз, този, на който мисията е да разкрива всемирната връзка, свързваща човека и неговите създатели".

Като елиминираме мистицизма на думите, изречението става смислено и разбираемо за всички. И изречението в началото на тази глава означава точно това. Ето, че нашия пример ясно ни демонстрира колко е лесно да се измени смисъла на едно изречение в умовете на забулените в мистицизъм, на ограничените и примитивните, ако не се зачита точното значение на думите.

Ето, че става ясно, че Движение Раел е религия или - връзката на създателите на човечеството с тяхното създание, въпреки, че е атеистична религия, в смисъл, че не боготвори някое божество. "Атеистичен" идва от гръцката дума "atheos", която означава "отхвърлящ съществуването на каквито и да е божества".

Много хора твърдят, че начина на практикуването на някой култ определя характера на дадена религия. Какво означава култ? Произлиза от латинската дума "*cultus*" - "данък, отдаден на Бог". Но тогава би трябвало да кажем: "данък, отдаден на създателите", след като "Елохим" е в множествено число. В тозисмисъл на думата в Движение Раел ние наистина имаме култ: всяка неделя, в 11:00 сутринта ние влизаме в телепатичен контакт с Елохим - задължени сме да мислим поне веднъж на ден за тях (второ послание, новите заповеди), също така сме задължени да поканим своя регионален Гид на обяд поне веднъж в годината, за да може той да говори за посланията, всеки месец се събираме с регионалния Гид, всяка година се събираме на 6-ти Август и празнуваме влизането на човечеството в Ерата на Апокалипса. Всичките тези церемонии могат да се определят като култ, тъй като всичките те имат за цел да се "отплатим" на нашите създатели и се провеждат на равни интервали, групово или поединично.

Въпреки, че Раелияните не вярват в Бог, те приемат Исус за пратеник на нашите създатели, както приемат и Моисей, Буда, Мохамед, Джосеф Смит и всички останали велики пророци живяли на тази Земя, и които ще се завърнат на нея придружени от Елохим, както предвижда Светото писание. Раелиянинът вярва в неговото истинско значение, по-конкретно в това на Битие, но също така вярва и в Корана, както и в много други религиозни писания.

Посланията на нашите създатели изчистиха тези писания от тяхната тайнственост и им върнаха истиското им и първоначално значение. За това Раелиянинът игнорира човешките закони присадени към тези религиозни писания, тъй като те са написани с цел да налагат уважение към правителства и към самите тези, измислени от хората, закони.

Нашата отплата на Елохим може да бъде наречена култ, защо не? В самия култ няма нищо лошо, стига да несе изпълнява от хора, които приемат Елохим за божества, а от хора, които искрено ги обичат за извънредната любов, вложена в нашето сътворение и за това, че са ни оставили да се развиваме сами, докато не настъпи времето да достигнем нашите създатели.

Няма нужда да коленичим или да лягаме по лице в прахта, по-скоро, нека погледнем изправено към небето, горди от това, че осъзнаваме привилегията да живеем в това време, в тази ера, когато можем да разбираме и да отвърнем с любов на нашите създатели, които са ни дарили с този фантастичен потенциал да създаваме живот, овладявайки изкуството да трансформираме малките частици на материята. Нашите създатели също така ни дадоха възможността - изпълнени с любов да гледаме към галактиките, надявайки се един ден да се срещнем с тези, на които човечеството дължи своето съществуване, както и способността да осъзнаваме защо сме тук, каква е нашата мисия на Земята, и да разбираме безкрайността във времето и пространството.

До неотдавна, човечеството боготвореше създателите, сътворили всеки човек със способността да проумее, да разбере това сътворение, за това сега човек трябва да разбере всичко това, за да може още повече да обича своите създатели.

Ако човечеството използва негативно науката и допусне един фатален ядрен катаклизъм, всички, които са се старали да бъде избягната тази катастрофа, опитвайки се в името на Елохим да накарат човечеството да осъзнае грешките си, ще бъдат спасени от нашите създатели. Тези хора, които вярват в нашите създатели, ще бъдат възнаградени от Елохим с вечен живот на Планетата на Вечните, където вече се намират всички велики пророци, изпращани някога на Земята да пробуждат човечеството. Думата "вяра" ("faith"), произлиза от латинската дума "fides" и означава "поверявам". Така, че е невъзможно да вярваш без да разбираш, за да може напълно да се довериш на Елохим. Достатъчно интелигентните, доверили се и повярвали в нашите създатели, ще бъдат възнаградени.

Докато дава всичко от себе си, за да бъде предотвратена последната, непоправима грешка, която човечеството може да извърши, всеки Раелиянин вярва и се доверява на Елохим, защото знае, че те няма да го забравят в случай, че последния катаклизъм настъпи.

Отнемане на отговорността

Ако в Йерусалим преди 2000 години бе издаван вестник, той би давал сведения за безработицата, за енергийната криза поради недостиг на роби, както и за поскъпването на стандарта на живот поради прекомерно високите данъци на Рим. Това щяха да бъдат заглавията на деня. После щяха да следват няколко реда, написани от "учените" на това време или от някой журналист търсещ сензация, за този фалшив пророк, обявил се за "цар на евреите", изискващи от властите незабавното му арестуване, тъй като той вече бил събрал цяла шайка от лековерни последователи. Не можело да се злоупотребява с общественото доверие по този начин...

И така, този "просветен" е бил арестуван, срещу него е било заведено дело, а той - осъден на смърт. Човекът, който е посветил живота си на разпространението на посланията на нашите създатели - разпънат на кръст между двама престъпници. Какво престъпление е извършил той? Незаконно проповядване на истината запазено само за официално регистрираните религии, за религиите съществували поне двеста-триста години. Можете да наречете това - своего рода "патентен контрол".

"А главните свещенници и старейшините убедиха народа да изпроси Варава, а Исуса да погубят".

Матей 27:20

"Главните свещенници" на официалните религии и пресата, убеждават масите, че една религия трябва да е на няколко хиляди години, за да бъде приета от обществото, а всички други не са нищо повече от опасни секти.

Всичките тези хора, които стоят между хората и истината, задължавайки ги да вярват в религиите на "главните свещенници" надържавата, които днес са учените, твърдящи, че човек е произлязъл от маймуната, докато в същото време покръстват децата си и слагат кръстове на гробовете на родителите си. Те също така препречват пътя на истината, оставяйки хората да вярват в религията на традицията, която позволява на основите на нашето загниващо общество да просъществуват още няколко години, която насърчава и защитава семейството като данъкоплатци, независимо, че със своята мудност и затвореност в себе си, тя задушава отделната личност и насърчава нациите да поддържат своите политически лидери, които биха направили всичко, за да не загубят заплатата си. Армията, както и всички ниско платени държавни чиновници, научени да не се чувстват отговорни за постъпките си, вярващи, че защитават обществото като заклеймяват, измъчват или даже убиват, постъпват по абсолютно същия начин.

Такива са религиите, които правителствата поддържат, като в същото време се опитват да елиминират тези, които могат да накарат младото поколение да вибрира от наслада след като открие истината, да пожелае разрушението на тези остарели примитивни обществени структури и да ги замени с нови, които могат много по-добре да се адаптират във футуристичният, високо технологичен свят, в който живеем.

Главният приоритет на всички тези хора, които желаят единствено манипулирането на населението е, да се отнеме на човек неговото чувство за отговорност. Това се нарича - максимално отнемане на отговорността.

Те са напълно наясно защо го правят. Те знаят, че войникът не би убивал, не би измъчвал военнопленниците освен ако не е напълно убеден, че го прави за някаква велика кауза. Те също така знаят, че поданиците им няма да искат да плащат по-високи данъци, ако не им се каже, че го правят за да помогнат на фермерите или жертвите на сушата. Хората ще направят всичко за велика кауза. Изкуството да управляваш е да убеждаваш хората във величието на държавата им.

Американски учени неотдавна направиха един много убедителен експеримент с чувството за отговорност.

Те наели актьори, които да се преструват, че са участници в експеримент върху потенциала на насилието в човека. След което чрез обява, набрали хора, желаещи да участват в експеримент, изследващ възможностите на човешкия мозък. Един по един, тези хора били поставени пред пулт, оборудван с най-различни лостове и им било казано, че дърпайки ги, те ще пускат ток с различна интензивност. Актьорите от своя страна, трябвало да се преструват, че ги удря ток. Броят на лостовете е бил трийсет и на участниците е било обяснено, че всеки следващ лост изпраща ток със заряд от 15 волта повече от предишния. Така зарядите били от 15 до 450 волта. Лостовете са били наредени от ляво на дясно, като силата на заряда била ясно индикирана - лек, среден, силен или много силен. От другата страна актьорите, които били вързани за електрически стол, можели да видят на едно сигнално табло силата на заряда, който ужким получавали и трябвало да реагират съответстващо нея. Ако силата на заряда е била лека, те трябвало да симулират лека реакция, ако е средна, трябвало леко да подскочат и да изреват, след което да протестират, че не желаят да продължат експеримента. Ако интензивността на заряда се увеличавала, те трябвало да крещят и да се молят да бъдат освободени, и най-накрая, ако зарядът достигнел 450 волта, трябвало да се престорят, че припадат. И така, хората, избрани от обява, започват да пускат различните заряди, без да подозират, че тези, отсреща им, са просто актьори. Участниците били убедени, че наистина пускат ток на истински хора. На актьорите е бил задаван въпрос от учените, които провеждат експеримента и ако отговорът е бил неправилен, хората, набрани от обявата, трябвало да ги известят това чрез пускане на електрически шок. Учените без да се вслушват в молбите на вързаните за стола, постоянно изисквали увеличаване на токовия заряд аргументирайки се, че благодарение на този експеримент науката щяла да направи голям скок в развитието си, което щяло да помогне на цялото човечество.

Този експеримент, в който наблюдаващият всъщност е наблюдаван, бил повторен многократно, за да може да се направи статистика на броя на хората, които биха убили човек в името на научния прогрес, така че бил проведен в много държави, за да може да се сравнят и по-добре да се анализират резултатите.

Обратно на очакванията на учените, организирали експериментa и на психолозите, с които те се консултирали, се оказало, че хората, които били достатъчно умствено небалансирани, за да пуснат 450 волта ток, са всъщност - мнозинство.

В САЩ, 60 процента от участниците послушали учените, които им казали да не обръщат внимание на крясъците на получаващите електрически заряд и продължили да увеличават силата на заряда, дори когато онези не могли вече да кажат нищо. Това било интерпретирано като неправилен отговор и било повтаряно три пъти.

В Европа, където експериментaбил проведен в различни държави, над 70 процента стигнали до максималния волтаж. Рекордът бе поставен в Германия, където 85 процента от участниците в експериментa щели да бъдат отговорни за убийство чрез електрически ток...

Заключението на професор Стенли Милграм от Психологическият факултет на Йейлския университет е следното:

"Когато някой бъде поставен в позиция на йерархичен контрол, механизмите, които обикновенно отговарят за регулиране на човешките постъпки престават да функционират и неговите (нейните) действия започват да бъдат контролирани от хората, заемащи по-висша длъжност..."

"Изчезването на чувството за отговорност е най-голямото последствие от подчинението..."

"Повечето от тези, с които е направен експериментa, поставят поведението си в по-едър план, в контекста на извършване на нещо полезно за обществото - търсенето на истината в науката. Една психологическа лаборатория би дала пълна легитимност и би вдъхнала пълно доверие на тези, които работят в нея".

"Деяние като това, да убиеш някой с електрически ток, което само по себе си е лошо, приема съвсем различно значение, когато се извършва в такава обстановка".

"Моралът не изчезва, обаче неговият фокус се изменя по един радикално нов начин: подчиненият изпитва срам или гордост в зависимост от това колко добре или лошо е изпълнил заповедта на своето началство. Езиците предлагат доста разнообразни думи, обозначаващи този вид морал - лоялност, чувство за дълг, дисциплина..."

"Без съмнение, главният урок от това изследване е: обикновенните хора, просто вършейки работата си без самите те да изпитват никаква враждебност, могат да станат участници в един ужасен унищожителен процес".

"Дори, когато унищожителния ефект на действията им стане напълно очевиден и те бъдат накарани да направят нещо, което противиречи с фундаменталните норми на морал, сравнително малко хора намират сили в себе си да се противопоставят на своето началство".

"Това е един морален недостатък, който изглежда е естествен за повечето хора и който, погледнато в по-едър план оставя нашия вид с един посредствен шанс за оцеляване".

Подчинение на органи на властта
С. Милграм, Париж 1974 год.

Колко ясно е всичко. Сега ние можем да разберем защо Исус е бил разпънат на кръст, защо милиони хора са били избити от Инквизицията в безбройните религиозни или граждански войни и по време на Нацизма.
Вече можем по-лесно да разберем как един обикновен зарзаватчия или банкер е способен да разпъне някого на кръст или да изгаря вещици на кладата, или да стане войник от СС и да изпраща жени и деца в газови-

те камери. Хората са били убедени, че извършват нещо добро за цялото човечество. Едните са се оттървали от "просветения" мъж, който е искал да промени традициите им, а другите са мислели, че тези, които живеят малко по-различно от тях самите със сигурноист са виновни за лошата реколта или за чумата, или даже за икономическата криза. Някой идиот може да бъде екзекутиран за такива идеи, но не и правителствата, които давайки такива чудовищни идеи на масите, ги контролират и манипулират за изпълнение на своите цели.

Френските лидери постъпваха точно така в Алжир. Те заповядваха на своите офицерите да измъчват северните африканци ужким с цел набавяне на ценна за държавата информация. Офицерите, изпълнявали заповедите, са смятали, че извършват саможертва, действайки толкова храбро и защитавайки интересите на отечеството си.

Хора от Земята, обмисляйте и най-малката си постъпка, винаги си задавайте въпроса дали действието, което ви карат да извършите, не противоречи на заложеното дълбоко във вас уважение към човешката личност.

Противопоставяйте се на всякакъв вид йерархия, която налага потискане на вашата отговорност за вашите постъпки.

До един от съдените за военни престъпления нацисти се оправдаваха, че само са изпълнявали заповеди. Пилотът, хвърлил бомбата над Хирошима, също само е изпълнявал заповеди. Във всяка една държава, притежаваща военна мощ, ще се намерят хора готови да изстрелят ядрени ракети с чиста съвест, вярвайки, че просто изпълняват дълга си "изпълнявайки получените заповеди". Всеки човек трябва да е отговорен за своите постъпки. Из цяла Нацистка Германия са били измъчвани мъже, жени, деца, защото някои хора са изпълнявали нечии заповеди. Според тях, единственият виновник за всичко е бил Хитлер. Колко просто щеше да е всичко, ако наистина беше така! Например във Франция има стотици ядрени ракети насочени към други държави, в които живеят хиляди жени и деца, и ако те някога бъдат изстреляни, единственият отговорен за това не може да бъде президента на републиката. И това е естествено. Всеки човек, който има властта да убива, е отговорен за използването на тази власт. Този, който запалва пещта на крематориума, в който лежат стенещи деца, носи по-голяма отговорност от този, издал заповедта, същото се отнася и за този, който е изстрелял бомба по някой град.

Всеки от нас е напълно отговорен за постъпките си и не може да се крие зад извинението, че просто е изпълнявал заповеди дадени му от повисшестоящите от него.

Ако утре аз накарам когото и да било от вас да убиете някого, за да може нашето движение да се развие по-бързо, вие не трябва да се съгласявате. Дори ако някой Елоха ви накара да убиете друг човек, не трябва да се съгласявате, защото най-вероятно това ще е Сатан, който ще се опитва да докаже на Вечните, че човек е лош.

Всичките ви постъпки трябва да се основават на дълбоко чувство на уважение към живота на другите, към тяхните идеи, вкусове. Ние се борим срещу идеологии, без никога да употребяваме физическа сила срещу тези, които не са съгласни с нас.

Пробудете хората около себе си, покажете им как да започнат да уважават другите и как да се противопоставят на тези, които искат да им отнемат отговорността, най-опасният представител на които е - армията. Помнете 85 процента в Германия и само 60 процента в САЩ. Вложете цялата си енергия, за да може утре да има само 10 процента слабохарактерни хора, които да се съгласят да извършват насилие, изпълнявайки заповедите на политическата и военна йерархия.

Тези, които са убили Исус, са го направили с пълно спокойствие. Те "не трябва" да носят отговорност, те "само" са изпълнявали заповеди. Пилат Понтийски също е отказал да поеме отговорност за това престъпление ие "измил ръцете си" от тази мръсотия. Той е позволил на фанатиците, подстрекавани от равините, да разпънат Исус на кръст, както и СС са подстрекавали населението към фанатизъм. Ако попитаме всички тези хора дали се чувстват отговорни, те ще отговорят отрицателно. Те всички ще си "измият ръцете", както са направили римляните.

Равините ще кажат, че са следвали закона и послушали владетеля, фанатиците ще кажат същото и ние ще можем да търсим отговорност само от един човек, когато цялото население е извършило това престъпление - престъплението да не се претодврати убийството на един невинен човек.

Тези, които са хвърляли първите християни на лъвовете също са изпълнявали заповеди. Тези, които са изгаряли вещиците, убивали протестантите, както и нацистите в Освиенцим са изпълнявали заповеди, както е изпълнявал заповеди и пилотът на самолета, носещ бомбата към Хирошима, или пилотите на хеликоптерите изгарящи цели села във Виетнам.

Всички ние, във всеки един момент от нашия живот, можем да избираме дали да носим отговорност за постъпките си, или не. Само, че нежелаещите да носят отговорност за постъпките си са отговорни и един ден ще дават отчет за всичките извършени престъпления срещу човечеството.

Ако трябва го наизустете - отказвайте да се подчинявате на каквато и да е йерархия, която се опитва да ви накара да извършите постъпка, за която да не се чувствате отговорен! Военните сили са най-опасния пример за това. Много по-добре ще е да умрете, отказвайки да убивате, отколкото да убивате под претекст, че изпълнявате заповеди. Този, който изпълнява тези чудовищни заповеди, де факто носи много по-голяма отговорност от този, който ги е издал.

Няма кауза, която да оправдава причиняването на болка на другите. Ако оцеляването на цялото човечество зависи от болката, причинена на един единствен невинен човек, то по-добре е цялото човечество да загине. Още повече, ако от това зависи оцеляването само на една държава или по-скоро на някаква граница, която не е нищо повече от една линия, авторитарно прокарана по земята, която принадлежи на всички хора.

„Абсолютното уважение на този принцип е единственият начин да предотвратим незабележимото подхлъзване на човечеството към изгубване на отговорността в отделните индивиди.

Следното изречение винаги трябва да присъства в нашите умовете: "Аз съм напълно отговорен за всичко, което правя, дори ако само изпълнявам заповеди."

"Няма кауза, която да оправдава причиняването на болка или убийството на невинен човек, дори ако от това зависи оцеляването на цялото човечество". Това е второто изречение, което винаги трябва да помним.

Очевидно е разбира се, че това правило не се отнася до случаи на законна самозащита, както е обяснено в посланията и сила може да се използва, за да се надделее над някой, който се опитва да използва насилие срещу нас или срещу тези, които обичаме. Ако някой военен застрашава човечеството с ядрено унищожение, използването на сила, за да бъде той свален от власт, дори екзекутиран, ако това е единственият начин, е оправдана. Насилие може да се използва единствено срещу тези, които застрашават човечеството с насилие, докато се опитваме да ги обезоръжим и свалим от власт.

Има един много добър начин да бъдат контролирани тези хора, които, изпълнявайки чужди заповеди са в позиция да изстрелват ядрени ракети, способни да разрушат цели градове само за секунди. Тяхната самоличност трябва да бъде публично оповестена в специален списък и те трябва да разберат, че ако използват тази своя власт, ще бъдат съдени заедно с тези, издали заповедта. Именно така ние се опитваме да постъпваме с нацистките престъпници днес, обаче ако такъв списък бе съществувал през 1933 год., много хора щяха да се замислят, преди да измъчват невинни жертви.

На цивилните граждани трябва да бъде дадено правото да поставят неутрални наблюдатели във въоръжените сили, които да регистрират самоличността на тези, които извършват жестокости използвайки извинението, че просто изпълняват заповеди, като по този начин ще се предотвратят действия, извършени единствено под този претекст.

Над полицията има контрол, но над въоръжените сили - още не. Те съвсем свободно издават своите заповеди, защото знаят, че по време на война, войник може да бъде разстрелян за неизпълнението им.

Докато светът не съумее да премахне всички армии и изцяло да преустанови войните, неутралните наблюдатели ще могат да се противопоставят на екзекутирането на войници, отказали да извършат престъпления срещу човечеството.

ООН може да наложи присъствието на тези наблюдатели във всички армии по света, което няма да позволи да бъдат съдени военни, докато тяхното неподчинение не бъде разследвано и не бъде установено, дали неизпълнената заповед не е представлявала престъпление срещу човечеството.

Защото именно от страх да не бъдат наказани хората изпълняват заповеди, с които не са съгласни. Те предпочитат да убиват и измъчват невинни хора, вместо да влязат в затвора или самите те да бъдат убити. Не се подчинявайте на властите! Бъдете истинските герои на човечеството, като предпочетете влизането в затвора или дори собствената си смърт, пред това, да насочите оръжие срещу невинни хора. Когато милиони хора бъдат убедени, че трябва да постъпват именно така, срещу издаващите заповедите ще се опълчи цяла армия от хора, отказали да извършват престъпленията, които те заповядват и тогава ще настъпи времето самите те да бъдат наказани.

Хората са успяли да намерят достатъчно енергия в себе си, да откажат да извършват работа, която не е била регулирана от профсъюзите, както е било преди 1936 год., когато всесилните собственици са ги експлоатирали като скотове, дори ако това е струвало смъртта на много от тях от ръцете на полицаите, така наречените защитници на закона. Значи е възможно да намерят същата тази енергия, за да премахнат последната форма на тирания, наложена на жителите на този свят - милитаризма.

Много хора, които в момента са на власт, са обезпокоени от това, което казвам. За тяхно нещастие те забелязаха моето присъствие със закъснение. Ако аз се безпокоях през първите две години на моята мисия, днес аз вече съм спокоен. Ако в началото ме бяха вкарали в затвора, не бих могъл да изпълня мисията си на Земята. За мой късмет властите тогава се подсмихваха, когато виждаха дългокосия младеж, който говореше за летящи марсианци с розови антени...Сега те вече разбират, че съдържанието на посланията от нашите създатели е насочено към една мирна революция, към отричане и изкореняване на всичко, използвано от тях, за да вземат властта - религия, политика, въоръжените сили, работа, семейство, държава. Днес, те се опитват да ме спрат като използват същата "справедливост", която са използвали и срещу моят брат - Исус.

Най-големите несправедливости винаги са били оправдани рационално. Първите християни са били съдени от официален съд, както са били и изгаряните вещици, и изпращаните в лагерите на смъртта евреи или в психиатрични болници и трудови лагери съветските политически дисиденти. Всичките тези хора не са се подчинявали на установените норми и със своята "ненормалност" и несъгласие, са безпокояли властите. За тяхно нещастие, те се събудиха прекалено късно. Дори да ме вкарат в затвора, ще се намерят хиляди известители като самите вас, които да разпространяват посланията на нашите създатели. Аз вече не съм сам. Днес ние сме 3000. Аз бих влязъл в килията с усмивка, знаейки, че по света други "Раели" са обединили усилия, за да се построи посолството и човечеството да влезе в Златната Ера.

В моя зандан аз ще изпитвам щастие като човек, изпълнил мисията си, за която е бил създаден и въпреки, че сега е изваден от строя, всичко, което е започнал, продължава да се развива и без него. Както и ще очаква позволението на баща си да се присъедини към своите братя - пророците на планетата на Вечните, след като прецени, че моята мисия на Земята е изпълнена.

Само тази мисъл е достатъчна, да ме накара да възпявам славата на нашите отци, да произнеса думите, които хората повтарят без да ги разбират: "Алилуя! Алилуя!", което на иврит означава: "Възхвалявам Йахве".

Да, наистина, възхвалявам Йахве, който ми е дал сила да докарам мисията си до край.

Мои братя Раелияни, сега аз ви предавам пламъка, за да можете да завършите мисията си. И дори ако времето, когато истината ще възтържествува още не е настъпило, бъдете сигурни, че то не е далече и вие ще имате възможността да живеете в него. Както е казано в Библията: "Това поколение няма да отмине, преди всичко да бъде разкрито".

Тези думи са адресирани към тези, които ще имат възможността да живеят в тази Ера на Апокалипса, в която ние навлязохме през 1945 год. Вие сте това поколение! Вие или ще изживеете Златната Ера на Земята благодарение на вашите усилия, които ще допринесат за установаването на световен мир и пробуждането на човечеството, или то ще се самоунищожи и вие ще живеете в Златната Ера в компанията на великите пророци, които вече се намират на планетата на Вечните.

Елохим разчитат на всеки един от вас да разпръсквате светлината. Последната ми дума ще е още една етимологична демистификация: "Амин", което на иврит означава: "Да бъде!"

На тези от вас, които четат тези редове без да са запознати с посланията на нашите създатели, препоръчвам да прочетат другите книги възможно най-бързо, след което да се присъединят към нас в тяхното разпространение и в построяването на посолството, където Елохим официално ще се срещнат с правителствата на нашата планета, и което те ще посетят придружени от великите пророци - Моисей, Исус, Буда, Мохамед и други, както предвещава Светото писание.

След което ми пишете. Аз лично ще отговоря на писмото ви и ще ви известя къде и кога ще можете да предадете своя клетъчен код, което е първата стъпка към признаването на Елохим за наши създатели; името и адреса на вашия регионален Гид, както и датите на следващите курсове по пробуждане на съзнанието, на които вие можете да станете гидове, да станете компетентни известители на нашата атеистична религия, която се основава на безкрайността, на процъфтяването и пълната реализация на отделния индивид, и на любовта към цялото човечество.

Вземете една химикалка и се превърнете в актьори! Не оставайте наблюдатели на собствения ви живот! Станете актьори на сцената, която е вашето безлично всекидневие и я осветете с хилядите светлини на пълното осъзнаване.

Вземете лист и химикалка и ми пишете на съвсем обикновен всекидневен език. Споделете с мен дали откриването на истината ви е шокирало. Последвайте импулса във вас, който е казал: "Хм, не звучи лошо, но какво мога аз да променя, аз съм само един, а и какво ще кажат съседите?"

Не заравяйте главата си в пясъка, излезте от крехката черупка, която обществото щедро ви е дала. Главата ви вече се подава над пясъка и усещането е прекрасно, само че вие се страхувате да не би това да се окаже поредната илюзия, едно набързо преживяно удоволствие, което в последствие само ще ви създаде проблеми. Това не е вярно!

Изживейте с пълни сили този фантастичен възторг, който изпитахте.

Вие ще навлезете в един нов свят, в който ще срещнете стотици хора като вас, прочели посланията само за една нощ и които като вас са се колебаели дали да

ги разпространяват, или не. Тези хора ще ви помогнат, разказвайки ви как те са прогресирали и вие ще се почувствате изпълнен с щастие, докато търсите себе си измежду тях, и докато съвсем свободно разказвате за собствените си страхове, без да се страхувате, че някой ще ви сметне за глупак, тъй като хората около вас ще споделят вашето възприятие на вселената - възприятието, което винаги вътрешно сте имали, но никога не сте споделяли, от страх да не ви се присмиват.

Питър, един от нашите гидове, веднъж каза: "Човек не става Раелиянин, а открива, че винаги е бил такъв, след като открие посланията".

Ако откриете, че сте Раелиянин, то аз, както и Елохим, очакваме писмата ви. Адресът ми е:

Rael, International Raelian Movement,
Case Postale 225, CH-1211,
Geneva 8, Switzerland
(2005 год.- интернет-страница- www.rael.org)

4

КОМЕНТАРИ И АТЕСТАТИ НА РАЕЛИЯНИ

Раелизмът От Научна Гледна Точка

Марсел Терус - *Инженер По Химия И Гид На Движение Раел*

1: ЕВОЛЮЦИЯ, ОБСКУРАНТИЗЪМ И НЕО-ДАРВИНИСТКИ МИТ

Повечето от нас са изучавали в училище теорията на еволюцията и дори са станали жертви на нейното влияние, което се е просмукало от часовете по история във философията, дори и в религията. Цитирам Жан Ростанд:

"Ние сме импрегнирани, просмукани и свикнали с тази идея...това ние научихме на ученическите чинове, повтаряйки като папагали, че живите организми са еволюирали и са се превръщали в други живи организми". За съжаление хората, които не са ходили на училище или пък тези, които са ходили, но не са разбрали теорията, вярват в нея по-фанатично от тези, на които тя е била преподавана. В края на краищата, това продължително индоктриниране, поколение след поколение, не може да не предубеди съзнанието ни, особено, след като огромното количество доказателства в противното, никога не се представят на учениците.

Колко хора биха имали куража да изглеждат като отричащи еволюцията еретици, когато толкова известни учени, професори и духовници я защитават?

Това е голям проблем, особено за желаещите да преследват научна кариера, но за техен късмет в научните среди има и ясно виждащи умове, като гореспоменатия Жан Ростанд например. В своята книга "Еволюция", издадена през 1960 год,. той писа: "Наистина ли сме сигурни, че проблемът с еволюцията е решен, както твърдят неодарвинистите? Мутациите, които днес са ни известни и които според тях са способствували за развитието на целия живот на Земята, не са нищо повече от органични недостатъци, недъзи и загуба на пигментация или на придатък, или пък на поява на втори, вече съществуващи органи. Във всеки случай те не водят до нищо ново в органичен план, или до нещо, което да можем да приемем за поява на нов орган или функция на организма. Не, аз решително отричам, че тези наследствени недъзи, могат да създадат целия жив свят с всичкото свое богатство, структурна изтънченост и удивителна способност за адаптация, дори при наличието на фактори като - естествен подбор и невероятно дълги периоди от време".

През последното десетилетие са проведени много експерименти, с цел да бъде разбран механизма на мутациите, но всичките те водят до едни и същи изводи.

Един от пионерите в тази сфера бе носителят на Нобелова награда през 1946 г. - Х. Мюлер, който е концентрирал усилията си предимно върху Drosdophila Melanogatser. Той е стигнал до извода: "Мутиралите видове успяват да оцелеят толкова рядко, че би трябвало да считаме мутацията за недостатък. Почти всички мутации, включвайки в това число тези, които се срещат в природата, както и тези, които са искуствено предизвикани в лабораториите, водят до наследствени заболявания, намаляване на способността за оцеляване и до генетично израждане. Организацията на хромозомите при живите организми е толкова сложна, че всяка една модификация неминуемо би довела до нейното разпадане.

В лабораториите ние сме успявали да постигнем изчезването на пера по шията, дори и по цялото тяло на кокошка, да променим цвета на очите, крилата, опашките и т.н. на различни насекоми. Успявали сме да променим и други органи, но в естествената околна среда на мутиралите индивиди нито една от мутациите не се оказа предимство, което да гарантира тяхното оцеляване. Промяни от такова естество никога не подобряват организацията, а по-скоро я повреждат, тъй както, ако хвърлим един часовник на земята, никога няма да увеличим неговата точност или ако ударим един компютър с гаечен ключ, да подобрим изчислителните му способности. Факторът време не може да промени нищо, тъй като това, което е било невъзможно вчера, е невъзможно и днес.

Сама по себе си, мутацията винаги се ограничава в пределите на отделния животински вид, например, нито една от многобройните мутации предизвикани в Drosophila, не доведе до създаването на нов вид или до организъм, който да се различава от своите предшественици. Размерът, цветът и морфологията на Drosophila може да се изменят, но дори и поредица от мутации, никога не са успяли да създадат нов организъм с несъществували преди това характерни свойства. Живите организми са съставени от невероятно сложни молекули, които от своя страна са съставени от много и различни комбинации от атоми. Не е възможно тези толкова деликатни структури самопроизволно да се организират в толкова строго определен ред? Мъртвата материя не цели своето усложнение, а напротив, клони към стабилност чрез разпадане на съставните си части. Безсмислено е да твърдим, че това някога ще се промени, тъй като времето води единствено до разпадане и дезинтеграция.

Склонността на всяка органична структура да се връща към началното си състояние чрез разпадане на своите съставни части, се обуславя от законите на термодинамиката. Без намесата на външна сила, не може да има промяна на нейната организация. За това без помощта на някоя веща ръка, която да я организира, мъртвата материя, която не притежава необходимата енергия или джижение, завинаги ще си остане инертна. Теорията за еволюцията, противоречи на тези закони. Методите използвани за създаването на тази теория противоречат на науката и ще продължават да противоречат, докато нейните привърженици не започнат да разглеждат фактите обективно.

Истински напредък може да има само, когато търсенето на слава, жалките препирни, страхът от загубата на репутацията си и егоцентризма изчезнат и дадат възможност да бъдат направени безпристрастни изводи и заключения, базиращи се на обосновани факти, а не на предубеждения."

Животът на Земята не е резултат на случаен шанс, а е плод на външната намеса на Елохим - нашите създатели.

2: НОВА ХИПОТЕЗА ЗА ИСТОРИЯТА НА ЧОВЕЧЕСТВОТО

Когато ЦРУ - централното разузнавателно управление на Америка, възложи на Хъдсънския Институт задачата да изследва световното разпределение на естествените суровини като петрол, газ и въглища, професор Небринг, комуто бе поверен този проект забеляза странен феномен.

Той събра заедно континентите така, както те са били в геологическия третичен период преди да се разцепят и забеляза, че всичките основни нефтени източници като тези в Арктика и Аляска, асфалтените пясъци в Алберта, битумните шисти на Колорадо, Мексико и Венецуела, тежкия нефт на Оренос, Нигерия, Южна Сахара, Либия, Арабския полуостров, Иран и Сибир, формират един кръг.

Неотдавнашни изследвания на нефта разкриха, че той е резултат на разложението на някога живи организми в безвъздушна среда, където специална бактерия разлага и трансформира техните белтъчини и мазнини. Мъртвите дървета са основният източник на тези белтъчинини и мазнини, но обикновенно, когато някое дърво умре, то бива разложено и рециклирано обратно в хранителната верига от бактерия, която диша въздух без да се превръща в нефт, т.е за да се получи нефт, дърветата трябва да бъдат веднага заровени, като по този начин бъде претодвратен достъпа на въздух до тях. Когато изследваме нефтените находища, ние забелязваме, че те винаги са на голяма дълбочина (2000 м. в Северна Франция), както и, че покриват големи територии (18000 км в Апалачиан в САЩ), т.е. количеството материал, който е бил изведнъж заровен, е било огромно.

Нито една теория досега не може да предложи задоволително обяснение на това, но ние - Раелияните държим ключа към тази загадка.

Когато Елохим са решили да разрушат своите бази, лаборатории и всичко, което са сътворили на Земята, те са използвали невероятно мощни методи на разрушение, които освен, че са разцепили първоначалния континент на парчета, които са започнали бавно да се отдалечават от центъра на основния удар, вероятно са помели и цялата земна повърхност. Тъй като ударната вълна се движи навън от мястото на падане на бомбите, цялата жива материя, включително огромните гори, животинския свят и дори хората са били дълбоко заровени по едно и също време под тонове пръст, във формата на кръг около центъра на експлозията.

Това обяснява, как такова огромно количество жива материя е била заровена толкова бързо, че да може да се създаде безвъздушна среда в толкова голяма формация с форма на кръг. Този факт, много е заинтригувал Небринг и го е накарал да събере в едно, фрагментите на това, което някога е било един континент.

След създаването от Елохим на първият континент, до неговото разцепване, ерозията му е натрупала утайка, богата на жива материя, като корали и миди в океаните, особено около границите на самия континент. Докато се е намирала на океанското дъно тази утайка е образувала Андите и Скалистите планини върху земята, която в последствие се е превърнала в Северна и Южна Америки.

Също се отнася и за Индийския субконтинент, който се е отчупил от Африка и приплъзвайки се на северо-изток по своя път, е натрупал невероятно количество материал, който ние днес познаваме като Хималаите. Антарктическият континент, който е бил отнесен на юг, в последствие е бил покрит от дебел слой лед, в който и до днес са запазени остатъци от тропическа растителност. Междувременно, Австралия, която е била част от Африка и Индия е била понесена на юго-изток и е акумулирала това, което днес наричаме Голямата Австралийска разделителна верига.

Унищожението е имало такива размери, че не само е предизвикало огромни геоложки промяни, но и климатични, заличавайки много и различни форми на живот, заравяйки ги под слоеве пясък, варовик, пръст и разкалян лед, които са ги запазили до ден днешен, и от които те периодично са изплували на повърхността, отцепвайки се от изпод това, което е се е оформило като Северен Сибир.

Съвсем малък брой хора са били защитени от "потопа" в Ноевия ковчег. След завръщането си те са намерили континента напълно неузнаваем и опустошен от разрушението, като разместването на пластовете е отцепило части от земната повърхност, и е създало пукнатини в кората, предизвикали вулканична активност.

Лесно можем да си представим как разпадането на първия континент на части, "където някога е било суша, а сега е вода", е било изопачено в легендите за Атлантида или Му, в които се разказва за континент, който е потънал в океана. Всъщност, той не е потънал, а просто се е преместил.

Не всички живи организми са били пресъздадени след потопа, тъй като някои са били смятани за чудовищни и пагубни за екологичния баланс, като например големите влечуги и динозаврите, което и обяснява внезапното изчезване на тези допотопни животни.

След "потопа", Елохим са съжителствували с хората на Земята и следите, които днес можем да открием навсякъде,датират от тогава.

Нека се научим да си отваряме очите, имаме всичко необходимо, за да разберем нещата рационално. Ние се намираме в Ерата на Апокалипса, Ерата, в която можем да се надяваме отново да видим нашите създатели - Елохим.

3: ПРЕДАВАНЕТО НА КЛЕТЪЧНИЯ ПЛАН В СВЕТЛИНАТА НА НАУКАТА

Спектралните проучвания изследващи връзката между материята и енергията, днес ни позволяват до известна степен да разберем структурата на молекулите. Въпреки че материята, независимо дали се намира в газообразно, течно или твърдо състояние, за нашите човешки очи изглежда хомогенна,де факто се състои от голям брой градивни частици, наречени - молекули, които от своя страна се състоят от атоми.

Атомът може да бъде сравнен с миниатюрна слънчева система, на която центъра се явява ядрото, около което се въртят електрони, които в същото време се въртят и около оста си, точно както прави Земята в орбитата си около слънцето. Движението на електроните се описва с четири квантови числа (основно, второстепенно, магнитно и това на въртене). Механиката на вълната характеризира всички движещи се частици със специфична за тях вибрация и тяхното движение може да бъде изчислено чрез уравнението на Шрьодингер.

Атомът излъчва или поглъща енергия с определена честота. Това е придружено от отделни и различни едно от друго излъчвания, които са директно свързани с енергийното състояние на атома. Следователно, всеки отделен атом има своето специфично излъчване.

Магнитният резонанс на атома, също така ни дава подробна информация за състоянието на връзките, които привличат атомите един към друг, образувайки по този начин молекулата. В молекулата атомите продължават да вибрират един спрямо друг. Ако молекулата се състои само от два атома, то ще съществува само една основна честота предизвикана от свързването на двата гравитационни центъра на двете ядра и тя ще бъде линейна. Молекули, съставени от повече атоми, ще имат съответно по-голям брой основни трептения.

Атомите, също така се въртят около оста си. Тяхните енергии на трептене и въртене варират. Преминаването от едно енергийно ниво в друго, е свързано или с поглъщане, или с излъчване на енергия. Всяка химическа реакция се основава на тези енергийни промени и отделената енергия при тези трансформации на материята могат да бъдат измерени и регистрирани като - ротационни и електро-вибрационни молекулни спектри. Всяка една молекула на нашето тяло вибрира по специфичен начин и следователно излъчва пълна гама от трептения, които на пръв поглед може да ни изглеждат като какофония. Така, че човешкото тяло излъчва електро- и електромагнитни вълни.

Технология днес все още не ни позволява да регистрираме този феномен при толкова сложно устроени организми, каквито сме ние - човешките същества. Нито пък нашите научни методи на анализ са толкова прецизни, че да можем ясно да различим излъчването на отделните молекули, но след време...

Не забравяйте, че Херц е открил вълната, която след това е кръстена на него, едва през 1920 год., а магнитния резонанс на атомното ядро ни е известно само от 1946 год. Къде ли ще се намираме след 50, 100 или 1000 години? Нека не забравяме, че в развитието си, Елохим са 25000 години пред нас.

Принципът на кръщаването или предаването на клетъчния план, днес е напълно разбираем за нас и тази церемония може да се обясни научно по следния начин: всеки човек има специфичен клетъчен план на хромозомите, който трепти със своето специфично спектрално електромагнитно излъчване.

Гид, чиято честота на трептене е известна на Елохим от момента на неговото посвещаване, служи като препредавател между новият Раелиянин и сателита на Елохим, който записва всяка една човешка мисъл.

Гидът намокря ръцете си с вода, която помага за установяването на добър електрически контакт между ръцете и челото на посвещаемия, и самото посвещение показва на Елохим, че Раелиянинът е разбрал смисъла на посланията, и че живее според тях. Това е един жест на признание.

Впечатления на един "свещенник"

Виктор Лежендър - *Бивш Католически Свещенник*

Бях в Европа на почивка, когато научих за посланията, дадени на Клод Ворийон - Раел от извънземните (Елохим).

Екскурзията ми започна на 10-ти юни 1976 г. Вече бях посетил Франция, Испания и Италия, когато на 30-ти юни в ръцете ми попадна първото послание – "Книгата, която казва истината", а няколко дена по-късно, на 2-ри Юли, аз се сдобих с "Извънземните ме заведоха напланета си". Първата книга намерих в Женева, а втората в Клермон-Феран във Франция.

Едва ли мога да опиша с думи какво чувствах, докато четях тези книги - изненада, примесена с възхищение и страх, бях шокиран от радост! Това е едно бедно описание, аз се изпълних с удоволствие и преминах в състояние на блаженство или на някаква неописуема еуфория, на едно дълбоко спокойствие и променени възгледи. Не! Един променен мироглед. Ако в думата "възмущение" (на англ. "resentment", на френски – "ressentiment", също означаваща – "да чувствам отново" - бел.прев.) не беше вложен толкова отрицателен смисъл, щях да я използвам, за да опиша различните чувства, които толкова интензивно изпитвах.

Два дена преди да замина на екскурзията посетих един мой приятел - музикант, който ме помоли да му донеса "Книгата, която казва истината", тъй като той не можел да я намери в Канада, понеже не знаел кой е нейния издател.

Той ме накара да изслушам на запис едно интервю, което бе излъчено в Европа по CBC International няколко пъти през 1975-76 година. Тогава аз имах само бегла представа за посланията и за да зарадвам приятеля си му обещах да му донеса въпросната книга.

Преди той да бъде възнаграден за търпението си, по време на обратното си пътуване на 10-ти Юли, аз се оказах възнаградения и възнаграждението надхвърли всичките ми очаквания! Все едно, че бях намерил скъпоценна перла, без никога да съм я търсил! Разбира се, че говоря за съдържанието на посланията. Чак тогава аз започнах да изследвам тези послания интелигентно, ако мога така да се изразя, опитвайки се да извлека есенцията от тях.

Аз прочетох отново библейските писания, които бях изучавал в семинарията, след това Кабалата, която дотогава ми бе непозната с исключение на няколко думи на иврит, които бях научил в часовете по теология, както и историята на различните религии, по-специално тази на християнството, и най-накрая няколко научни издания на тази тема.

Формирах мнението си основавайки се на своето изследване. Какво от съдържанието на посланията ме шокира най-много? Кое ме впечатли най-много?

Без много коментар, в общи черти ще скицирам силните точки, като синтезирам своите впечатления, въпреки, че те би трябвало да бъдат дискутирани по-подробно.

В оригиналната Библия написана на иврит, се говори за Елохим, което буквално преведено означава - "онези, които дойдоха от небето". Думата "Елохим" е била неправилно преведена като "Бог" в съвременните библии. Така че, нематериален, свръхестествен и всесилен Бог не съществува, а съществуват Елохим, които постоянно присъстват във Библията, и които освен всичко друго, използвайки познанията си в генетиката, са създали живот от инертни химически вещества в своите лаборатории, включително и човешките същества. Именно затова Елохим или Извънземните ясно присъстват в различните епохи и при различните цивилизации, поради което, ние не можем да разсъждаваме ограничено и да настояваме да не "смесваме извънземните с Библията".

Няма душа, която напуска тялото след смъртта, а има генетичен код, който е основата на живота.

Наименованието на първото послание бе оповестено в Езекил 2:9-10, в Битие 5:1, в Даниил 10:21:"...обаче,ще ти известя значението на това, което е написано в едно истинско писание...".

Също така в Даниил 12:4: "А ти, Данииле, затвори думите и запечатай книгата до края на времето, когато мнозина ще я изследват, и знанието за нея ще се умножава".

Истината се намира в представата за безкрайно голямото и безкрайно малкото и в пробуждането на съзнанието към вечното. Еволюцията в следствие на случайност или на поредица от произволни събития е мит. Всъщност тя преди всичко е започнала в съзнанието на нашите създатели.

Никой не принадлежи на никого, никой не може да ви притежава, независимо дали става въпрос за професионалната среда, за брака или за каквато и да било друга ситуация.

Да мислим, да създаваме и да се развиваме е основното, към което всеки човек трябва да се стреми през своя живот.

Най-важните проблеми на човечеството, могат да бъдат разрешени с помощта на селективната демокрация или гениокрация, която да служи на хуманитаризма и при която човешкият гений ще е основният ресурс на човечеството.

За да се създаде световното гениократично правителство, трябва да бъде премахнат физическият труд, който ще бъде извършван от създадени за тази цел роботи, трябва да се създаде една единствена световна валута, докато парите не бъдат премахнати изцяло, трябва да се наложи един универсален световен език, като всеки регион запазимайчиния си език, задължителната военна служба трябва да се замени с наемна войска, която да поддържа световния мир.

Ние не можем да се стремим към "мир и безопастност" едновременно, както се е изразил Павел в 5-та глава на посланието към Солунци.

В епохата, в която живеем - Ерата на Апокалипса (разкриване, откровение), религията и науката се съчетават и сливат в едно. Всички религиозни писания, най-вече Библията, известяват завръщането на Великите пророци - общо 40 на брой придружени от нашите създатели - Елохим.

Когато прочетох първите две послания, в съзнанието ми ярко изплува двуличието на християните, които се молят, но почти винаги забравят заръката да обичат ближния си. Както и стремежът на Църквата към постоянно духовно господство, благодарение на натрупаните пари и богатства.

Това господство е поддържано и поощрявано от правителствата на власт, тъй като те го използват за своя полза. Целта на цялата тайнтвеност е да се приспиват хората. Ние сме далеч от препоръчаната от Исус бдителност, с помощта на която да видим и разпознаем, когато се сбъднат, знаците на времето. Култът към традициите е ослепил хората. Спомням си думите в Еклесиаст, 7:10: "Да не речеш: Коя е причината дето предишните дни бяха по-добри от сегашните? Защото не питаш разумно за това".

Винаги съм чувствал, че на човек искуствено се е налагало чувството за вина, акцентирайки на неговата греховност и несъвършенност и отричайки неговия интелект. На човек му се казва да вярва без да разбира, добър пример за което е наложеното мнение, че сексуалното удоволствие или дори чувственността са презрителни.

Аз смятам, че знаците на времето, за които известяват религиозните писания, се отнасят за нашата епоха, и че те започват да се сбъдват. Това е Ерата на Апокалипса или на разкриване, на откровение, когато ние ще можем да си обясним всичко, когато първоначалната тайнственост на знаците на времето ще е разяснена благодарение на научния прогрес. На всеки един, който сравни предсказанията, особено на Библията, с постиженията на нашата технологична епоха, ще стане ясно, ще може да се убеди и да разбере, кое е "основата на Земята", и кое е държано в тайна от "сътворението на света".

Позволете ми да изброя няколко от тези сбъднали се предсказания: човек ще се изравни с Елохим (създателите на живота на Земята), глухите ще започнат да чуват, слепите да виждат, сакатите ще могат отново да ползват крайниците

си (чрез електронни протези), гласът на човек ще се чува на четирите края на Земята (благодарение на телекомуникациите и радиотелефонните връзки), отровените ще бъдат спасени (чрез противоотрови), болните ще бъдат излекувани чрез ръкополагане (днешната хирургия), ще бъде увеличена продължителността на живота, народът на Давид ще възвърне земята си (създаването на държавата Израел), появяването на знаци в небето (НЛО), на хиляди фалшиви пророци, които ще се опитват да въвлекат човечеството във фанатизъм, мракобесие и мистицизъм (различните религии и секти).

Въпреки, че след моето встъпване в Движение Раел, Католическата Църква престана да ме признава за свещенник, аз все пак си оставам такъв. На мен ми бе поверена една фантастична мисия - да разпространявам посланията на възможно по-голям брой хора и аз продължавам да бъда "свещенник", защото подобно на Раел, аз съм пратеник на тези, в които винаги съм вярвал (Елохим), само че едва сега, истински разбирам тяхното дело - нашето сътворение и мисията на Исус. Аз все още съм "свещенник", само че вече пробуден, тъй като пробудих своето съзнание и вече пробуждам, а не приспивам съзнанието на другите. Ето защо, аз съм и винаги ще остана "свещенник", което ще рече - водач на човечеството по неговия път към мир и всемирна любов.

Да... аз съм Раелянин

Марсел Терус - *Инженер По Химия И Гид На Движение Раел*

Да, аз съм Раелиянин, последовател на религията на безкрайността на времето и пространството, потомък на Земята, който е преоткрил следите, оставени от нашите бащи дошли от звездите, и който се опитва да разкаже тази наша приказна история на всички хора по Земята.

За съжаление, аз смятам, че човек не става Раелиянин, а просто, когато един ден открие посланията, в тях той открива отражение на собствените си мисли.

В един или друг момент, главозамаяни от необхватния водовъртеж на времето и пространството, всеки един от нас се е опитвал да разсее тайнствеността на нашето минало и несигурността на нашето бъдеще. Посланията ми дадоха отговор на тези, толкова важни, въпроси.

Разбира се, че за човек с техническо образование или изучавал точни науки, определени пасажи не изглеждат съвсем "правоверни" и съвместими с традиционната доктрина. Обаче нека последваме съвета на Монтейн "и да прецеждаме през сито всичко, независимо какво е общественото мнение или колко сме убедени".

Ако ние "прецеждаме през сито", критически анализирайки всички елементи на посланията, скоро ще проумеем, че имаме работа с един невероятно солиден документ.

Аз винаги съм предчувствувал, че има връзка между всички повече или по-малко приказни предания, останали от древните времена и че във всяко едно от тях, въпреки, че изглеждат абсурдни, можем да намерим късчета чисто самородно злато...

След като направих известни изследвания, установих, че контакти с Елохим, в действителност са съществували винаги. Ние можем да намерим доказателства за това в преданията на древните цивилизации: в гръцката митология, която ни разказва за редица богове, полубогове и за великани на старото време, в Махабарата - индийската митична епическа поема, която се дели на две части - Ведас и Рамаяна, Гилмадеш - вавилонска епическа поема, японската Коджики, която ни разказва за началото на всичко, Попол Вух и Хрониките на Акадор в Латинска Америка, а в по-близко минало - Книгата на Енох, Кабалата и Библията. Някои физически доказателства могат да бъдат намерени в равнината Наца (гравюри), в Баалбек и особено в Тиахуанако (остров Пак), както и на много други места по целия свят.

На наше разположение са всичките парчета на загадката, за да реконструираме нашето минало.

Четейки посланията, имаше моменти, в които възникваха въпроси поради явните противоречия между някои цитирани факти и всеобщото схващане. Оказва се, че ние достигаме до "научни постижения", основавайки се на крехки и спорни хипотези и аз намирам непреодолими противоречияв днешната научна доктрина.

Винаги съм смятал, че всички впечатлителни природни феномени във вселената могат да бъдат научно обяснени и до известна степен са взаимно свързани и зависими по един комплексен начин.

Използването на все по-абстрактни математически методи, насочи физиката в една странно логична но нереална посока.

Именно така Айнщайн постулира, че скоростта на светлината е непреодолимата граница за скорост във вселената, извършвайки фундаментална грешка приемайки за правило, че пространството е еднакво плътно във всички части на космоса, с исключение на планетите и звездите.

Над облаците, които обгръщат планетата ни, гъстотата на газообразните молекули намалява пропорционално на височината, докато достигне ниво, което ние наричаме "празно".

Обаче междузвездната "празнота" е изпълнена с вълни от всякакъв вид - рентгенови, инфрачервени, радиовълни и т.н.

Така, че след като пространството е изпълнено с тази вълнообразна материя, с тези безкрайно малки частици с размер на добре познатите ни атоми, то не е празно, както изглежда на пръв поглед.

Вълните изискват движение, а движението енергия. В нашия век, в който знаем, че уравнението за маса и енергия е абсолютно вярно, не е логично да отричаме съществуването на маса на междузвездното и междугалактическото пространство.

Пространството е разнородно и логичното му характеризиране зависи от енергийния градиент на разглежданата част.

Земята и слънчевата система са обгърнати от едно дифузно енергийно пространство, изпълнено с малки частици, чието налягане определя това, което ние наричаме сила на притегляне.

Гравитационното пространство може да се сравни с газообразна атмосфера подобна на земната.

Скоростта на разпространение на вълните зависи от гъстотата на атмосферата и не е константа, както смятат привържениците на теорията на Айнщайн, така че всички космически разстояния трябва да се преизчислят.

Всички разстояния, изчислени по традиционните методи в светлинни години, са грешни. Звездите, които ни обкръжават, са много по-близо отколкото си мислим. А развитите теории, които объркват измеренията - време и пространство, са просто нелепи.

Факторът време, който е паразитен за всички формули и уравнения във физиката, е произволен елемент.

Времето само по себе си не съществува, нашата представа за него е субективна и произхожда от собственото ни биологично и умствено устройство. Ние пренасяме тази представа в заобикалящия ни свят и си създаваме неопровержимата илюзия за "абсолютно универсално време".

"Времето в науката е условно и се основава на физически стандарти, позволяващи да бъдат координирани произволно под различни форми".

Нашето схващане за космоса е фундаментално погрешно, както са и нашите философски понятия.

Навсякъде около мен намирам потвърждение на посланията. Достатъчно е само да си отворим очите, за да видим правдивостта на тази приказна история за идването на Елохим на Земята, за сътворението на живота в научните им лаборатории, която самите ние скоро ще повторим.

Няма съмнение, че моята квалификация на химик ми е дала възможност да осъзная, че съществува афинитет между химическите елементи и биологичните структури, участващи в механизма на живота. Но дори и за един обикновен любознателен човек, бегло следящ новините в сферата на науката, не е трудно да предвиди посоката, в която се движи научноизследователската работа в биохимията и медицината.

Осъзнайте, че ние вече сме успели да синтезираме определени гени, комбинирайки нуклеотиди, че части от ДНК-молекули, вече са присаждани в хромозомите на различни бактерии, че прехвърлянето на генетичен материал от един организъм в друг, вече ни е познато...

Погледнете посоката, в която се движат изследователите, спечелили Нобелова награда в последно време...

Познанието на молекулната структура и на механизмите, които тя контролира, ни дава възможност да възстановяваме биологични тъкани, да подменяме органи, да създаваме нови животински видове, а след време и да синтезираме хора по наш образ и подобие...и ето, че цикъла се повтаря.

Изследването на механизмите на кодиране на информация в ДНК-молекулите ще ни помогне да разберем и да оползотворим по-пълноценно сивото вещество, където се съхранява нашата памет, да прехвърляме това вещество от един индивид на друг. Разберете, че биологичната революция е започнала и че последиците от това, фундаментално ще променят всичките наши социално-политически структури.

Събудете се, това не е научна фантастика.

Да си Раелиянин не значи да се изолираш в някаква егоцентрична група, в която хората постоянно вирят носове убедени, че са намерили истината, гледайки от високо на другите. Напротив, за мен Движението Раел е тъкмо обратното на секта.

Нашите заседания имат амбициозна цел, те преминават в смирение, тъй като ние осъзнаваме, че човечеството се самонаказва чрез своята агресивност, гордост, суета и егоизъм.

На мен ми харесва философията за нашето съществуване, общоприета в Движението, защото тя се стреми към пълното развитие на отделния индивид. Тя ни учи да се вслушаме в това, което се намира някъде дълбоко в нас и да разкрием най-доброто в себе си.

Живот съществува навсякъде във вселената, но нашия живот е неповторим и е важно да го изживеем успешно: "Животът губи блаженството си, ако не го живеем, както желаем". *(Еминеску)*

Аз достигнах кулминацията на живота си, след като задълбочено изследвах посланията, започнах по-добре да разбирам другите, както и себе си, и те ми дадоха възможност да осъзная по-добре степента на нашата сплотеност.

Философията на Движението е философия на любов към живота и неговите създатели, една толерантна и миролюбива философия, която се стреми да премахне чувството на вина в нас, когато сме чувствителни, да ни освободи от всички табута, забрани и задръжки, свързани с нашата сексуалност.

Спойката на Движението не се състои в сформирането на отряди по военен образец, към което винаги съм изпитвал огромно недоверие, а е доброволното и обогатяващо участие на всеки член. Участието ми в Движението ми доставя пълно удовлетворение и ми позволи да достигна цялостно разцъфтяване, а факта, че разпространявам посланията - огромно удоволствие.

Аз вярвам, че ние не бива да повтаряме грешката, която допуснахме с Христос - да придадем по-голяма важност на посланика, вместо на посланието. Най-основното е да осъзнаем, че извънземните винаги са играли роля в нашата история и да не желаем нищо по-силно от подновяването на този контакт днес.

Миналото на човечеството ни показва, че всеки етап от неговото развитие е изисквал изкореняването и подновяването на нашите основни научни, социални, философски и религиозни схващания. За съжаление: "една нова научна истина не се налага чрез убеждаването на нейните противници. Нейният триумф е резултат от тяхното постепенно измиране и от раждането на ново поколение, на което тази истина винаги е била известна". (М. Планк)

Аз вярвам, че трябва да помогнем на хората да се изправят на собствените си крака и да изхвърлят тези патерици - различните вярвания и религии, трябва да се стремим да разсеем обскурантизма, като повдигаме нивото на съзнанието на хората. Защото през вековете религията е изисквала, а понякога и налагала на вярващите да "вярват" в мистериите и в най-невероятните басни, само че днес ние вече можем да разбираме, и от нас зависи да си отворим очите и умовете, и да подготвим своето бъдеще. Защото началото на бъдещето се намира в сегашното. Човечеството се намира в навечерието на своето раждане или на своята смърт и тези, които не разбират значението на думата "апокалипс" въпреки всичко може да се окажат прави.

Ние, Раелияните, вземаме участие в пробуждането на човечеството и в развитието на неговото космическо съзнаниеТаква е направлението на моя принос в това амбициозно дело - подготвянето на човечеството да приветстват своите създатели - Елохим.

Освещението на моя сан на свещенник

Иван Жиру - *Бивш Римско-католически Свещенник и Професор По Катехизис*

Аз започнах да проявявам интерес към всичко, което се отнася за човек и Бог още в много ранна възраст - едва навършил дванайсет години. Намирах прилика между човек и Бог, които изграждат, а в същото време са изградени от безкрайността. Започнах живо да се интересувам от Бог и от това, което ни свързва с него.

Много скоро изпаднах в дълбок размисъл, в една тайнственост, опитвах се да избягам от тази Земя и да достигна рая.

И така, четях, задавах въпроси, правех изследвания и медитирах. Дълги години следвах, за да мога да се задълбоча още повече в тази материя. Изучавах различните цивилизации, философия, теология и най-накрая "религиология", защото имах (и все още имам) вяра в човека и неговия интелект.

Тъй като обичам да докарвам нещата до край, аз упорито търсих своето място, където да мога да посветя целия си живот на този "Бог", когото постоянно издирвах, на когото задавах въпроси, когото материализирах, докато размишлявах и медитирах, с когото аз провеждах дълги разговори, все едно, че сме стари приятели. Тази част обаче, аз пазех в тайна, за да не бъда сметнат за луд.

Намерих едно религиозно братство, на което посветих шест години от живота си като ученик и пастор. В това братство аз изживях чудесни мигове, направих много открития, които ми помогнаха да изградя себе си като характер. Обаче въпреки това, имаше нещо повърхностно, привидно в цялата обстановка, нещо което не можеше да задоволи моите най-дълбоки аспирации.

Аз изпитвах удоволствие от молитвите (и все още изпитвам удоволствие), тъй като ги приемах като средство за контакт с моите създатели; като моят извор на Безкрайността. Много хора ме смятаха за мистичен, тъй като винаги съм приемал бащата на Исус за човек, подобен на самия Исус и именно за това той е казал: "баща ми, който е на небето...". Още тогава аз бях убеден, че съществува повече от един творец и ето, че се оказа така.

В допълнение на това, след като изследвах много старателно Библията, аз дойдох до заключението, че Исус не е Бог и страстно се интересувах от тази страна на теологията, която приемаше, че Бог е мъртъв – "теологията за смъртта на Бог".

До известна степен аз бях атеист, само че се страхувах да призная този факт.

Забелязах, че в тези училища на теологичната мисъл, истината е забулена под една или друга форма.

Не можех да намеря пълно удовлетворение на многобройните си въпроси за човек и неговата вяра, за човек и неговата религиозна и социална реализация, в тази църква, която аз намирах за толкова демодирана, дори вероломна в определени моменти.

Въпреки всичко аз продължавам да работя в така наречената "Църква" на Исус с всичките нейни подразделения, докато в същото време се специализирах в религиологията (наука за религиите), в която все повече се задълбочавах.

Моето следване ме подтикваше да работя в моята среда, да се съмнявам в нея и здраво да разклатя основата и. Все още се чувствах погрешно разбран.

Моето изследване, което продължи още три години, ме доведе до състояние на празнота, на униние. Не можех да толерирам тази тайнственост, тази заслепеност. Изпитвах удоволствие от следването си, но бях достигнал до момент, в който повече не усещах здрава основа под краката си. Имах чувството, че бавният процес на аргументиране, използван да оправдава някои от църковните структури, че мистицизма и обскурантизма, бяха излишни, не на място и аз все повече и повече им се противопоставях. Хората, които не споделяха моето становище, ме смятаха за прекалено критичен или лекомислен. Те се чувстваха удобно в своите банални убеждения по отношение на религията и вероизповеданието, което не се е променило и до днес.

Именно тогава аз реших да се оттегля за около година и да потърся истината в "душата" си. Все още преподавах, но не участвах в никакви движения. Като че ли, започнах да прозирам светлината.

На 9-ти Ноември 1976 година присъствах на конференция, дадена от Клод Ворийон, в Плато Одиториум в Монреал.

Тази вечер аз почувствах, че моите усилия през всичките тези години не са били напразни. Разбрах много неща, едно от тях, че винаги съм бил атеист, като в същото време съм дълбоко религиозен. Темата силно ме заинтересува,

аз още повече заобичах човека, а молитвите ми ме държаха в постоянен контакт с нашите извънземни създатели - Елохим, тайствеността около които все повече се разбулваше с всеки изминат ден. Изведнъж всичко ми стана ясно.

Бях много щастлив и в Раел видях Исус на нашата ера. Нещо се случи с мен, събуди ме, просветли ме, нещо ме теглеше към него. Само след 90 минути, всичко в мен бе реконструирано, всичко дойде на мястото си, стана отново хармонично и от тогава не е преставало да бъде. Бях очарован и не го криех.

В края на краищата от неговите уста, просто, ясно и с толкова доказателства, аз научих истината която бях търсил толкова години. Имах чувството, че се бях освободил от огромен умствен товар.

На лекцията отидох с мои приятели, но както се оказа по-късно тяхната реакция не бе същата. Те обаче, забелязаха промяната в мен тази вечер. Във мен посланията все едно, че натиснаха някакъв бутон, те обаче не искаха дапризнаят какво виждаха очите им. Аз се умълчах, чувствах се щастлив и просветлен. Чувах ги как се опитваха да отрекат, да разрушат чрез своите мистични разсъждения тази красива, семпла и освобождаваща истина, която галеше слуха ми, тези добри вести в цялата си пълнота и яснота. Те отказаха да приемат Раел и посланията на Елохим по същия начин, както навремето хората не са прили Исус и неговото послание.

Тези няколко мига с Раел разкриха същността на усилията ми за последните дванайсет години, прекарани в мъчителни изследвания и анализи.

Сега можех да посветя цялата си същност на разпространението на тези великолепни вести, на освобождението на съзнанието, на интелекта, на разума. Най-накрая успях да достигна хармония и вътрешно равновесие. Не беше лесно да се справя с реакцията на семейството ми, на съпругата ми, на познатите ми, на колегите ми, на Църквата и на моите приятели - свещенници. За сметка на това, много пробудени мои приятели ми помогнаха, както ми помогнаха и семинарите за пробуждане на ума и съзнанието. Аз гледам на всичките прекарани в следване години, като на една директна лабораторна подготовка за живота, който живея в момента като Гид в нашето великолепно движение, за тази "странна", но красива "нова" атеистична религия. Не смятам, че съм "скъсал" с миналото си, тъй като аз просто продължавам това, което започнах като дете - да разбера от къде произлиза човек, какво е било началото, да бъда просветен и да мога да изградя настоящето, винаги да демистифицирам и да прецеждам истината, докато не остане само каймака, който да отделя от двехилядигодишната утайка, да задълбоча разбирането си на многобройните теологични, философски и религиозни аспекти на посланията, дадени на Раел от създателите на човечеството - Елохим, за да мога пълноценно да изживея настоящето, и с нетърпение да очаквам великолепното бъдеще.

Тази вечер аз бях толкова потресен от посланията, които подсъзнателно, бях чувствал толкова много години. От тогава, аз усещам посланията във всяка една част от моя живот, в професията си като педагог, в семейството си, в моя социален и политически живот. Те преобърнаха наопаки всичките ми убеждения, но аз от години се бях подготвял именно за това. Бях чакал търпеливо, дори бях преподавал за този пророк на Елохим. Без обаче да разбирам. И изведнъж...всичко се изясни, посланията ме събудиха и ме гледаха в очите. За един миг аз разбрах смисъла на Библията, кои са Исус и Йахве.

Бях толкова щастлив, че треперех от удоволствие. Имах усещането на ледено студен душ взет през горещ и задушен ден през лятото.

С Раел се срешнах за пръв път няколко дена след конференцията. За един уикенд прочетох двете послания по два пъти. Раел ми каза: "Имаш всичко вътре в себе си, да намериш отговорите на своите проблеми. След като гиразрешиш, ти ще бъдеш с 80 процента по-ефикасен. Семейните ти проблеми те смачкват, те те спират и парализират".

Сега разбирам какво е имал предвид. Толкова съм щастлив, че избрах пътя на пробуждане и осъзнаване.

От тогава съм препрочитал посланията много пъти и моето посвещаване в Гид бе освещаването на моя свещеннически сан, това, към което винаги съм се стремял. Аз осъзнах, че не съм чакал напразно и че следвайки последния от Великите пророци, че разпространявайки посланията на Елохим - нашите създатели, аз продължавам делото на истинската църква, на първоначалната църква. Продължавам да работя за "единството", на което вече бях посветил живота си, защото тези послания разгласяват "религията на религиите", религията на безкрайността, религията на човешкия интелект и на вечността на материята.

И така, това бе моя край и моето начало. Аз съм щастлив и аз обичам. Бях освободен от моята длъжност - специалист по религия. Сега преподавам основно френски и математика, а религия и морал като второстепенни предмети. В моята професионална среда аз никога не говоря открито за посланията, но хората могат да ги усетят в поведението ми, за което ме уважават. Наближава времето, когато колегите ми ще ме попитат за тези послания, сигурен съм в това, просто го чувствам. Навсякъде другаде аз разпространявам посланията чрез присъствието си и словата си. Според Римско-католическата църква аз съм "вероизменник", но моето убеждение е, че аз никога не съм "скъсвал" а просто продължил търсенето на истината. Това ме подмладява и удовлетворява.

Целият мой живот е посветен на разкриването на всички добронамерени хора на демистифицираната истината, на това послание на любов към ближния и на миролюбие, на вътрешно спокойствие, на разкриването на това уникално и революционно послание на тези, които желаят да го видят през очите на интелекта, който нашите създатели - Елохим са ни дали, през очите на разума, който е създаден, за да бъде вечен.

Бъди активен, за да не бъдеш радиоактивен

Мишел Белуе - *Бивш Гид За Сащ*

Това е моят атестат, в който ще разкажа подробно за основните причини, които ме накараха да стана Гид на Движение Раел, след като много сериозно бях обмислил всичките усложнения, които моето участие в движението би могло да ми донесе. Посланието, дадено на Клод Ворийон - Раел от Елохим, означава пълно преразглеждане на всичко, на всички нива - индивидуално, социално, политическо, научно, философско и религиозно. То е универсалното средство за построяване на утрешното общество. Но как успях да достигна до това заключение?

От дванайсет годишна възраст аз винаги живо съм се интересувал от широк кръг житейски теми и винаги съм се старал да разбирам какво се случва както в настоящето, така и в миналото, докато не настъпи момента, в който започнах да се замислям за еволюцията на човечеството. Аз, подобно на много други хора, обичах да поставям всичко под съмнение, да задавам въпроси, като в същото време мечтаех за един идеален свят. Ще разкажа какви открития направих и какви бяха надеждите ми:

Началото На Живота

Аз не бях удовлетворен от теорията за божественото творение, въпреки, че имаше една константа - по целия свят, всички религии и митологии твърдят, че човек е бил сътворен от един или няколко Богове, които са дошли от небето. Стигнах до извода, че в това трябва да има известна истина, че тези Богове са били осезаеми, от плът и кръв, и че са дошли от някъде другаде. Теорията за еволюцията, която твърди, че човек е произлязъл от неорганична материя, която в следствие на поредица от успешни мутации се е превърнала в съществата, които сме днес, имаше прекалено много пропуски, за да бъде наистина вземана сериозно. Още повече, много изтъкнати учени днес я поставят под съмнение.

Човекът

Забелязах, че от своето сътворение, на човек му е липсвала толерантност, любов, уважение и братски чувства към себеподобните си. Искренно се надявах, тези недостатъци да изчезнат от човешкото поведение.

Обществото

През цялата история на човечеството, повтарящия се неуспех на всички съществувалиформи на управление да разрешат основните му проблеми, ме накара да се замисля върху създаването на такава полит-икономическа система, която да позволи само най-високо квалифицираните хора на Земята, интересуващи се единствено от усъвършенстването на нашето общество, да я управляват.

Това означава, че на тях няма да им плащат заплати политическите, военните или индустриалните тръстове, които са позволили избухването на толкова много кръвопролитни войни и постоянното увеличаване на производството на унищожителни оръжия, в името на ценности като отечество, работа, семейство и робуването на един човек на друг.

Аз осъзнах, че човечеството е навлязло в една съдбоносна, решителна епоха от еволюция си, в която бъдещето му е заложено на карта.

Религиите

Чувствах, че в дъното на всички религии съществува една основна и достъпна за всички истина, както и че примитивните и мракобеснически системи на управление са използвали тази истина, за да заробват и ограничават човека. Също така чувствах, че тази истина, както ни е представена от пророците, трябва е дошла от същества, достигнали много високо ниво на разум. Аз отказвах да приема възгледа, че човек трябва да се чувства виновен заради своите плътски желания, като и се опълчвах срещу всеки, който се е опитвал да умаловажава хората под предлога, че те ще бъдат по-възвишени след смъртта си в другото измерение. Аз бях убеден, че човек може да достигне по-високо ниво на своето съзнание, като в същото време се намира в пълна хармония с човешката си природа.

Науката

Първоначалното любопиство, което човек е превърнал в едно постоянно изучаване на себе си и на своята околна Среда, му е позволило да премине границите на необяснимото. Винаги съм знаел, че единствено науката може да разреши проблемите, с които нашата цивилизация се сблъсква, но само при условие, че се използва разумно.

Замърсяването на околната среда, свръхнаселеността, глада, енергийната криза, всичките тези проблеми могат да бъдат разрешени от науката, когато тя е в хармония с природата и е наложително това да стане по възможно най-бързия начин. Аз осъзнавам, че нашето познание постоянно се увеличава с времето, както и че всяка теория не е нищо повече от една интерпретация на някои явни факти, в даден момент на нашето развитие.

Неизвестното

Аз знам, че много неща още не могат да бъдат обяснени на Земята, което ме накара да повярвам, че разумни извънземни същества са се намесвали в нашето развитие.

Аз виждах настоящето състояние на нещата и моите надежди за един по-добър свят и за еволюцията на човечеството към повече хармония, миролюбие и любов към ближния не можеха да бъдат задоволени в нито една съществуваща организация, било - религиозна, политическа или социална. Чувствах се безсилен и самотен. Именно в този момент, аз чух за посланията, които извънземните са поверили на Клод Ворийон през Декември 1973 година, предадени в "Книгата, която казва истината" и "Извънземните ме заведоха на планетата си".

Аз изпитах огромно удоволствие като прочетох тези две книги, в които бяха синтезирани всичките мои надежди за постигането на хармонията, световния мир и любовта към ближния, които винаги бяха липсвали на Земята. Книгите, също така показват как нашите създатели са преодолели проблемите, срещу които ние днес сме изправени. И като добри родители, те са ни дали свободата на избор, тъй като ни приемат за хора, способни разумно да се възползват от нея.

Аз реших да стана Гид, за да мога да предам тази надежда на света, за да може човечеството да навлезе в Златната Ера и човек да постигне цялостна реализация. Предпочетох да не остана пасивен свидетел на еволюцията на човечеството към вероятно самоунищожение, а да бъда активен, за да не бъдем всички един ден радиоактивни.

От Марксизъм към Раелизъм - Адхезия

Жан-бернард Ндйога-ауирондйого -
Завършил Държавно Право И Бивш Марксист

Не беше лесно за някой, който е свикнал да разсъждава логично, що се отнася до еволюцията, до различните класи и класовата борба, да разбере и да приеме, че зад "традициите" съществува нещо толкова фантастично, чудесно и успокояващо.

Благодарение на посланията на Елохим, всички явни нелепости на Библията, изведнъж се превърнаха за мен в нещо възвишено, практично и от безкрайно значение.

Да знаеш, че човек не е резултат на една случайност, а е едно творение на науката и разума, на някой, който го е създал по собствен образ и подобие - каква благородна истина!

И мисълта, че един ден човек ще достигне своите създатели - извънземните!

Днес, това оповестено време е настъпило.

Раел - светлината на Елохим в близост до хората, започна своята мисия.

Сега е наш ред, на Гидовете, които му помагаме, да продължим да му помагаме повече от всякога в разпространението на посланията на нашите бащи от космоса, за да може Земята да се включи в концерта от междугалактически цивилизации, които съществуват в безкрайната вселена...

Новото изкуство да живееш

Мишел Дейдие - *психолог и Гид на Движение Раел*

Във вселената съществуват неопределен брой психосоматични единици, или ако предпочитате индивидуалности, с тяхните биологични, енергийни и умствени особености. Социалните отношения на тези индивидуалности изискват съществуването на много важното умение за адаптация, без което човек не може да формира нито една социална група. Умствените възможности на човек са обусловени от неговите наклонности, които му позволяват от време на време да се интересува от всичко, което определя живота му, което го прави щастлив или нещастен.

Именно тази наклонност ме е карала да търся пътя, който да ме води към личното ми осъзнаване и развитие. За да опознаеш човека, се изисква гъвкавост. Трябва да се промъкнем в тесните отверстия на човешкото съзнание, след което в най-дълбоките пластове на подсъзнанието, като внимаваме да не разрушим неговата фауна и да не го разстроим, което, трябва да признаем е почти невъзможно.

Ако решите да се "покатерите" в ума си, трябва да приемете, че катерейки се, можете да се поодраскате - там ще намерите толкова неща, които не бихте искали да видите. Обаче трябва да го направите, за да можете да се посмеете над себе си, като проумеете колко безсъдържателни бихте могли да бъдете. Колкото повече осъзнаете своята глупост и суета, толкова по-добри хора ще станете и никога повече няма да страдате, тъй като ще се приемате такива каквито сте, преди да успеете да се влюбите в себе си.

Бях в такова състояние на духа, когато осъзнах важността на посланията. Трябва да призная, че ми отне много време да ги асимилирам.

Първоначалният ефект бе поразяващ, тъй като чудовищното мозъчно промиване, повече или по-малко съзнателно, бе преустановено и нещата започнаха да си идват на местата. В качеството си на психолог, а психолозите по определение са външно неорганизирани (но доста добре организирани вътрешно), аз бях потресен като видях как информацията, дадена ни от извънземните, не само намери мястото си в моя ум, но и успя да създаде един невероятен синтез между елементите на моя живот. Това, както и настъпилата в мен творческа промяна, ми помогнаха значително в моята професия.

Тъй като действието поражда противодействие, аз започнах да проверявам, един по един, основните елементи на посланията. Честно казано, аз достигнах до няколко извода, някои повече абсурдни, други по-малко. Не желаех да следвам никое верую, тъй като умствените процеси, свързани с вярване, нямат нищо общо с тези, свързани с логическото мислене.

Аз не повярвах сляпо в извънземните, и като поразсъждавах, приех тяхната роля и присъствие като част от декора.

Така подкрепен от тези изводи, аз започнах да чета втората книга, която я преобърнах наопаки, но за мое учудване не можах да намеря нищо, за което да се хвана. И тогава аз осъзнах своята абсурдност и ограниченост. Открих, че психотерапията се основава на Юдео-Християнска база, която е много добре прикрита. Погледнати от този ъгъл, мислите, които ни идват на ум не са обнадеждаващи, нито пък чисти. Но от друга страна, има ли човек, който да не е бил измамен от обществото? Както и да е, аз смятам, че ние трябва да се противопоставяме на тези узурпации и затова поех по този път, водещ към истината, към красота и здрав разум и към един освобождаващ съзнанието процес.

Посланията, дадени на Клод Ворийон от извънземните, са според мен най-интелигентния отговор, който успях да намеря, на въпроса за началото на човечеството, както и за бъдещето на нашата цивилизация. Посланията, също така ни просвещават на едно ново искуство - искуството да живеем.

Аз последвах своя импулс без колебание.

Отказвам да концентрирам своя живот върху егоистични индивидуалистични идеологии. Един дълбок инстинкт ме накара да изследвам посланията, един стар инстинкт, малко позабравен, който дава на човек силата отново да се изправи.

Той съществува във всеки един от нас и всеки един от нас може да участва в реставрацията на обществения живот, използвайки своята способност за адаптация и своя инстикт за самосъхранение.

Има две неща, благодарение на които човек би могъл да промени своята земна и космическа околна среда, и които му дават право да избира в най-превратните исторически моменти.

Обществото ни никога не е било по-близо до своята цел и е съвсем естествено да е така разтроено.

Миналото ни е изпълнено с моменти на страдание, които ние не бива да повтаряме. Настоящето ни е резултат на основните правила на еволюцията. Бъдещето ни предлага една изпъстрена с възможности панорама, благодарение на сливането на моралните с технологическите и научни ценности.

Всичко това ме мотивира да вникна в посланията дадени ни от извънземните. Аз съм много щастлив, че имах възможността да споделя всичко това с вас. Аз твърдо и безрезервно подкрепям посланията и моите аспирации са в унисон с аспирациите, довели до сътворението на живота на нашата планета.

5

ДОРЪЛНЕНИЕ

Срещата Ми На 7-ми Октомври, 1976 Година

На седми Октомври, 1976 год. около петдесет Раелияни се бяха събрали в Ла Негри близо до Рок Пла, което се намира в Дордон, в югозападана Франция, за да отпразнуват първата годишнина от срещата през Октомври, 1975 година, когато Раел бе отнесен на Планетата на Вечните и бе получилпосланието, което бе предадено във втората книга – "Извънземните ме заведоха на планета си".

Събитието трябваше да започне в 15:00. В 14:45 всички бяха пристигнали и се бяха събрали около Раел. Между присъстващите, които бяха въодушевени от възможността да прекарат тези няколко мига с последният от Великите Пророци, цареше чувство на пълна хармония. Изведнъж някой извика: "Какво е това, което пада от небето?"

От почти безоблачното небе падаха големи снежинки. Те бяха от нещо като памук, което при докосване се топеше за няколко секунди. След малко някой друг извика: "Вижте, в небето има нещо много ярко!"

Два много ярко светещи обекта се намираха точно над нас. Падането на снежинките продължи около десет минути, после обектите изведнъж изчезнаха. Роджер, Гид от Тулуза, който работеше в лаборатория за изследвания, се опита да запази проба от "памучните" снежинки, но те се изпариха преди той да бе успял да ги отнесе от там.

Никой от тези, които имаха привилегията да присъстват на това необикновенно изживяване не бе разочарован, въпреки, че повечето бяха пропътували половината Франция, а някои идваха и от по- далече, за да предадат своя генетичен код чрез Раел. В точният момент и на точното място на провеждането на събитието, Елохим дадоха знак на присъстващите, който те никога не ще забравят.

За пръв път Раел не бе единственият свидетел на Елохим. С него бяха още петдесет човека, които могат да потвърдят случилото се.

Филип, Гид от Белгия, по-късно откри прочитайки една книга, че същият феномен е бил наблюдаван и в Бразилия, и в Белгия, а най-забележителният случай е бил в Италия по време на футболен мач, който е бил прекъснат по тази причина. И в трите случая са били забелязани същите ярко светещи апарати, както и "памучните" снежинки.

Независимо, че Раел настоява, че тези събирания нямат за цел наблюдаването на НЛО, много Раелияни продължават да се надяват да бъдат ощастливени от появата на Елохим.

Посланието на Елохим от 14-ти март, 1978 година

Предадено телепатично на Раел в полунощ:
"Аз, Йахве, чрез думите на моя говорител Раел, адресирам до хората от Земята следното послание:

Имайте впредвид, че е възможно скоро да влезете в контакт с други извънземни същества. Това са хора от друга част на вселената, които ние сме създали научно подобно на вас, но с които ние не поддържаме директен контакт поради причини, които сега не можем да ви разкрием, без да предизвикаме сериозен дисбаланс. Просто трябва да знаете, че ние разчитаме на вас да разкриете на тези хора истинския им произход, тъй като те са вашите братя от космоса и също като вас търсят своя създател.

Кажете им истината такава, каквато ви е разкрита в посланието от 7-ми Октомври през трийсетата година от Ерата на Апокалипса и е разказана в "Книгата, която казва истината".

Важно е да се отбележи, че това е единственото послание, което Раел е получавал телепатично през последните три години. Всичко или почти всичко, което хората трябва да знаят, е казано в първите две послания.

Модификация на новите заповеди

Шестата от новите заповеди, дадени във второто послание е променена. За да се избегне прекаленото остаряване на Водача на Движението Раел, Гидът на Гидовете ще се избира за период от седем години от най-малко дванайсет Гидове от пето ниво. Ако Гидовете от пето ниво наброяват по-малко от дванайсет, то гласуването ще се проведе от най-малко дванайсет Гидове от четвърто и пето ниво. Ако няма достатъчно Гидове от последните две нива, то Гидове от трето ниво ще се допуснат да гласуват. Гидът на Гидовете ще може да се преизбира в края на мандата си от седем години.

Тази модификация, изисква модификацията и на четвъртата от новите заповеди, също така съдържаща се във второто послание - годишното дарение на всеки Раелиянин, трябва да представлява поне един процент от нетните годишни доходи и трябва да се представя на Раелската Фондация. Тези пари ще бъдат използванизa нуждите на Гида на Гидовете и ще му позволят да посвети цялото си време на своята мисия - разпространението на посланията. Тази модификация, предложена от Раел, бе одобрена от нащите създатели, които разбират нуждата от нея, за да стане Движението по-ефективно и да се ускори разпространението на посланията.

Послание От Елохим, 13-ти Декември 1997

Изминаха 24 години, откогато чрез устата на нашия пророк, РАЙЕЛ, нашият обичан син, дадохме на Мъжете и Жените на Земята нашето последно послание. Това което, както е предсказано, дойде да унищожи "Мистерията на Бог".

Това бяха 24 години, през които вие Райелтяните, които официално и публично ни разпознахте като вашите Създатели, работихме така че да можем да бъдем приети с "добре дошли" в исканото Посолство. Вашето посвещение и усилия стоплиха сърцата ни и най-посветените сред вас са сред тези, които ще бъдат възнаградени.

Във всички религии има хора, които заслужават нашата любов, но Райелтяните са най-близо до нас. Те са нашите нови Избрани Хора и един ден ще имат нова обещана зема, тъй като тяхната любов е базирана на съзнание и разбиране, а не на сляпа вяра.

Тези, които ни обичаха като един или няколко свръхестествени богове бяха ценни за нашите очи но те нямаха избор в преднаучните времена за тяхното си време ; но тези, които знаейки че не сме свръхестествени но сме създадени като вас хора и образ, продължиха да ни обичат и дори все

Доръднение: Послание От Елохим, 13-ти Декември 1997

повече и повече, да се докосват до нас до голяма степен и да бъдат възнаграждавани повече, поради тяхното съзнание, а не само вяра. И съзнанието е това, което ги прави подобни на нас.

Помолихме Посолството да бъде изградено близо до Йерусалим, но властите на тесногръдите хора ни отказаха няколко пъти да дадат необходимите пълномощия и екстратериториален статут. Предпочитанието ни за Йерусалим е просто сантиментално, тъй като за нас този град е мястото, където всички човешки същества ни обичат, уважават и желаят добре дошли с дължимия респект, а избраните хора са тези, които знаейки кои сме ние искат да ни приветстуват с добре дожле, имайки предвид Райелтяните.

Истинските евреи на Земята не са повече народа на Израел, а тези които ни признават като техни създатели и желаят да ни видят да се върнем.

Връзката, която имаме с хората от Израел изглежда е трудна, а новият Съюз е към края си. Те разполагат с много малко време, за да разберат своята грешка, преди да бъдат разпиляни наново.

Междувременно, трябва отсега нататък да молим за нужното разрешение и извънземен статут от всички нации на Земята за изграждане на нашето Посолство и радиусът от един километър може да се състои от вода, както и от твърда земя, с условието че навигацията там ще бъде забранена.

Когато дадена страна даде своето разрешение, Израел за последен път ще има кратък период за размисъл и ще ими привилегията, или Посолството ще бъде построено на друго място и хората на Давид ще загубят своята протекция и ще бъдат разпиляни.

Страната, която ще изгради Посолството на своя територия или на територията, която ще даде или продаде за тази цел, с необходимия екстратериториален статут, ще има гарантирано и процъфтяващо бъдеще, ще извлече полза от нашата защита и ще стане духовен и научен център на цялата планета за хилядолетия напред.

Часът на Голямото Завръщане наближава и ние ще подкрепяме и защитаваме най-посветените сред вас. Вашите врагове ще бъдат свидетели на нашата нарастваща мощ, особено узурпаторът от Рим, неговите епископи и всички онези, които действуват от наше име без да са били определени.

2000 година е нищо за нас и нищо за голямото мнозинство от хора, които не са християни, но много фалшиви пророци ще се опитат да използват тази промяна в хилядолетието на въведените в заблуждение. Очакваше се и това е селекцията на най-съзнателните. Следвайте вашия Водач на Водачите; той ще знае как да се избегнат опасностите на това време на преход, тъй като той е Пътя, Истината и Животът.

Будизмът е все по-успешен на Земята и това е добре, тъй като тази религия е най-близо до Истината и до новото научно-духовно равновесие, които е необходимо на човешките същества от новата ера. Будизмът без мистичния заряд на миналото дава Райелизъм и все повече будисти стават Райелтяни.

Вашата радост от това да видите наближаването на Великото Завръщане може да ви даде крила за да преодолеете последните препятствия на пътешествието. Ние сме толкова близо до този ден, че когато и да медитирате, трябва да можете да почувствувате нашето присъствие. И това усещене ще освети вашите дни и нощи и ще направи живота ви чудесен, без значение какви препятствия са останали за преодоляване. Радостта от това да ни видите ще бъде по-малка от удоволствието да сте работили за този ден, който идва. Най-голямото удоволствие е в изпълнението на вашата мисия, не на нейния резултат. Междувременно, нашата любов и светлина ще ви водят, чрез словата на нашия обичан Пророк и не забравяйте, че дори ако постоянно ви виждаме, всеки път, когато Той погледне към вас, ние ще виждаме повече, тъй като той ракрасява това което вижда чре Любовта, която храни към вас.

Колкото повече обичате него, толкова повече обичате нас, тъй като той е част от нас на Земята. Ако понякога ви бъде трудно да покажете обич, това е понеже нямате съзнанието да видите нашия многообичан Син да ходи сред вас отново.

Не можете да ни обичате и да го пренебрегвате, понеже още веднъж, стигата до Бащата чрез Сина, тъй като той е сред вас, храни се когато и вие се храните, спи когато и вие спите, смее се когато и вие се смеете и плаче, когато и вие плачете.

Не се преструвайте че ни обичате, ако не го третирате като най-милия сред нас.

Неговата любов към вас е толкова велика, че той постоянно иска от нас да простим неща, които отсъждаме като непростими. Той е вашият най-добър адвокат в очите на вашите Създатели. И на вашата планета, където Лобювта и Прошката се срещат все по-рядко в общество, което става все по-подкупно чрез липсата на тези стойности, той е вашият най-ценен актив. Липсва ви любов? Погледнете го; той е жив сред вас!

Нека неговата светлина ви води към нас, когато се върнем или не, във всеки случай ви очакваме сред нашите вечни.

Мир и Любов за всички Човешки създасния с добра воля.

Обединените Нации – Райел, Септември 2005

Оон Трябва Да Изчезне И Да Бъде Заменено От По-демократична Организация

Това съм се опитвал да кажа през последните 30 години... ООН не е демократична организация. Тя е елитен клуб ръководен от шепа бивши колониални и модерни империалистични свръхсили, всички от тях от бели и западни страни.

За ООН, за да бъде наистина демократична, всяка нация трябва да има право да гласува пропорционално на своето население, което означава, че Индия и Китай, които представляват около 50% от Чевечеството, с общо население от около 3 млрд души, съответствуващи на сила на гласовете от 50%. САЩ от друга страна, само с население от 300 млн души, представляващи само 5% от населението на земята трябва да имат сила на гласовете от само 5%, а Великобритания само с 60 млн населения, което прави 1% от световното население, трябва да имат 1% от правото на глас. Вместо това обаче, ООН е упналвявано от малка група богати западни нации, представляващи по-малко от 10% от човечеството, особено тези от т.нар. «съвет за сигурност».

Ако Буш, Блеър и други водачи на Империализма, бивши колониални страни наистина искат това, за което твърдят: да повишат демокрацията, тогава трябва да приемат наистина демократична ООН.

Но истината е, че те не искат това в действителност; това което те искат е да продължат да управляват Света, както икономически така и духовно. Когато създавах ICACCI (Международен комитет срещу империализма на християнския календар – www.icacci.org) изтъкнах защо ООН, която би трябвало да представлява цялото човечество, използва Християнския календар за всички свои официални документи, когато едва 25% от човечеството са християни. Защо трябва мюсюлмани, сикхи, евреи, будисти и шинтоисти, които имат собствени календари, да бъдат принуждавани да подписват документи на ООН, използвайки християнския календар?

ООН би могла да възприеме неутрален календар, като използва за година нула собственото си начало или годината от бомбардировката на Хирошима, като символ на мира. Вместо това, организацията все още използва християнския календар, който принуждава не-християнските страни, които се явяват мнозинство, да признават предполагаемата дата на раждането на Иисус при подписване на документи – без никаква деликатност към чувствата на онези, чиито праотци са били клани, оковавани в робство или са били обект на разбеснели се кръстоносни походи в името на Християнството.

ООН има само два избора: изцяло да се промени и да стане наистина демократична, нерелигиозна организация или да бъде унищожена и заменена от истински неутрална и демократична организация. Може би последната е най-доброто решение, тъй като винаги е много трудно да се променя съществуващите неща. Може би новият световен орган, който би заменил ООН ще струва много по-малко и ще бъде по-демократичен: "направен от хората за хората». Той би могло дори да бъде интернет базирано световно правителство, където хората да могат да изразяват своя избор пряко в реално време. Такава он-лайн демокрация би имала допълнително предимство да се освобождава от най-опасните, най-малко благонадеждни и най-скъпи хора на Земята - политиците. Предложението ми за електронно правителство в мрежата (www.upworldgov.org) би било правилното решение за замяна на старомодното и овехтяло ООН.

Послепис На Автора

Изминали са едва тридесет години, откакто написах трите книги които оформят днес това ново резюмирано издание преименувано "Интелигентен проект - послание от Извънземните" Ще дискутирам по-нататък причините за това ново заглавие по-нататък, но междувременно, важно е да се отрази че много се е случило през последните тридесет години. Нашият свят е продължил да се променя много бързо през този период, винаги в посока на разкритата информация, която ми бе дадена в началото до средата на 1970. Ето защо, книгите са репродуцирани непроменени тук, за да демонстрират че изключителните истини разкрити най-напред преди три десетилетия постепенно и последователно са доказвани с нови научни разкрития и разработки.

Първоначално публикуваната първа част на книга като Книгата, която казва истината, на френски език в началото на 1974. След внезапно, неочаквано и незабравимо пътуване в космоса през октомври 1975, последвах първата година с Извънземните, които ме взеха на тяхната планета през 1976. През 1979 написах и публикувах Нека приветствуваме с добре дошли извънземните, известявайки за първи път информация, за която по-рано бях помолен от Елохим да се въздържа за три години. Написал съм четири други книги, една озаглавена Гениокрация (1978), която описва напреднала форма на демокрация, проповядвана от Елохима, Сетивна медитация (1980), учебна книга за живите медитативни практики проектирани от Елохим, за да събуди нашите сензори напълно и да ни помогне да постигнем истинска вътрешна хармония, Да на човешкото клониране (2000), която очертава научният напредък, който скоро ще е част от нашия живот в областите на клонирането и нанотехнологията, и Маитрея, антология подбрана от Райелтяни на мои по-скорошни съвременни лекции и беседи.

Тези книги са преведени на близо тридесет езика от доброволци – поддръжници на движението на Райел. Като цяло, повече от два милиона екземпляра са продадени по света.

По-голямата част са отпечатани, публикувани и разпространени под контрола на различни национални клонове на Международното движение на Райел (МДР).

През тридесет и двете години от своето съществуване МДР нараства постоянно и стабилно. Понастоящем, организацията е най-силна във Франция, Канада, Япония, Южна Корея и Африка. Тя също така се разпространява силно в Съединените щати, Австралия, Англия, Югоизточна Азия, Латинска Америка и в повечето от другите страни на Европа. Най-наскоро, нови национални клонове са открити в България, Монголия и Литва.

На редовни семинари, провеждани на всеки континент по света, ученията на Елохим, така както са очертани в тези книги, са предадени на много хиляди хора от всякакви възрасти, лично от мен и от старшите членове на МДР. Като цяло сега има около 200 Водачи, или свещеници на Райел, по света. Движението има две основни публикации, в които аз и други водещи Райелтяни сме написали текущите разработки: Апокалипсис, международно луксозно списание, което се публикува два пъти годишно и Контакт, седмичен бюлетин с новини, който се разпространява он-лайн на адрес raelianews.org. Тези публикации спомагат за по-нататъшно разпространение на философиите и проникването в същината на Елохим.

Раждането на Доли бе повратна точка и епохално събитие в човешката научна история, след което стана ясно че много скоро клонирането на човешки същества би станало сравнително обичайно. Точно както на планетата на Елохим, клонирането на Земята ще стане средство за човешките същества да постигнат вечен живот.

След клонирането на овцата Доли през 1997, аз инициирах проект наречен Клонаид, за да привлека вниманието върху въпроса с човешкото клониране. Скоро след това, д-р Бригите Боаселие, брилянтен учен и Райелтянски епископ, пое проекта и създаде компания. Аз се оттеглих напълно от всякакви и всички ангажименти във връзка с това, тъй като първоначалната ми цел бе просто да промоцирам концепцията за човешкото клониране, така че МДР няма пряка каквато и да било връзка с Клонаид. Разбира се, ще продължавам философски да подкрепям д-р Боаселиер и нейната компания в продължаване на тяхната работа и аз имах особеното удоволствие, когато тя драматично обяви през декември 2002 в глобалните новини на първа страница – заглавие, което бе може би най-големият пробив в цялата 32-годишна мисия до днес: Клонаид успешно е асистирала раждането на първото в света клонирано човешко бебе, малко момиченце, наречено с прякора «Ай» (eye – прев. око).

Въпреки че до времето на написване, юридически усложнения забавиха публикуването на научното догозателство за това успешно клониране, няма съмнение че името на Движението на Райел и това което символизира е станало известно навсякъде по света.

Следващата стъпка, която се изисква, ще бъде да се направи възможно прехвърлянето на умствена информация, памет и личност от стареещ индивт върху нов, физически млад зрял клонинг. Това прехвърляне на памет директно върху младото тяло означава, че един и същи индивид може ефективно да живее до безкрай. Човешките закони ще трябва да бъдат адаптирани към нашата променяща се култура и нарастващ технологичен напредък. Сега е още рано за тактивавъпроси, но ще трябва да се приемат нови закони, които да дефинират критерии, определящи кои ще бъдат допуснати да се възползват от тези технологии. Тук, както и на планетата Елохим, броят клонирания на лице не може да бъде ограничаван, а само след неговата смърт.

Тази година се осъществи друг пробив с може би подобен магнитуд, както бе споменато накратко в предговора на тази книга, когато се появява статия-преглед във Вашингтонски научен журнал ефективно обявявайки академичното приемане на нова теория за Интелигентния проект. Тази публикация маркира първото формално академично предизвикателство на високо равнище към остарялата и недоказана еволюционна теория на Дарвин. В резултат на това, за близо цялата изминала година, Интелигентния проект или "ID", е привлякъл нарастващо внимание и е инспирирал много дебати в академичните среди и извън тях в Америка, Европа и по света. По-конкретно, след написването от моя страна на тези слова, набира сила яростен дебат в Съединените щати относно въвеждането на теорията на Интелигентния проект в училищата като алтернатива на Дарвиновата теория за еволюцията.

Противниците на това гледат на този ход като ново представяне на "Бог", официално в спора на националните училища, въпреки отказа на Върховния съд да позволи това преди близо 50 години на основание на ясно разделение на църквата и държавата, както е написано в Конституцията.

Наистина, понястоящем е твърде очевидно, че американските религиозни консерватори оределено използват този камуфлаж, за да инфилтрират своите догматични религиозни възледи обратно в американските училища.

Но нашето много оригинално и уникално обяснение на Райел за произхода на живота на Земята ефективно предлага трети избор, който не може да бъде отречен от Върховния съд, тай като не рекламира религия в училищата! Той може да бъде описан като атеистичен интелигентен проект, който е научно създаване на живота на Земята, извършено от напреднала цивилизация от друга планета. Това води до напълно нова рационална теория, обясняваща нашия произход, който е действително възпроизводим в лаборатория, както бе доказано неотдавна с изявление на научният изследовател Крег Вентер, че той е започнал процес по създаването на първия изцяло синтетичн неклетъчен организъм. Съществената предпоставка за нещо да бъде научно е да може да се възпроизвежда в лаборатория. Еволюцията никога не е била възпроизвеждана в лаборатория; ето защо е наречена «теория» и същата върви разбира се като теория за «Бог». Този трети път, атеистичният Интелигентен проект /или Интелигентен дизайн/, е единственният който може да бъде възпроизвеждан в лаборатория сега и който действително скоро ще се осъществи.

Идеята, че съществуват милиарди планети подобни на Земята във вселената също се приема от повечето учени, както и факта че нашата планета не е задължително да е най-напредналата във вселената. Значи, имайки много по-напреднала човешка цивилизация идваща на Земата преди много време за да създаде живот във вид панспермия е по-рационано обяснение за нашия произход. И най-малкото, струва си да бъде изучавано в училищата като алтернативна теория за Еволюцията и никое училище не може да откаже достъп до една атеистична теория на Интелигентния роект, на базата на разделяне на църква от държава. Дори вярващите в «Бог» биха го понесли като придобивка, чрез използване на нашето обяснение като «Троянски кон» при навлизане в училищната система като алтернатива на монолитната, догматична и нетолерантна Дарвинова теория за еволюцията.

Казвайки това, важно е също така да се каже, че подготовката за построяване на посолство, искано от Елохим също върви добре.

Посолството и резиденцията трябва да бъдат защитени чрез извънземни /екстра-териториални/ права, подобно на всяка международна дипломатическа мисия и в съответствие с прецизните инструкции на Елохим, Райелтянските архитекти вее са изпълнили возложените чертежи за комплекса от сгради, където ще се състои най-драматичното и извънредно в историята съвещание на лидерите от световното правителство. Не много дълго след като бе изграден малък мащабен модел на посолството на базата на тези чертежи, в Англия се появи житен кръг, който удивително ги наподобаваше.

Трябва да кажа, че финансите не са главното препятствие за изпълнение на този проект. Политическите и дипломатическите проблеми са трънлив въпрос, и за преодоляването им се изисква търпение и постоянство. В това отношение, Международното движение на Райел няколко пъти от 1991 г насам е правило презентации пред Израелското правителство и Главния равин в Йерусалим, с искането да се даде необходимата екстериториалност, гарантирайки че може да бъде построено посолство в близост до Йерусалим, където са създадени първите човешки същества от Елохим. Първият храм на юдейската религия на практика е бил предишно посолство, около което е изграден древният град. Елохим сега чакат за Държавата Израел да даде такъв екстратериториален статут за новото посолство – третият храм – но досега няма положителен отговор на седемте искания, които бяха отправени.

За първи път бе подходено на 8-ми ноември 1991, на еврейската нова година, а няколко месеца по-късно бе направено друго официално искане до Ръководителя на Израел – Раби. Искането бе потвърдено и започна проучване на молбата. През лятото на 1993, комисия на Израелското правителство заключи, че Движението на Райел е с мирни намерения и не представлява опасност за сигурността на Израел. В своя отчет, двама равини се счита че са дали следното заключение: «по-добре да не се предприема нищо срещу Райел, в случай че дой наистина очаква Месията». През ноември 1993, бе направено по-нататъшно искане до израелския министър-председател Ицхак Рабин когато той бе в Канада на посещение на Еврейската Конвенция в Монреал. След месец, г-н Рабин отговори чрез един от своите служебни представители че не е съгласен. Ако Израел в края на краищата откаже да позволи даването на екстратериториалност, /т.е. неподчиненост на властта в страната, в която се пребивава/, както бе вече указано, ние най-вероятно ще създадем посолство на палестинска или египетска територия или в друга съседна държава. Фактически, ниските склонове на планината Синай биха били отличен алтернативен избор, тъй като там където е Яве, водачът на Елохим, най-напред се е явил на Моисей. Въпреки това, Елохим би предпочел да даде на Израел въможност даприеме това искане, тъй като това е истинската цел на държавата Израел. От посланието на Елохим на 13-ти декември 1997, ние започнахме преговори с други страни и веднъж щом получим «давайте напред», ще се даде окончателно «последен шанс» с искане към Израел.

Вече през 1990, като знак на своите специални чувства към народа на Израел, Елохим се съгласиха с моето предложение да модифицират оригиналния си Символ на безкрая, когато същият се използва от клоновете на Движението на Райел на Запад. Централната свастика, която означава "добруване" на санскрит и също така представлява безкрайност във времето, бе заменена със спирала с формата на галактика. Тази промяна бе направена в усили да се подпомогнат преговорите за изграждане на посолство на Елохим в Израел и също така в уважение на чувствителността към жертвите пострадали и загинали под нацистката свастика през Втората световна война. В Азия, където свастиката може да бъде открита в повечето будистки храмове и където символизира безкрайността във времето, оригиналният символ не е проблем. Тази модификация на символа на МДР за Запада бе разбира се направена с готовност и когато сега погледнем назад и видим нашия прогрес от 1973г, мога да видя че всичко върви по план.

Международното движение на Райел един ден ще постигне всички зели зададени му от Елохим – с или без мое участие. Знам че е станало самоподкрепящо се и може сега да функционира без мен. Остава още много да бъде свършено и дори когато най-после настъпи зоряването на великия ден и земята на Елохим, открито и официално пред очите на световните правителствени лидери и международната редица от телевизионни камери и представители на медиите, очаквам че някои скептици все още ще продължават да се съмняват дали тези високо напреднали човешки същества наистина са създали целият живот изкуствено на нашата планета. Водещите членове на МДР и самият аз знаем, че това би могло да бъде така. Но това не ни обезкуражава – тъкмо обратното.

Самите Елохим определено ще кацнат тук в немного далечно бъдеще, приблизително повремето на това което някои наричат «необичайност» - когато всичко ще бъде разбрано благодарение на науката. Това ще бъде не по-късно от тридесет години след този момент и може да бъде много по-скоро, ако истините, които съм описал в тази книга се разпространят по-бързо по света.

Елохим-ците ще доведат със себе си всички големи пророци наминалото, включително Моисей, Elijah, Буда, Иисус Христос и Мохамед.

Това дълго очаквано събитие ще бъде най-прекрасният ден в историята на човечеството.

Надявам се, че ще присъствувате когато те кацнат на своето посолство и се надявам също така че ще можете да споделите радостта от осъзнаването, че сте играли роля в това чудесно приключения. Зоната, където ще бъде построено посолството, ще стане духовен център на света за идните хилядолетия. Хората от всички нации ще идват на поклонение на това "свещено" място. Близо до посолството ще бъде изградено точно копие на истинското и ще бъде отворено за обществеността, така че всеки да може да види как изглежда то отвътре.

Но ще приключи ли мисията на Движението на Райел с идването на нашите създатели? Въобще не! Напротив, това ще бъде истинското начало на нашата мисия. С изчезването на всички примитивни религии, вакуумът ще бъде запълнен с нова духовност – тази която е в тон с предстоящата технологична революция.

Ни сме днешните човешки същества, използващи утрешна технология, с вчерашни религии и вчерашно мислене. Благодарение на Елохим, ще бъдем в състояние да достигнем нови духовни нива, прегръщайки тяхната собствена религия – атеистичната – тази на безкрайността, така както е представена от техния символ. Водачите на Движението на Райел ще станат свещениците на тази нова религия, позволявайки на човешките същества да се чувстват в хармония с безкрайно малкото и безкрайно голямото, което да им позволи да осъзнаят, че ние сме звезден прах и енергии завинаги.

Ще бъдат изградени лаборатории и университети в близост до посолството и там, под ръководството на Елохим, нашите собствени учени ще могат да усъвършенстват своите познания. По този начин, ние постепенно ще достигнем научното ниво на Елохим. Това ще ни позволи да се впуснем към други планети и самите ние да създадем живот и ще станем от своя страна "Елохим" за тези, които създаваме. На нашата собствена планета, Бригите Боаселиер и други учени с реалистични виждания вече са стартирали пътеката към постигане на "интелигентни дизайнери", които работейки за бъдещето ще усещат изцяло истинската природа на нашето минало и нашия произход. Чрез нас и чрез тях, духовно и наука ще вървят мирно ръка за ръка, освободени най-после от средновековните страхове, които спохождаха миналото ни. Това ще ни даде възможност самите ние да станем "богове", както е написано преди много време на древните скулптури – но може би по-скоро по-точно или по по-забавен начин "атеистични богове".

Нека обаче не забравяме, че нашата най-голяма задача е да построим посолсво за Елохим, така че да просъществува толкова дълго, чете да могат да дойдат тук и да кацнат официално и открито сред нас! И те ще донесат на нашия много неспокоен при все много хубав свят своите задълбочени учения за любовта и науката.

Райел (Квебек, Канада – есента на 2005)

Допълнителна Информация

Читателите могат да пожелаят да установят контакт с автора или неговата организация, Международното движение на Райел /МДР/, за по-нататъшна информация във връзка с неговата книга или по други въпроси с материята. Основният глобален адрес за автора е:

Чрез Международно движение на Райел
П.к. 225, CH 1211
Женева 8, Швейцария
C/o The International Raelian Movement
Case Postale 225, CH 1211
Geneva 8, Switzerland
headquarters@rael.org

Официалните интернет-адреси на Международното движение на Райел и свързаните с него организации са:

www.rael.org
www.raelnews.org
www.raelradio.net
www.rael-science.org
www.apostasynow.org
www.subversions.com
www.icacci.org

За абонамент за rael-science, което се разпространява чрез електронна поща (e-mail), подбор от научни статии и новини относно тази книга, моля изпратете "празен" и-мейл на:
subscribe@rael-science.org

Семинари И Контакти

Всяка година се провеждат няколко семинара по света, където Райелтяните се събират, зада чуят ученията на Елохим, така както са дадени от техния Пророк Райел. Ако бихте искали да учасвувате на някой от тези семинари или просто да установите контакт с Райелянин наблизо, моля се свържете с някой от месните движения на Райел по-долу. За пълен списък на контактите с Райел в над 86 страни, моля посетете уеб-страницата: www.rael.org.

АФРИКА
05 BP 1444, Abidjan 05,
Cote d'Ivoire, Africa
Tel: (+225) 07.82.83.00
Email: africa@intelligentdesignbook.com

ЕВРОПА
7 Leonard Street,
London, England, UK
Tel: +33 (0)6 16 45 42 85
Email: europe@intelligentdesignbook.com

АМЕРИКА
P.O.BOX 570935 Topaz Station
Las Vegas, NV 89108, USA Tel: (+1) 866 895 4202
Email: usa@intelligentdesignbook.com
Email: canada@intelligentdesignbook.com

ОКЕАНИЯ
G.P.O. Box 2397 Sydney, NSW 2001 Australia
Tel: +61(0)419 966 196
Tel: +61(0)409 376 544
Email: oceania@intelligentdesignbook.com

АЗИЯ
Tokyo-To, Shibuya-Ku
Shibuya 2-12-12
Miki Biru 401, Japan 150-0002
Tel: (+81) 3 3498 0098
Fax: (+81) 3 3486 9354
Email: asia@intelligentdesignbook.com

ОБЕДИНЕНО КРАЛСТВО /ВЕЛИКОБРИТАНИЯ/
BCM Minstrel
London WC1N 3XX
England, UK
Tel: +44(0)7749618243
Email: uk@intelligentdesignbook.com

Признателност И Благодарности

Искам да изразя своите благодарности на музея Фитцуилям, Университета в Кеймбридж, Великобритания, за това че дадоха разрешение за репродуциране на Баптизма на Христос от Аерт де Гелдер, 1710. Масло върху платно, 48,3 x 37,1 см.

Подобни благодарности на Националната галерия в Лондон, за тяхното разрешение за репродуциране на Благовещение със Св. Емидиус, от Карло Кривели, 1586. Яйчен темпер и масло върху платно, прехвърлено от дърво, 207 x 146,7 см.

На Колин Ендрюс (www.CropCircleInfo.com) за разрешението да се ползва въздушната снимка на "житните кръгове" (crop circle), направена в Чийзфуут Хед в Уилтшър, Англия през август 1990, с благодарности.

За многото библейски цитати, намерени в тази книга, Възстановената версия с Версията New King James (NKJV) на Библията Американски стандарт, Преводът Дарби, Варсията с наименованията на иврит и Версията Новия Крал Джеймз, използвани като справки и препратки.

Светото писание, взето от Версията New King James (NKJV) на Библията, е авторско право © 1982 от Томас Нелсън, Инк. Използвано с разрешение. Всички права запазени.

Други Книги От Райел

СЕТИВНА МЕДИТАЦИЯ

За да отворим нашите умове към бъдещето и да реализира нашия истински потенциал, трябва да се научим да събуждаме нашите тела по-пълноценно за истинските удоволствия на нашите сетива... това е жизнен урок, който Райел донесе от пътуването си до друга планета.

В този том, той дава подробни техники на медитация, които Елохим е разработил за да ни помогне да влезем в хармония с безкрайната природа на всички неща.

Помагайки ни да преживеем по-интензивно звуци, цветове, вкусове, парфюми и ласки, ученията ни позволяват да намерим нова съзидателност в себе си.

ГЕНИОКРАЦИЯ

Първият английски превод на твърде спорна политическа теза.

Демокрацията е нъсъвършена форма на управление, обречена да даде път на управлението на гении – «Гениокрация». При тази система, никой кандидат за висок пост не може да поддържа даден ибор, освен ако нивото му на интелигентност не е съизмеримо на петдесет процента над нормалното. Освен това, за да годен и отговаря на изискванията за гласуване, избирателят трябва да има интелигентност десет процента над средната. Следователно гениограцията е селективна демокрация.

Тези предизвикателни концепции вече се прилагат на планетата Елохим. Освен ако не попаднем на нещо по-добро, те ни съветват да започнем да се подготвяме за изпълнението на подобна система, тъй като целият човешки прогрес в крайна сметка е в зависимост от работата на гении.

В това първо издание на книгата, която трябва да бъде публикувана на английски език, Райел описва как такъв процес би трябвало да работи тук – веднъж след като тестването за интелигентност се е развило достатъчно.

«ДА» НА ЧОВЕШКОТО КЛОНИРАНЕ
Удивителен поглед в бъдещето.

В тази книга, Райел, който вдъхнови Клонаид, първата компания предложила клониране на човешки същества, обяснява как днешната технология е първата крачка към търсенето на вечен живот.

С изключително проникновение, той ни дава един изключителен поглед в едно удивително бъдеще и дава обяснение как нашата развиваща се технология ще революционаризира нашия свят и ще трансформира нашия живот.

Това е книга, която ни подготвя за невъобразимо хубав свят, превърнат в рай, където нанотехнологията ще прави земеделие и изобилие на тежката промишленост, където свръх изкуствент интелект бързо ще изпревари човешкия разум и ще извършва всички скучни задачи, където Вечният живот ще бъде възможен, все едно че е в компютър, като в серия от постоянно подмладяващи се човешки тела и където светът би бил място за почивка и любов, където никой няма повече да има нужда да работи.

Бележки И Референции

Бележките показани по-долу са на издателя, а не на автора.

1. За библейските справки в книгата, освен ако не е заявено друго, е използвана във Версията New King James (NKJV) на Библията (Restored King James Bible - RNKJV), в която се използват имената на иврит Elohim[Елохим] и Yahweh[Яхуех] вместо God[Бог] и the Lord[Господ].

2. В много френски библии, както и в оригиналния френски еквивалент на тази книга, думата наука се използва вместо добро и зло.

3. вечерта, във Версията New King James (NKJV) на Библията.

4. дефект, във Версията New King James (NKJV) на Библията.

5. Написано като: Командир на армията в много библии.

6. Гръцка версия на вулгаризиран латински прочит на tumors [тумори].

7. Написано като dark cloud [тъмен облак] във Версията New King James (NKJV) на Библията.

8. Версията New King James (NKJV) на Библията.

9. host [домакин] често се превежда в различни библии като armies [армии].

10. Използване на EliYah [ЕлиЯх] в NKJV, но се използва по-популярното възпроизвеждане буква по буква като Elijah.

11. Версията с наименования на иврит (HNV), базирана на Световната английска библия, осъвременяване на Американската стандартна версия от 1901.

12. Версията New King James (NKJV) на Библията.

13. В този пасаж, angels (ангели) могат да бъдат заменени от Elohim (Елохим), така както е открито във версията на иврит. Също така е отбелязано в бележките под линия на Новия жив превод (New Living Translation - NLT) на Библията.

14. Използувана е Версията New King James (NKJV) на Библията. Цитатът на Френската библия от Едуард Дорме би гласил нещо като: Ще разпръснете ли, с него, облаците, които са плътни като огледало на разтопен метал?

15. Във Френската библия на Едуард Дорме, така както е цитирана в оригиналните френски послания, гласи като: Всеки човек на който липсва

наука е глупав.

16. Yahushua[Яхушуа], така както се използва във възстановената Версия на името New King James (NKJV) на Библията, е заменено с Jesus [Иисус], както е намерено в други библии.

17. Американска стандартна версия на Библията (ASV).

18. Френският еквивалент започва с Les temps seront venus quand, т.е. Ще дойде времето, когато.

19. Думата fish (риба) е заменена от френския еквивалент pisces.

20. Цитатът е от Дарби превода (Darby) на Библията. Той е избран поради неговото използване на думата nations [нации], вместо Gentiles [езичници], тъй като Библията цитирана във френските "послания" също така използва думата nations. Някои други преводи на Библията, при които се използва nations за този пасаж са: NLT, NASB и RSV.

21. Дарби превода (Darby) на Библията.

22. от древни времена /дни/ аз съм един и същи е цитат от предишна библейска извадка на Френската версия. В английските библии обикновено е написано: before the day was I am he [преди да бе денят, аз съм той]

23. През 1975, с оторизацията на Елохим, Раел променя името на движението на International Raelian Movement [Международно движение на Раел].

24. Този пасаж е модифициран от оригиналния цитат на Библията. Повечето английски библии използват думата life (живот) в този пасаж, докато френската библия от Едуард Дорме, такава с каквато разполагаше Раел през време на своята среща съдържа думата ame или soul [душа] на английски.

25. Преведен текст от Подчинение на властта, С. Милграм, Париж 1974.

Библиографска Справка

Darby, J.N, The Darby Translation (Darby), 1890.

Fiori, Jean, Evolution ou Creation, Published by Editions S.D.T., 77190, Dammarlie-les-Lys, France.

Milgram, S, Submission to Authority, Paris, 1974.

Public Domain, Hebrew Names Version(HNV) of the World English Bible.

Public Domain, Restored Name King James Version (RNKJV) -www. eliyah.com/Scripture/

Rostand, Jean, L'Evolution, Paris, Robert Delpire Editeur, 1960.

Thomas Nelson & Sons, American Standard Version (ASV), 1901.

Thomas Nelson, Inc New King James Version (NKJV), 1982.

www.ingramcontent.com/pod-product-compliance
Lightning Source LLC
Chambersburg PA
CBHW042330150426

43194CB00001B/1